우리가 애써 외면했던 현상의 이면

교사 불신

우리가 애써 외면했던 현상의 이면

교사 불신

홍섭근 지음

테크빌교육

추천의 글

모든 사람은 학창 시절을 겪습니다. 그리고 적지 않은 사람이 학부모가 됩니다. 그러나 교사는 일부의 사람만이 경험할 수 있는 자리입니다. 교사의 시선과 입장에 대해 경험하고 진지하게 생각해 볼 수 있는 사람이 많지 않다는 것이지요. 저 또한 그런 사람 중 하나였습니다.

'청소년 시민교육'이라는 주제를 놓고 이야기를 나누는 자리에서 홍섭근 선생님과의 인연이 만들어졌습니다. 열정적이고도 치열하게 우리 교육에 대해 고민하는 교사를 만난 일은 제게 큰 행운이었지요.

홍섭근 선생님이 우리 교육 문제에 대한 고민과 해법에 대한 책을 썼다며 추천사를 부탁하기에 영광으로 생각하고 흔쾌히 승낙을 했습니다. 그러나 원고를 읽기 시작하자마자 저는 곧 이 책의 무게를 느낄 수 있었습니다.

이 책은 '교사 불신'이라는 예민한 주제를 그 품성 그대로 정면으로 다룹니다. 물론 교사의 시선입니다. 그러나 그것이 교사의 이익에 서 있다는 뜻은 아닙니다. 이 책은 교사의 시선에서 좋은 교육을 위해 진지하게 고민하고, 균형감 있는 대안을 제시합니다. 그리고 교사의 자기혁신을 거침없이 이야기합니다. 교직 사회 내 만연한 책임 회피를 질타하고, 자부심으로 포장된 폐쇄성도 신랄하게 지적합니다. 쉬쉬해 오던 정신질환을 가진 교사 문제도 드러내 놓습니다.

한편으로 학부모와 정책 담당자에 대한 질책은 우리의 고개를 끄덕이게 합니다. 저도 예외 없이 우리 교육과 교사에 대한 이러저러한 편견을 바로잡을 수 있었습니다.

무엇보다 교사이자 연구자로서 설득력 있게 제시한 제도적 대안들이 반갑습니다. 그 실현을 위해서는 교사들이 더 당당하게 나서야 한다는 웅변에 공감합니다. 그 출발점은 의외로 교사의 능력과 자세에 대한 우리의 믿음일 것입니다.

우리보다 훌륭하고, 우리보다 행복한 다음 세대를 기대하는 분들은 이 책의 이야기에 진지하게 귀 기울여 주십시오.

— 천호선(노무현재단 이사, 참여정부 대통령 대변인)

대한민국의 교사들은 '교사 불신'의 시대를 살고 있다. 학생도, 학부모도, 시민사회도 교사들을 믿지 못한다. 스쿨 미투, S여고 시험지 유출 사건, 학생부 기록 조작 사건 등이 언론에 보도될 때마다 불신의 골은 점점 더 깊어진다. 학교 현장에서 최선을 다하는 대다수 교사들에게는 억울한 일이었지만, 여기저기서 터져 나오는 사건 앞에 교사는 고개를 숙일 수밖에 없었다. 우리 사회의 교사 불신은 개인의 학교생활에 대한 좋지 않은 기억과 자녀를 양육하면서 겪은 여러 일들을 근거로 하고 있기 때문에 그저 한두 사람의 일을 침소봉대針小棒大하는 것으로 치부할 수는 없는, 사회현상이 되어 버렸다.

'좋은교사운동'은 지난 20년간 매년 '가정방문' 캠페인을 회원 교사들과 함께 진행해 오고 있다. 학기 초 방과 후 저녁이나 주말에 시간을 내어 모든 학생들의 집을 방문하는 것이다. 가정방문을 통해 학생의 삶을 좀 더 깊이 있고 세심하게 이해할 수 있고, 또 학부모와의 신뢰가 만들어져서 한 해의 교육활동이 원활하게 이루어질 수 있기 때문에 적잖이 부담스러운 일임에도 지금까지 실천 운동을 이어 오고 있다.

학부모들은 당연히 부담스러워한다. 그래서 처음에는 하지 않겠다고 거절하지만 몇 차례 권유를 드리면 많은 학부모가 승낙하고, 가정방문 이후에는 교사에 대한 신뢰가 쌓여 마음 놓고 아이를 맡길 수 있겠다며 대부분 만족스럽게 마무리된다. 부담스러워 끝내 가정방문을 거부했던 학부모도 담임교사가 가정방문을 이야기하면 일단 '선생님이 참 열심히 하십니다.'라고 말하며 교사의 교육철학에 신뢰를 보냈다.

그런데 최근에는 조금 다른 흐름이 생겼다. 가정방문을 하겠다고 하면 학교에 항의하고, 교육청과 교육부에 민원을 제기한다. '담임이 조금 이상하다.', '담임이 뭘 받고 싶어서 이러는지 모르겠다.'와 같은 반응을 보인다. 교사와 학부모가 서로 믿고 협력해야 아이들을 잘 길러 낼 수 있는 것인데, 이렇게 교사에 대한 신뢰가 없으니 앞으로 교육 자체가 불가능해질 수도 있겠다는 걱정이 밀려온다.

2018년에 있었던 2022학년도 대입제도 개선을 위한 공론화 과정은 이런 분위기를 확인시켜 주었다. 여러 토론회와 공청회 자리에서 '교사들이 학생부종합전형을 고집하는 것은 계속 갑질하려는 것이다!'와 같은 말들이 서슴없이 터져 나왔다. 학생들을 어떻게든 수업에 참여시키고, 한 명이라도 더 대학에 보내기 위해 노력했던 여러 행동이 '갑질'로 이해되는 상황이 몹시 당황스러웠다. 이러한 분위기에서 어떤 개혁안이 학교 현장에 정착될 수 있을까 하는 걱정이 들면서, 우리 사회의 교사 불신 현상을 해결하지 않고서는 교육개혁 자체가 불가능하겠다는 생각도 들었다. 왜 이렇게까지 되었을까?

교사가 먼저 답해 주길 바랐다. 교사를 업으로 삼고 살아가는 사람들의 숙명과도 같은 일이기 때문이다. 교사에 대한 신뢰가 없다고 해서 교사들이 교육의 자리에서 한 발 물러선다면 서슬 퍼런 경쟁의 칼날과 인간성 상실의 교육이 우리 아이들을 덮칠 것이다. 교사가 정말 필요한 순간 아이들을 지킬 수 없게 된다. 어렵지만 교사들은 지금의 상황을 직면해야 한다. 무엇이 문제인지 직면해야 우리가 놓친 것을 발견할 수 있다. 그래야 답이 나온다. 교사들이 풀어 가야 할 일이니 교사가 먼저 답해야 한다.

교육을 사랑하고, 교사를 사랑하는 사람이 답해 주길 바랐다. 사랑 없는 비판은 그저 파괴를 위한 공격에 불과하다. 그러나 사랑을 가지고 이야기할 때는 대화가 가능하다. 소중한 것을 지키기 위해서 내놓는 비판은 다시 세우기 위한 해체의 과정이요, 아픈 것을 치료하기 위한 수술의 과정이다. 그렇기 때문에 교육을 사랑하고, 교사를 사랑하는 이의 전문적이고 날카로운 비판이 필요하다. 학교 현장에서 아이들과 함께 시간을 보내고 실천해 왔던 경험과 오랫동안 이 문제를 들여다보고 연구한 전문성을 가진 균형 있는 시선에서 이야기해 줄 사람이 필요하다.

홍섭근 선생님은 혁신교육을 시작부터 함께 해 왔던 사람이다. 경기도 혁신교육이 벽에 부딪힐 때마다 그 누구보다 앞장서서 그 벽을 넘기 위해 애쓰고 수고해 왔던 사람이다. 그 누구보다 냉철하게 우리 교육의 문제를 들여다보고 원인을 분석해 대안을 만들어 내는 힘을 가진 사람이다. 많은 사람들의 비난이 예상되는 상황일지라도 그것이 옳고 필요한 일이면 문제를 제기하는 데 주저함이 없는 사람이다.

홍섭근 선생님이 '교사 불신'을 이야기해 주어서 반갑고 고맙다. 그의 이야기가 정답이 아닐 수 있다. 그러나 그는 용기 있게 우리의 문제를 드러내고 있다. 또한 용기 있게 우리를 변호하고 있다. 그의 이야기를 시작으로 치열한 토론이 일어나고, 그 과정을 통해 발전적인 이야기가 나오기를 기대한다. 나아가 많은 사람들이 이 책을 읽고 함께 그 길을 찾아 나서길 기대하는 마음으로, 교육이 다시 신뢰 위에 세워지기를 희망하며 홍섭근 선생님의 『교사 불신』을 추천한다.

— 김영식 (좋은교사운동 공동대표)

교직 사회는 모두가 같은 곳을 바라보게 만드는 것을 좋아한다. 이러한 상황은 어느 집단이나 마찬가지지만 교직은 학생을 가르치고 그들과 함께 민주주의를 이야기해야 하는 자리인지라 그 폐해와 부작용은 더욱 크다. 과거 『공교육은 왜? : 아이의 미래를 바꾸는 교육 혁신은 어떻게 이루어지는가?』라는 책을 내고 많은 비판을 받았다. 교육계의 현실을 적나라하게 드러냈지만, 교원의 입장에서는 불편하다는 것이다. '정치적이다', '편협하다'는 소리도 들었다. 쉽게 말해 같은 교사끼리 왜 공격하느냐는 것이 핵심이었다. 아이러니한 것은 학부모나 학생들은 긍정적인 반응을 보였다는 것이다. 편협하다고 비판받던 책이 한 고등학교의 논술 교재로 채택되기도 하였다. 내부의 아픈 이야기를 드러내는 것은 쉽지 않다. 우리나라에서 내부 비판자들의 삶은 평탄하지 않기 때문이다. 조직 속 이단아異端兒이자 순응하지 않은 자에게는 본질과 상관없는 인신공격성 비난이 이어지고, 때로는 상처를 주기도 한다. 그래서 그 뒤 해야 할 많은 이야기들을 삼켜 왔다. 교육계의 변화를 이끌어 내고 싶었지만 여러 가지 이유들이 글쓰는 동력을 좌절시켰다.

다시 용기를 내어 개인의 자격으로 글을 쓰게 되는 데 3년이 걸렸다. 어느 집단이든 개혁은 어렵다. 집단 내의 관행과 횡포에 맞서 싸워야 하기 때문이다. 변화보다 타협이 쉽고, 개혁보다 관행이 편하다. 하지만 관행에 익숙해지다 보면 점점 나와 다른 사람을 거부하게 된다.

사실 교육계 내부의 이야기는 교육자가 아니면 할 수 없다. 하더라도 피상적이거나 속사정은 모른 채 접근할 가능성이 크다. 교육부나 중앙 정부, 정치권, 국회, 시민 단체에서는 문제의식은 가질 수 있으나 근본적인 원인과 대안은 제시할 수 없다. 그렇기에 교육계 내부로부터의 자성의 목소리가 중요한 것이다. 교육계 내부에서 올바른 목소리가 지속적으로 이어지면 좋을 텐데, 우리 사회 대부분이 그렇듯 교육계도 내부 문제를 표출하는 것 자체를 꺼린다. 그래서 문제를 그대로 가지고 있거나 포장하여 전시 행정으로 탈피하기도 한다. 이러한 상황 속에서 학교 현장을 잠시 떠난 자 입장에서는 남아 있는 분들에게 미안한 마음이 든다. 어떻게든 교육 변화를 이끌어 내고, 돕고 싶은 마음은 절실하나 쉽지 않다. 동료들의 냉소적인 시선, 중앙 관료의 압력, 법·제도에 무관심한 국민들과 학부모, 근본을 건드리지 못하고 표면적인 것에 집착하는 교원과 시민 단체, 힘을 가졌지만 사용하지 않거나 타협해 버리는 정치권 모두가 '현실의 벽'이다.

사람들은 교육에 대한 희망과 애증을 동시에 품고 있다. 이는 학생부터 시작해 학부모는 말할 것도 없으며, 교사도 마찬가지다. 2019년을 뜨

겁게 달군 드라마 〈스카이 캐슬〉이 그것을 대변해 준다. 대한민국에서 교육은 이제 신분 상승을 위한 경쟁의 수단이며, 모든 것을 평가하는 기준이다. 전 국민의 최대 관심사이기에 학교는 독립적이고 자생적으로 움직이기 어려워졌다. 특히 교사의 입지는 점점 좁아져 간다. 물론 교사들이 자초한 부분도 일부 있지만, 현재 교사가 어떠한 상황에 놓여 있고, 어떠한 존재인가를 밝히고 싶었다.

'교사 불신'이라는 말은 교사라면 누구나 피부로 느끼고 있지만 차마 말하지 못하는 금기어이기도 하다. 교육과 교사에 대한 기사가 나올 때마다 우호적이지 않은 댓글이 주를 이루는 것이 현실이다. 특히나 교사는 공교육을 상징하기에 가장 비난하기 쉬운 존재이다. 안타깝게도 '교사 때리기', '교사 불신', '교사 패싱'은 대한민국의 일반적인 사회현상으로 자리 잡았다고 해도 과언이 아니다. 많은 사람들이 '공교육은 부실하다.', '믿을 수 없다.'고 말하며 그 모든 원인을 교사의 나태함과 무능 탓으로 인식하고 있는 상황인데도 우리 사회는 교사가 왜 불신의 존재가 되었는지 밝히려 들지 않고, 밝힐 필요도 없다고 생각한다. 그래서 교사 불신의 시대인 현재의 상황을 분석하고, 근본적인 성찰을 통해 그 원인을 파악해 보고자 했다.

교사 불신 현상은 어제오늘의 일이 아니지만, 1990년대 후반부터 서서히 드러나기 시작했다. 1990년대 이전에는 교직은 선망의 직업이라고 보기 어려웠다. 급여도 적어서 중도 이탈률(퇴직자)도 상당했다. 1997년 이후 금융 위기를 거치며 우리나라는 경제 성장이 현저하게 둔화되었는데, 이 과정에서 정규직을 계약직이 대신하게 되었고, 흔히 말하는 평생 직장이 줄어들었다. 그러자 정년이 보장되는 공무원을 희망하는 이들이 급속도로 증가했다. 이즈음부터 교직 이수나 교직 과정의 경쟁이 치열해졌고, 공립학교 교원(국가직 공무원)이 부러움과 시기의 대상이 되어 갔다.

김대중 정부 이후 교원의 급여 현실화도 한몫을 했다. 과거 교사의 급여는 상당히 현실적이지 못했다. 말하기도 참 부끄럽지만 과거 '촌지 주고받기'가 일반적인 현상으로 자리 잡다시피 한 것은 비현실적인 급여 때문이라는 의견도 있다. 아직도 많은 사람들이 교사는 월급보다 촌지 등의 부수입이 많다는 불신의 눈초리를 거두지 않고 있지만, 지금은 많이 달라졌다. 현재 교원은 단 100원이라도 사적 이익을 편취하면 해고에 해당하는 '해임'이나 '파면'을 당한다. '김영란법(청탁금지법)'이 시행되기 이전, 즉 직선제 교육감 이후에는 자체적으로 이런 제도를 운영하기도 하였다. 지금의 교직 사회는 금전적인 면에서는 상당히 투명해졌다.

학부모의 학력이 높아진 것도 교사에 대한 인식이 과거와 같지 않은 것에 영향을 주었다. 현재 유·초·중·고 학부모는 대부분 1970년대 이후의 세대로 대학 진학률이 60~70%에 달한다. 부족함 없이 자랐고, 배울 만큼 배운 이들의 입장에서는 교대나 사대를 졸업한 교사가 그다지 우수한 엘리트도 아니고, 두려움이나 존경의 대상도 아니다. 교사는 여러 직업 중 하나라는 생각이 강하다. 과거 스승의 그림자도 밟지 않던 시대와는 사회적 배경 자체가 무척 다른 것이다. 이런 상황 속에서 2014년 교육감 선거 당시 수도권의 한 후보는 '무능한 교사 10% 퇴출'을 주요 공약으로 내걸어 주목받기도 하였다. 당선되지는 못했으나 지지도가 상당하여 교사에 대한 부정적인 여론을 증명하였다.

교사들이 시대의 변화에 둔감한 것도 영향을 미쳤을 것이다. 물론 예외의 경우도 있지만 다수가 그렇다. 사회 변화는 무척 빠르다. 불과 10년 전과 비교하더라도 많은 변화가 있었다. 교육에 대한 사회의 관심도 매우 높아졌다. 그런데 교사들은 사회의 변화에 관심을 갖고 민감하게 받아들이기보다는 수업에만 몰두하는 경우가 많다. 학교라는 폐쇄적 공간에서 학생 교육에만 매진하다 보면 흔히 말하는 '우물 안 개구리'가 되어 버리기도 한다. 당사자들은 그것을 자각하기 힘들다. 이런 이야기를 듣는 것 자체를 거부한다.

실제 교직의 리더 그룹이라고 불리는 교장·교감·교육전문직(장학사·장학관)이 교육정책에 해박하거나 관심이 있는 경우를 거의 보지 못했다. 오히려 보수적이며 동료 교사들을 불편하게 한다는 현장의 분위기가 지배적이다. 아직까지도 교직이 성역이라고 생각하며, 현실의 변화를 인정하지 않는 교사도 많다. 사회 변화에 맞추어 교육정책을 연구하는 입장에서는 이러한 분위기가 제한적인 요소가 된다. 언젠가 한 학교에서 교원 대상 강의를 한 적이 있는데, 강의를 들은 그 학교 교장선생님이 강의 내용이 마음에 안 든다며(정확하게는 강의 내용이 허황되고 과장되었다며) 강사비를 지급할 수 없다고 했다. 쓴소리는 거부하고 듣고 싶은 것만 듣는 것이 교육자의 권한인 것처럼 변질되어 버렸다. 그사이에 전문성은 교사가 아닌 '교수' 직종으로 넘어갔고, 주도권은 '일반행정직'에게 넘어갔다. 교육과정이나 교과서, 매뉴얼 개발과 수능 출제는 교수 그룹이 해 주고 있으며, 교육청 내 대다수 중심을 이루고 있는 집단은 일반행정직이다. 교사들의 사회 변화에 대한 무관심과 보수적인 시선이 이런 상황을 초래했다.

과거에는 정부도 교사들을 대화의 파트너로서 인정했다. 양대 교원단체(교총, 전교조)는 교육정책의 방향성에 대해 일정 부분 영향력을 가지고 있었다. 하지만 그것은 노무현 정부(참여정부)까지였고, 이후의 정부에서는 공식적으로 국가정책의 결정 과정에서 교사의 지분을 인정하지 않는 분위기이다. 문재인 정부의 국가교육회의(국가교육위원회 전 단계) 구성 단계에서도 교사나 교원 단체의 공식적인 참여는 성사되지 않고 있다. 이는 교사에 대한 정부나 국민들의 신뢰가 거의 존재하지 않는다는 것을 의미한다. 정부 입장에서는 계륵鷄肋을 넘어서 눈치 보지 않아도 되는, 무시할 수 있는 집단이 된 것이다.

2018년 S여고 교무부장의 학생부종합전형 비리는 여기에 쐐기를 박았다. 사람들은 교사들을 무능력하고 나태한 데다 범죄까지 저지르는 집단으로 매도하기에 이르렀다. 그 사건 이전에도 교육 관련 기사의 댓글은 대부분 교사에 대한 안 좋은 경험담이나 비난으로 채워졌다. 일부 교사를 옹호하는 댓글은 교사가 쓴 걸로 생각하기도 했다. 무엇이 사실이든 현상적으로 여론은 교사를 불신의 대상으로 보고 있다.

비난의 화살은 온통 교사를 향하는데 자꾸 의문이 든다. 과연 교사가 문제일까? 사회 전반의 제도나 시스템은 문제가 없을까? 혹 교사 또한 제도의 희생양은 아닐까? 사실 이러한 의문에 대해서 대부분의 사람들은 관심이 없다. 누가 무엇을 하고, 어떻게 바뀌어도 교육의 중심에는 '내 아이'가 있기에 그렇다. 가장 공정한 입시는 내 아이에게 유리한 입시라는 우스갯소리도 있지 않은가. 이를 엿볼 수 있는 사례가 2018년을 뒤흔들었던 '수능 공론화 위원회'이다. 탈원전 과정에서 성숙된 숙의 민주주의를 보여 주었듯, 교육에 있어서도 멋지게 합의 과정을 도출해 내길 기대했지만 애초부터 무리수였다. 교육의 중심인 '내 아이'에서 벗어나지 않으면 어떠한 이성적인 사고도 할 수 없다. 더군다나 교육계에는 진짜 전문가도 드물다. 교육 전문가라고 하면서 나서는 대부분의 사람들은 교육을 모른다. 거시적인 시각에서 교육철학을 이해하는 이들이 없고, 자신들의 이해관계로부터 벗어날 수 없기에 그렇다. 학부모의 불안감과 불신은 여기서부터 시작된다. 이것을 인정하지 않고서 합의점을 도출하기는 불가능하다. 많은 이들이 우리 사회에서 교육은 합의 자체가 불가능하다 생각하고, 그 중심에 부끄럽게도 교사에 대한 불신이 있다.

이러한 상황에서 현재의 제도, 상황, 교직 문화, 관행, 오해와 불신에 대한 설명이 필요하다고 판단했다. 누군가는 나서서 현 상황을 설명하고 대안을 제시해야 하는데, 비판을 위한 비판이나 비판이 금기시되는 현상 또는 회피주의가 만연해 있다. 현상을 정확히 분석한 객관적인 시각도, 해결을 위한 노력도 없다. 법을 만드는 국회나 교육을 움직여야 하는 중앙정부, 교육부도 다르지 않다. 무의사결정론Non Decision Making[1]이 지배적으로 자리 잡고 있다. 사안이 터져야만 무언가 바꾸거나 바꾸는 척하는 사례가 반복되고 있다.

이 책에서는 교사 불신을 초래하는 사회현상에 대해 분석하고 그 이면의 내용을 밝혀 이해를 돕고, 대안까지 제시해 보려 한다. 물론 이 책의 내용이 모두 정답이라 보기 어렵지만 문제 제기의 차원에서 의미가 있을 것으로 기대한다. 어떤 단위에서라도 이러한 시도는 거의 없었다. 흔히 유·초·중·고 교육 관련 국정과제나 교육 공약에서는 대학 등록금, 사교육, 대학 입시, 교장공모제 정도의 내용이 거론된다. 2018년 전국을 뒤흔들었던 사립 유치원 사태에서는 '박용진 3법'이 나오기도 하였다. 그 몇 개의 사안으로 대한민국의 교육을 바꿀 수 없거니와, 그나마 교육계를 포함 여론의 관심 또한 부족하다. 대통령 선거, 국회의원 선거, 교육감 선거에서도 교육의 근본적인 부분을 바꿀 수 있는 공약은 제시되지도 않고 거론하지도 않는다. 교육의 중심에는 '교사'가 있다는 것을 알면서도 이야기하지 않는다. 본질을 피하기만 하면 아무것도 바꿀 수 없다. 이 현상이 계속된다면 점차 심각하게 전개될 것이 분명하다.

대부분의 교사들은 수업에 매진하면서 스스로를 수업 전문가라고 위

---

1 의사 결정자는 자신에게 불리한 결과가 예상되는 문제를 정책 의제로 채택하지 않고 다루지 않거나 방치하여 정책 대안을 마련하지 않는 경향이 있다는 이론.

안하며, 교육계가 교사가 중심이 되어 흘러갈 것이라고 막연히 생각하고 믿는다. 교감, 교장, 교육장, 일부 시·도 교육감도 교사들의 영역이기에 그렇다. 다시 말해 어떤 면에서 교사는 독과점 체제의 중심에 있는 기득권이며, 권력을 가진 집단이라 해석된다. 많은 국민들이 이런 시스템에 반발하고, 이를 깨뜨리기 위해 노력하고 있다는 사실을 교사만 모른다. 국민과 교사 간의 정서적인 격차는 상당히 벌어져 있는데, 이 간극을 좁히려는 이들이 없다. 감정에 호소한다고 양 극단에 치우쳐져 있는 사람들이 화합하기는 어렵다. 특히 본질을 외면한 분석이나 대안은 모두가 받아들이기 어렵다. 현상에 대한 심도 깊은 분석과 교사들의 반성적 성찰이 먼저 있어야 한다. 자신들의 기득권을 내세우기 이전에 교사로서 어떤 것이 변화해야 하는지를 면밀히 고민해야 한다.

법을 만드는 국회는 결국 여론에 의해 움직인다. 사립 유치원 사태에서 알 수 있듯이 언제까지나 기득권을 유지하기는 어렵다. 음주 운전으로 인한 살인은 여론의 판도를 뒤흔들어 즉각적으로 도로교통법을 개정하여 일명 '윤창호법'을 만들어 냈다. 국민들이 분노하면 변화를 이끌어 내는 저력을 발휘한다. 문재인 정부 들어 시작된 20만 명 동의 청와대 청원은 여론의 무서운 힘을 보여 준다. 우리나라는 법치주의 사회이기에 법적 변화는 모든 제도와 정책을 변화시킨다. 과거에는 어려웠던 것들도 쉽게 공론화되어 정책에 반영된다. 이러한 상황이 교육계에 어떤 영향을 미칠지는 모르지만, 그 방향성을 예측하자면 '개혁'과 '개방'이라고 생각한다.

향후 10년 우리 사회와 교육계에는 엄청난 변화가 휘몰아칠 것이다. 교육이 제 역할을 하기 위해서는 최소 10~20년이 걸린다는 것을 고려한다면, 지금 이 순간부터 제대로 된 정책적 판단을 하지 않으면 되돌리기 힘든 골든타임Golden Time에 놓여 있다. 교사들이 주체성을 가지고 각성해야 할 시점에서, 그동안 정책 연구했던 자료들과 여러 인터뷰 내용들을 정리하여 책으로 엮었다. 그 과정에서 스승이면서 이제는 같은 길을 걷고 있는 한국교원대학교 김성천 교수님, 사랑하는 가족, 교육정책디자인연구소 분들의 도움이 컸다.

나는 교직에 있는 동료들의 비난보다 교직을 바라보는 국민들의 차가운 시선이 두렵다. 그리고 교직이 존재하는 이유인 학생이 중심에 있지 않은 어떠한 것들도 용납되지 않을 것이라 본다. 이 책에서 그 변화의 방향성을 모색해 보고자 한다. 또 교사 불신을 초래한 국가와 제도·정책의 한계, 국민들의 오해를 중점적으로 살펴보려 한다.

이 책은 교육정책을 담당하는 이들이 읽었으면 좋겠고, 학부모가 읽어서 우리 교육의 현실을 알았으면 좋겠다. 그리고 의식 있는 교사들이 함께 읽어 우리 내부의 문제들을 드러내고, 교육의 문제에 관심을 갖고 함께 바꾸어 나갔으면 한다. 위기는 곧 기회다. 아직 늦지 않았고, 지금부터 시작이다.

차례

1부

사건·사례를 통해 살펴본
우리 사회의 교사 불신 현상과 그 대안

2부

교사 불신을 해소할 수 있는
미래 교육정책

사건 · 사례를 통해 살펴본
우리 사회의 교사 불신 현상과
그 대안

교/사/불/신

강남 초등학교 인질극 사건으로 살펴본
학생 안전사고의 책임

• 2018년 4월 2일 오후 12시 43분쯤 서울 B초등학교 교무실에서 이 학교 졸업생인 A씨가 이 학교 4학년 학생에게 흉기를 들이댄 채 "기자를 불러 달라!"고 요구하며 경찰과 한 시간가량 대치하다 검거되었다. A씨는 4교시 수업이 시작되기 전인 오전 11시 30분쯤 정문을 통과해 학교에 들어갔다. 그는 정문 옆에서 근무 중인 학교보안관에게 "이 학교 졸업생인데 졸업증명서를 떼러 왔다."고 말한 후 아무런 신원 확인 절차 없이 무사통과되었다고 한다. 2010년 한 초등학교에 들어가 여학생을 납치·성폭행한 '김수철 사건' 이후 외부인 출입 통제를 강화하는 학교보안관 제도[2]가 2011년부터 도입됐지만, 이번에도 학교는

---

2 지역마다 명칭이나 근무 여건은 다르다.

또다시 너무 쉽게 뚫렸다고 언론에서는 질타하였다. '김수철 사건' 이후
에도 외부인의 학교 무단 침입 사건은 반복되어 2012년에는 한 고교 중
퇴생이 서울 서초구의 한 초등학교에 몰래 들어간 뒤 삽을 휘둘러 학생
7명을 다치게 했다. 2016년에도 50대 취객이 교무실까지 난입해 소동을
벌이다 현행범으로 체포되는 일이 있었다. 본 사건 이후 실제 인질극을
벌인 범인에게 대응한 사람이 학교 관리자라고 알려졌으나, 배움터 지
킴이인 것으로 드러났고, 교장·교감·교사들은 뭐하고 있었냐는 질타
도 이어졌다.[3]

학교는 안전한 곳인가?
—

대다수의 사람들이 학교는 안전한 곳이라고 생각한다. 초등학교는 일
부 사립을 제외하고 대부분은 국가와 시·도 교육청이 운영하는 공립학
교이다. 이는 국가의 책임으로 운영된다는 뜻이다. 국민들이 공공기관
을 신뢰하고 가장 안전하다고 믿는 것은 당연할 것이다. 그런데 실제 학
교에서 근무하는 교사라면 학교가 안전하다는 것에 동의하지 않는다.
매일 생각보다 많은 사람들이 학교에 다녀간다. 학부모, 졸업생, 공공기
관 관계자, 각종 물품 납품업체 관계자, 택배기사, 민원인 등 다양한 사

....

3 경향신문(2018. 4. 2)

람들이 대부분 학교 방문을 위한 별도의 절차 없이 출입한다. 그러지 않기를 바라지만, 이들 중 누군가 위험한 생각을 한다면 어떤 일이든 발생할 수 있는 곳이 학교이다.

학교 방문객은 행정실을 먼저 방문하여 출입증을 받도록 하는 매뉴얼이 있지만 유명무실하다. 매뉴얼을 지키기 위해 학교를 방문한 외부인에게 "교직원이 아니니 행정실에서 출입증을 받아 오십시오."라고 말하기 힘든 분위기이기 때문이다. 교육부 매뉴얼대로 요구했다가는 항의를 받는 것이 현실이다.

학교 안전을 보장할 수 없는 이유는 특별한 용무가 있는 외부인보다는 일반 학부모의 문제가 크다. 특별하고 별난 사람이 아닌 지극히 평범한, 보통의 학부모이다. "우리 아이 잠깐 보러 왔다." "나 누구 학부모다."라고 말하면서 막무가내인 학부모들이 있다. 학부모라는 이름하에 규칙을 지키지 않는 것이 관례화되어 있다. 물론 대부분의 학부모는 규칙을 지키려 하지만, 통제가 안 되는 한두 명 때문에 예외 사례가 생기면 '저들은 안 지키는데, 왜 나만 불편함을 감수해야 하는가?'라는 편의주의가 생긴다. 이 과정에서 매뉴얼은 문건에만 존재하는 면피용으로 남거나 사안이 터졌을 때 찾아보게 되는, 책임 소재를 따지기 위한 도구가 된다. 학교를 처음 접한 학부모는 아무런 제재 없이 학교를 드나들 수 있다는 사실에 '회열감'을 느끼면서도 동시에 학교에 대한 '불신'을 가진다.

학교보안관이 할 수 있는 일은?

학교보안관이나 배움터 지킴이(이하 학교보안관)에게는 사법권이 없다. 사법권이 없다는 것은 의심 가는 사람이 졸업생이나 학부모라고 우겨도 신분증 제시를 요구할 권한이 없음을 뜻한다. 신분증을 요구해도 안 가져왔다고 말하면 그만이다. 그렇다고 민원인과 마냥 대치할 수도 없으니 그냥 보내 줄 수밖에 없는 실정이다. 이들은 대부분 계약직 신분이다. 소신을 가지고 원칙을 제시하며 민원인이나 학부모와 실랑이가 생기면 자칫 계약을 유지하기 어렵게 되기도 한다. 실제로 원칙을 지키려던 전직 군인·경찰 출신 학교보안관이 민원인과 싸워서 계약이 해지된 사례가 종종 있다.

그리고 학교보안관은 젊고 건장한 사람보다는 연세가 지긋한 분이 대다수이다. 만약 납치극이라도 벌어지면 사법권도 없는 연로한 학교보안관이 감당하기에는 힘들다. 설사 전직 군인이나 경찰이더라도 이를 적극적으로 해결할 수 있는 상황이 아니라는 것이다. 만약 안전을 이유로 원칙을 지키려는 학교보안관이 저항하는 학부모나 민원인과 몸싸움이 생겨 상해를 입혔다고 가정해 보자. 어떤 일이 벌어지겠는가? 학교장 문책 요구에서부터 교육장·교육감 사과 요구도 이어질 것이다. 마치 지하철역에 태권도 유단지인 안전요원이 있지만, 사법권이 없어 취객들에게 폭행을 당해도 아무 대응을 못 하는 것과 같다.

상징성을 가진 사람을 일시적으로 채용하여 만든 면피용 정책을 원하는 학부모는 없을 것이다. 우리는 학교 울타리 안에서 학생들이 정말 안전하기를 바란다. 안전을 위해서는 불편함이 생긴다. 그런데 많은 사람들이 그 불편함은 감수하려 들지 않는다. 은행에 상주하는 경비용역처럼 학교보안관이 무장한 채 입구를 지키면 위압감이 든다고 학부모 민원이 쇄도할 것이고, 학교로 통하는 여러 출입구를 봉쇄하고 하나의 출입구만 개방한다면 수십 미터를 돌아와야 하는 불편함에 지역 주민과 학부모가 문제를 제기할 것이다.[4] 보통 학교에는 2개 이상의 출입구가 있다. 이렇게 많은 출입구가 생기는 이유는 학부모의 요구 때문이다. 한 아파트 단지 입주민 대표는 교육청과 학교에 민원을 넣어 아파트 입구와 근접한 곳에 학교 출입구를 내 달라고 공식적으로 요구하고, 들어주지 않으면 농성을 하거나 국회의원이나 정치인을 통해 해결하는 방식도 채택하겠다고 엄포를 놓은 적이 있다.

학교 안전을 강화하기 위한 시도가 없었던 것은 아니다. 금속 탐지기까지는 아니지만, 보안시설을 첨단화한 연구·시범학교가 있었다. 시범 기간 동안 학교 출입에 불편함을 겪은 학부모와 교직원의 쏟아지는 민원을 받은 학교는 시범 기간 이후에는 모든 문을 열어 놓았다고 한다. 큰 비용을 들여 만든 시설이 무용지물이 된 것이다. 이것이 우리나라 학교 안전의 현실이다. 사회적 합의나 공공의 이익보다는 내 아이의 편리함

---

4 대부분의 학생들은 불편함을 감수하고 학교의 입장을 따른다. 입구가 하나인 학교들도 학생들이 저항하는 사례는 거의 없다. 민원 제기는 주로 학부모와 지역사회로부터 나온다.

이 우선되는 곳에서 학교의 안전이 보장되기는 어렵다.

처음 제기했던 질문으로 돌아가 답을 해 보자. 학교는 학생들에게 안전한 공간인가? 불특정의 누구나가 자유로이 드나들 수 있는 한 안타깝지만 답은 '아니오.'이다. 현실이 이러한데 사건이 터지면 그 책임은 학교와 교사들에게 돌아간다. 교사가 무장했는가? 무술 유단자인가? 아니면 모든 학생들을 통제하며 감시하는 감시자인가? 교사는 교육자일 뿐이다. 군대나 교도소처럼 입구를 폐쇄적으로 만들고, 2~3단계의 진입장벽을 만들면 안전할지 모르겠다. 그게 불가능하다는 것을 알기에 교사들은 사건이 터질까 봐 전전긍긍하고 학교 개방이나 공개에 소극적으로 대응한다.

강남 초등학교 인질극과 유사한 사건은 어떤 학교에서든 다시 발생할 수 있다. 그런데 근본적인 대책은 있을 수 없고, 만들 수도 없다. 그냥 우리 학교와 내 제자들에게 불상사가 생기지 않기를 간절히 바라는 마음뿐이다. 유사한 사건이 터지면 언론에서는 교사와 학교는 무엇을 했느냐며 비난의 화살을 돌릴 것이다. 대책 마련이 불가능한 사안임에도 학교와 교사에 대한 불신만 가중된다. 교사는 학생을 지키는 도구나 보험이 아니며, 교육을 수행하는 것이 본연의 역할이다. 그런데도 언론은 왜 현상만 놓고 도돌이표처럼 학교와 교사들을 공격하며, 근본적인 제도에 대해서는 탐구하고 연구하지 않는지 의문이다. 언론 본연의 역할을 망각한 것인지, 제도와 정책을 비평할 능력이 안 되는 것인지, 권력을 가진 이들을 비판할 수 없어서인지 궁금하다. 차라리 학교 현장을 경험한 교사 출신 '교육전문기자'[5]를 양산해 보는 것을 제안해 본다.

학생 안전을 위한 불편함 감수와
주민을 위한 학교 개방 사이

———

지역사회는 주민을 위해 학교를 개방해 주기를 바란다. 특정 지역에서는 조례를 통해 개방을 유도하고 있지만 여전히 학교의 담장이 높다고 비판한다. 가장 많이 나오는 이야기가 운동장의 주차 공간 개방, 강당과 도서관 개방이다. 정말 이 시설들의 개방이 가능할까? 이 주제와 관련한 여러 토론회는 대부분 학교가 개방을 위해 노력하지 않고, 너무 보수적이고 편협하다는 공통된 의견으로 결론 맺는다.

지역 정치인들 중에는 학교 시설 개방을 공약으로 하는 경우도 있다. 운동장과 강당의 상시 개방을 내세우거나 운동장 공간에 지하주차장을 만들겠다는 이들도 있다. 실제로 이렇게 한 사례가 있다. 서울의 한 중학교는 지방 자치 단체와 교육청이 공동 투자하여 운동장 밑에 공공 지하주차장을 만들어서 주민들의 호응을 얻고 있는데, 관리는 지방 자치 단체가 하며, 주차장 입구는 학교 입구와 별도로 되어 있다. 즉 학교와 주

---

5 의학전문기자는 의사 출신, 법학전문기자는 법조계 출신이다. 그런데 교육 관련 기사는 모든 언론인이 보직제로 경험하여 기사를 내고 있다. 늘 현상만을 다루고, 교사와 학교를 공격하는 가장 큰 이유가 여기에 있다.

차장이 완전히 별도의 영역인 것이다. 이러한 경우라면 시설 개방에 문제가 없을 것이다. 그러나 학교가 매우 크거나 처음 설계 단계에서부터 계획되지 않은 기존 학교에서 이런 구조 개편은 쉽지 않다.

2012년 인천의 한 고등학교 운동장에서 발생한 교통사고 블랙박스 영상이 전 국민을 분노케 한 사례가 있다. 비가 오는 날 한 학부모가 자녀를 태우기 위해 자동차를 끌고 학교 운동장을 지나다 우산을 쓰고 가는 학생을 쳤는데, 운전자가 소리만 지르며 브레이크가 아닌 엑셀러레이터를 밟아 수능을 앞둔 고3 학생에게 중상을 입힌 사건이었다. 이 사건으로 비난받은 것은 해당 가해 학부모뿐 아니라 학교와 교사들이었다. 비 오는 날 학교 운동장에 차를 진입하게 했다는 것이 비난의 이유였다.

여전히 비 오는 날 교문 앞에는 평소보다 더 많은 차들이 아이들을 기다리고, 내 아이 비 한 방울 맞게 할 수 없다는 듯 진입을 막기 위해 설치된 방지봉까지 뽑고 교내로 들어오는 학부모도 있다. 이러한 현실에서 학교나 교사에게만 비난의 화살을 보낼 것이 아니라, 국민들의 의식 수준과 학교를 바라보는 그들의 시선에 대해 생각해 볼 필요가 있다. 내 아이만큼 다른 아이들의 안전도 중요한 것이며, 개인의 편의보다는 공공의 이익과 질서가 우선되어야 한다. 기본적인 시민의식의 부재 문제까지 학교와 교사 탓으로 돌리는 것이 기이할 뿐이다. 학교는 누군가 잘못할 것을 대비해 지키고 서 있으면서 불신을 조장하는 곳이 아니다. 모두가 책임의식을 갖고 아이들을 위해 힘쓰고 본보기를 보여 주어야 하는 곳이 학교다.

학교의 주인은 누구이며, 무엇을 하는 공간인가?

학교는 누구를 위한 곳인가? 어떤 이는 학생들이 주로 사용하므로 학교는 학생들 것이라고 생각한다. 소수지만 누군가는 자신의 동문회 체육대회나 교직원 체육행사 등을 강당이나 운동장에서 주로 열며 학교를 사유물처럼 인식하기도 한다.[6]

과거 인조잔디 열풍이 불었던 적이 있다. 인조잔디는 설치하는 것도 문제지만 설치 후가 더 문제였다. 인조잔디를 설치할 때 지방 자치 단체의 지원이 많았는데, 설치 조건이 지역 개방이었다. 그 결과 어떤 주민은 가족과 함께 삼겹살을 구워 먹는 장소로 이용하고, 어떤 대학생들은 음주가무를 즐기다가 새벽에 학교 화장실을 이용할 수 없자 학교 구석에 대소변을 보기도 하였다. 이 학교에서는 아침마다 소주병과 담배꽁초를 치우기 위해서 학생들이 동원되기도 했다. 학교 내에서 밤새 불꽃놀이를 하거나 캠프파이어를 하고, 교실 창문에다 돌을 던지는 일도 종종 벌어졌다.

이런 일들이 공개되지 않았을 뿐 빈번하게 벌어지고 있다. 그때마다 여론은 그런 일이 벌어질 동안 학교는 무얼 했느냐며 질타한다. 지역 주민들이 학교에 와서 폐를 끼쳤다면 주민의식을 탓해야 하고, 학교를 무분별하게 개방하는 것보다 책임 있게 사용하지 못한 이들을 처벌할 수

---

6 종종 지역 언론 기사에서 다루어지고 있다.

있다는 등의 제도적인 내용에 대한 고민에 초점이 맞춰져야 하는데, 늘
상 결론은 교사와 학교 탓이다. 핵심에서 비켜 간 '교사들이 밤새 보초를
서든 순찰을 돌든 불량배를 잡으라.'는 말까지 나오는 상황에서 다시 한
번 학교가 무엇을 하는 공간인지 생각해 봤으면 한다.

다음은 교육청에 들어오는 실제 민원 내용이다.

- 학교 근처에 눈이 많이 쌓였으니 교사들이 치워 달라.
- 학교 근처에서 학생 교통사고가 많으니, 교사들이 교통사고 예방
  지도와 단속을 해 달라.
- 학교 근처에서 담배를 피우는 청소년과 불량배들을 교사들이 단
  속해 달라.
- 학교가 등산로 주변에 있어 위치가 좋으니, 지역 주민들이 학교
  안 도서관과 화장실을 이용할 수 있도록 개방해 달라.
- 지역 주민들이 학교 안 화장실을 자주 이용하면 아이들이 위험하
  니 외부인을 통제해 달라.
- 운동장의 아이들 소리가 시끄러워 인근 아파트에서 잠을 못 잔다
  는 민원이 많으니 학생들의 실외 수업을 자제해 달라.
- 주차 공간이 별로 없으니 학생들은 강당에서 체육을 하고 운동장
  은 지역 주민에게 개방해 달라.

몇 가지만 사례로 들어 보았다. 누군가는 개방을 요구하고, 누군가는

폐쇄를 요구하고 있다. 학교를 학생들의 공간이 아니라 지역 주민의 요구를 해결해 주는 종합민원센터처럼 여기는 이들이 많다. 눈을 치우거나 교통사고 예방, 불량배 단속 등의 일은 지방 자치 단체나 경찰의 역할임에도 학교에 요구한다. 과거 교사들이 주변 오락실이나 유흥시설을 단속하던 때가 있었다. 그때는 교사를 존중하고, 교사가 이야기하면 경청해 주는 문화가 있었기에 가능한 일이었다. 지금 교사가 그렇게 한다면 지나친 월권이고 간섭이며, 자칫 교사들이 폭력에 노출될 우려도 있다. 2012년에는 편의점 앞에서 담배를 피우는 청소년들을 훈계한 30대 남성이 자녀 앞에서 폭행당해 사망한 사건도 있었다. 교사들이 사회 질서를 지키지 않는 지역 주민, 학교 밖까지 단속하라는 것은 시대 상황과 맞지 않는 무리한 요구일뿐더러 본연의 역할과도 거리가 있다.

'학교는 무엇을 하는 공간인가?' '어떤 역할을 해야 하는가?' 등 우리 사회에서 학교 공간을 바라보는 합의가 이루어지지 않는 것이 아쉽다. 그냥 좋은 게 좋은 거라며 흘러가다 보니 현재의 상황, 즉 교사들은 학교 개방을 꺼리는 이기적인 집단이라는 인식에까지 이르렀다.

지역 내 일부 학부모가 유치 운동을 벌이기도 했던 학교 인조잔디 사업이 활발했을 당시 정작 학생들은 인조잔디를 제대로 사용할 수 없었다. 지역사회가 우선되었기 때문이다. 학교 운동장을 대여하는 지역 체육회, 방과후 수업(업체) 등 많은 이들이 학교 안에 들어오기 위해서 대기하며 학교 공간을 이용하였다. 정작 학교에서 운동장을 가장 많이 사용해야 하는 학생들은 소외되었다. 관리를 체계적으로 하지 못한 학교 측의 잘못이 주가 된다고 말할 수 있겠지만, 노골적으로 사용을 요구하는 지역사회와 학교운영위원회, 지역 정치인들을 외면할 수 없었던 것도 큰 이유였다. 특정 단체에서는 왜 우리는 빌려주지 않느냐, 왜 우리를 먼저 빌려주지 않느냐며 학교를 압박하고 시·도 교육청과 언론에 문제 제기를 했다. 이 과정에서 가장 소외되는 것은 학생들이었고, 교사들의 의견은 축소되거나 학교 개방을 성가셔 하는 것으로 여겨지며 거의 반영되지 않았다. 인조잔디 사업의 결과 역시 교사들이 비난을 받았다.

교육정책이 어떻게 되어도 비난받을 수밖에 없는, 좀 자극적인 표현이긴 하지만 늘 오물을 뒤집어쓰게 되는 존재가 현재의 교사가 아닌가 싶다. 자신의 의견을 피력할 수도 없고, 이들을 대변하는 노조도 단체도 없다.[7] 학부모나 지역사회 민원은 지역 교육지원청도 감당하기 힘들다. 결국 학교로 넘겨지고 학교에서 결정해야 하는데, 그러다 보니 학교는 을 중의 을이다. 학교나 교사를 위한 변명이 아니다. 정상적인 학교 교육력을 훼손하는 시스템상의 문제를 말하는 것이다. 민원인의 의견도 소중하나, 학교교육이 우선되어야 한다. 합리적인 사유가 있다면 민원을 거부하거나 무시할 수 있는 권한도 학교에 주어야 한다. 학교는 막무가내로 밀고 들어오는 민원을 해결하는 심부름센터가 아니다.

---

7 양대 교원 단체가 있지만 주로 승진제도, 이념적 철학에 대해서 다툴 뿐 교사 개개인의 의견과 고민을 반영하는 교원 단체나 학교 조직은 없다는 뜻이다. 평범한 교사들의 고민을 다루는 곳은 교육청 안팎 어디에도 없다. 견디는 것은 오롯이 교사 개인의 몫이다.

교사 불신

학교 내에서 안전사고가 발생한다면?

　많은 인원이 모인 곳이니만큼 학교에서는 각종 안전사고가 발생한다. 서울 초등학교의 인질극 같은 사건은 극단적인 예이지만, 학교의 여건을 본다면 언제든 발생할 수 있는 일이다. 주변 동료나 선후배 교사들이 경험한 일들을 모은다면 책 한 권을 묶을 수 있을 만큼 다양하고 아찔한 경험들이 많다. 학교 내에서 학생이 어이없는 사고로 죽거나 다치는, 때로는 심각한 후유증으로 정상적인 생활을 할 수가 없게 되는 안타까운 일들이 빈번하게 발생한다.

　1990년대 이전에는 학교나 교사를 상대로 소송하는 경우가 거의 없었다. 안전사고 문제도 예외는 아니었다. 과거에도 학교에서 여러 안타까운 사고가 빈번했지만 소송까지 이어지지는 않았다. 교사의 책임이 전혀 없다는 것은 아니지만 전적으로 교사의 책임으로 몰고 가지는 않았다. 그 당시 학교와 교사가 지금보다 잘해서가 아니라, 학생과 학부모 등 사람들이 학교에 대한 기본적인 신뢰를 갖고 있던 시절이었기 때문이다. 하지만 2000년대 이후에는 그런 분위기가 완벽하게 사라졌다. 출산율이 급격히 떨어지면서 외동아이를 키우는 가정이 많아졌고, 내 아이가 중심이 되는 정서가 자리 잡았다. 그런 사회적 상황과 맞물려서 학교와 교사의 재량권은 줄어들고, 그에 반해서 책임은 늘어만 갔다. 다음과 같은 상황 속에서 교사들은 어떻게 해야 할지 고민해 보자.

- 몽유병이 있는 초등학교 5학년 학생의 부모가 이 사실을 숨기고 수학여행을 보냈다. 학생은 잠을 자다 일어나 1미터가 넘는 난간을 뛰어넘다 4층에서 떨어져 다리가 부러졌다.
- 심장병이 있는 초등학교 2학년 학생의 부모는 매일 학교가 끝나면 복도에서 기다리고 있다가 병원에 데리고 갔다. 시한부 판정을 받고 생활하던 어느 날, 학생은 학교 복도에서 어머니 품에 안긴 채 사망했다.
- 심장병이 있는 초등학교 6학년 학생의 부모가 담임교사에게 아이의 지병에 대해 이야기하지 않았다. 체육 시간에 운동장을 뛰다가 학생이 사망했다.
- 바람에 학교 화장실 문이 닫히면서 학생의 손가락이 절단되는 사고가 일어났다.
- 점심시간 빈 강당에서 심하게 장난치던 학생들 중 하나가 허리를 다쳐 하반신이 마비되었다.
- 하교 후 학교 운동장에서 놀던 학생이 심하게 다쳤다.

위 내용은 학교와 교사에게 책임을 물으며 실제 법적 소송으로 이어진 사례들이다. 이러한 경우에 학교나 교사가 학생과 학부모에게 사죄하고 피해 보상을 해야 하는 소송의 대상인지 고민케 하는 사안들이다.[8]

---

8 실제 교사와 학교로부터 합의금을 받고 소 취하를 한 경우가 많고, 일부는 교사가 무죄 판결을 받았다.

교사 불신

학생이 다치기를 바라는 교사는 없다. 불의의 사고로 학생이 죽거나 다쳤을 경우 보상받을 곳이 없는 학부모의 힘든 심정을 악용하는 사례까지 생기며, 금전적인 피해 보상을 요구하는 학부모로 인해 힘들어 하는 교사들도 생겨났다. 사건·사고가 발생하면 금전적인 문제는 차치하고 소송으로 인한 스트레스로 정상적인 교직 생활을 하기 힘들다. 변호사에게 사건을 위임하고, 생전 가 보지 않은 법원을 드나들면서 받는 스트레스는 나중 문제이다. 가장 큰 상처는 얼마 전까지 담임을 하고 있던 학생의 학부모와 감정적으로 싸워야 하는 것이다. 소송에서 이기든 혹은 지든 교사는 패자가 된다. 그래서 소송에서 이긴 직후 명예퇴직을 하는 교사도 있다.

많은 교사들이 자신에게 이와 같은 일이 일어나지 않기를 바란다. 하지만 최근 교사와 학교를 상대로 한 학부모의 소송이 빈번해지면서 혹시 모를 상황에 대비하기 위해 교사를 위한 보험 가입 붐이 일기도 했다. 교사들은 어떤 보험이 더 많은 피해를 보상하고 변호사 비용을 더 많이 주는지를 비교하며 불가피하게 상품에 가입했다. 운전자 보험을 필수적으로 들어야 하는 상황과 같았다. 교사나 학부모 모두 서로에 대한 신뢰가 없어지고, 서로를 견제하는 불신의 관계가 된 것이다. 교사에게는 비용의 문제보다는 학부모의 불신에서 오는 자괴감과 상실감이 더 크다. 잠재적인 범죄자 취급과 언제 일어날지 모를 사고에 대비하기 위해 교육이 아닌 곳에 에너지를 쏟아야 한다는 현실이 힘든 것이다.

교사가 감당해야 할 부분은 금전적 피해 보상뿐만이 아니다. 때로는 징계로 이어지기도 한다. 승진이 좌절되거나 심한 경우 교직을 잃을 수 있는 해임·파면으로 이어지기도 한다. 사건이 발생하면 담임교사뿐 아니라 관련 부장·교감·교장에게까지 책임을 묻는 경우도 있다. 상황이 이렇다 보니 교사들은 학생들을 성장시킬 수 있는 질 좋은 수업에 대한 고민보다 아무 사고 없이 한 해가 무사히 지나가는 것을 가장 바라는 '안전의 책임자' 역할에 매진하게 된다. 2014년 있었던 세월호 참사 이후 이러한 상황은 더욱 악화되었다. 모든 것이 학생 안전으로 귀결되면서 교사는 점점 소극적으로 변해 갔다. 교사의 재량권은 없애면서 책임은 교사에게 묻는 구조 속에서 언제 닥칠지 모르는 사고에 대비해 '면피행정'을 위한 문건만 만들고 있다.

다행히 서울특별시교육청과 경기도교육청을 비롯 17개 시·도 교육청이 학교 안 안전사고 관련 비용과 변호사 비용을 보장해 주는 제도를 2019년부터 시행한다고 밝혔다.[9]

다만, 현재 학교 내 사고에 대해서는 여전히 교사와 학교장에게 책임을 묻고 있는데, 감사나 징계와 연관되어 있다. 비용에 대한 보전도 필요하나 단순히 비용을 면제해 주는 것으로 현 상황을 개선할 수는 없다. 근본 원인은 해결되지 않는다. 교사들의 교육활동을 보장해 주고, 국가와 사회가 학생 안전을 책임지는 안전 관련 특별법이 생기지 않는 이상 이 현상은 지속될 것이다.

---

9 EBS 뉴스(2019. 1. 11)

학교에 안전의 기준과 방향을 제시하되,
책임은 나누어 지는 구조

———

학생 안전과 교육이 중요하다면서 지역사회를 우선적으로 배려하는 상황이 아이러니하다. 지역사회 배려가 초점이 된다면 안전은 멀어질 수밖에 없다. 물론, 학교는 지역사회에 공개되어야 한다. 단, 제한적으로, 절차적으로 정당하고 취지에 맞게 이루어져야 한다. 그리고 그로 인한 책임을 교사에게 묻지 않아야 한다. 그것은 현재 구조에서는 특별법으로서나 가능하다. 각종 사건·사고에 대해서 국가나 지역사회가 함께 책임을 논의하는 것이 필요하다. 많은 학생들이 모여 있는 학교에서 언제 생길지 모르는 사건·사고를 교사가 대비하라는 나라는 전 세계 어디에도 존재하지 않는다. 물론 교사의 책임이 명백하고, 가해자라면 민·형사상 책임을 져야 하는 것은 당연하다. 그것은 사회 전체에서도 마찬가지다. 그러나 학교라는 이유로, 담임교사라는 이유로 모든 책임을 전가하고 권리를 박탈하는 폭력의 일상화가 만연되어서는 안 된다.

학생의 안전을 보장하기 위해서라면, 사전 신원 확인을 거친 사람에게만 학교를 개방하고, 지역사회 개방 공간과 학생 수업 공간을 분리하는 것도 하나의 방법이다. 이를 가장 철저하게 지켜야 할 사람은 다름 아닌 지역 주민과 학부모이다. 어린이집과 유치원은 가족이라 할지라도 사전에 허가된 사람만 아이를 데려갈 수 있고, 아무나 들어갈 수도 없다. 결론적으로 지역사회에 학교를 개방하기 위해서는 절차와 명분이 있어야 하고, 그것을 정하기 위한 합의기구를 학교 내에 만들어야 한다. 지역 주민, 학부모의 편의성과 학생들의 안전은 반비례한다. 2가지 모두를 얻어 내려는 불가능한 요구는 학교를 병들게 할 뿐이다.

현재와 같이 학교운영위원회에서 학교 대소사를 결정하는 방식도 바뀌어야 한다. 현재 학교운영위원회는 지역 주민이나 학생·학부모·교원의 의견을 반영하는 구조가 아니다. 단순히 그 자리에 모인 학교운영위원들의 의견이 반영되는 곳이다. 학교운영위원들이 선거로 뽑힌 것도 아니고, 그들이 지역 주민이나 학부모의 여론을 대변하지도 않는다. 잘할 수도 있지만 그렇지 않을 수도 있는, 민의民意를 반영하기 힘든 구조이다. 많은 학부모가 맞벌이라는 이유로 학교운영위원회에 지원조차 안 하며, 존재 자체를 모르거나 외면하는 경우가 많다. 책임 없이 권리만 요구하는 현상이 지속되면 시스템의 붕괴로 이어지기도 한다. 현재 학교와 교사가 일방적인 질타의 대상이 된 것에는 교사에게 책임만 있고 권리는 없기 때문인 것과 더불어 학부모의 무관심, 방관, 책임 회피, 정보 부족으로 인한 권리 인식 부재의 탓도 크다. 모든 사안을 견제와 균형의 원리 속에서 학교 구성원들이 선택할 수 있도록 제도가 뒷받침되어야 한다.

교사들이 학생 안전을 위해 온 에너지를 집중하고, 정작 교육에는 신경 쓰지 못하게 되는 상황에 대해 고민이 필요한 시점이다. 일반적으로 국민의 안전은 교사가 아닌 경찰, 보안업체에게 맡기는 것이 상식적인 생각이다. 학교 안에서 발생했다고 교사가 모든 책임을 지게 해서는 안 될 것이다.

2 /

대구 휴게소 사건으로 살펴본
학교 현장체험학습

• 대구의 한 초등학교 6학년 학생들이 버스를 타고 현장체험학습을 갔다. 버스 안에는 담임교사와 보조교사(저경력 남교사)가 타고 있었다. 여학생 한 명이 버스 주행 중 배가 아프다고 교사에게 말했다. 교사는 버스 기사에게 갓길 정차를 요구하였으나 버스 기사는 사고의 위험 때문에 거절하였다. 여학생은 버스 뒤편에서 용변을 해결했다. 얼마 후 들른 휴게소에서 여학생은 승차를 거부했고, 담임교사는 학부모와 통화 후 아이를 휴게소에서 기다리게 하면 데려가겠다는 요청을 받아 휴게소 입구에서 아이를 내려 휴게소 내로 걸어가라고 하였다. 후에 휴게소에 아이를 방치하였다고 판단한 학부모의 법적 대응으로 교사는 재판을 받게 되었다.

대구지법 재판부는 1심에서 아동복지법 위반 혐의로 기소된 담임교사에게 벌금 800만 원을 선고했다. 재판부는 "피고인은 피해자의 보호자가 올 때까지 보호조치를 취해야 할 의무가 있는데도 피해자를 안전한 장소로 인도하거나 믿을 수 있는 성인에게 보호를 의뢰하는 등 기본적인 보호조치를 전혀 하지 않은 채 버스에서 내리게 해 피해자를 방임한 것이 인정된다."고 판시했다.

판결 소식이 알려진 뒤 처벌이 과하다는 교육계 내의 반발 여론이 일어, 청와대 국민청원 게시판에는 재심을 요청하는 청원글까지 올라왔다. 이 청원인은 "앞뒤 정황을 살펴볼 때 과연 이 일을 아동 학대 및 방임이라는 죄목으로 명명되는 것이 옳은 일이지, 나아가 800만 원의 벌금이 선고될 일인지 다시 한 번 살펴보길 요청하는 바이다."라며 "이 사건으로 인하여 교육 현장에서 힘쓰는 교사들에게 어떤 영향을 미칠지 고려하여 재심해 주시길 요청한다."고 밝혔다.[10] 이어 교원 단체의 성명서와 교사들의 집단 반발 등이 이어졌고, 2심에서는 벌금 300만 원과 선고유예가 확정되어 교사직을 유지할 수 있었다.[11] 이 과정에서 학부모와 교사 측의 진실 공방이 있었고, 교사들 사이에서는 교사 불신의 대표적 사건으로 회자되는 사안이다.

---

10 CBS 김현정의 뉴스쇼(2018. 5. 23)
11 판사 재량으로 범죄의 정도가 비교적 경미한 범죄에 대해 일정한 기간 형의 선고를 유예하고, 기간이 경과하면 면소된 것으로 간주하는 제도. 공무원이라 별도 징계를 교육청에서 받을 가능성은 있다.

대구 휴게소 사건이 주는 시사점

___

대구 휴게소 사건의 옳고 그름을 섣불리 말하기는 어렵다.[12] 판결 전문은 공개되지 않았고, 기사에 나온 내용만으로는 해석하는 데 한계가 있어 학부모가 옳다, 교사가 옳다는 판단을 내리기에는 정보가 매우 제한적이다. 지금까지 알려진 사실관계만 놓고 보아야 한다. 대부분의 교사는 위 사건에 대해 분노하며 재판부가 문제가 있다거나 최선을 다한 교사가 피해를 봤다며 불편해 했다. 사실관계가 파악되지 않은 내용을 말하거나 확대 해석하여 교사만 일방적으로 옹호하기도 하였다. 어떤 일이 발생했을 때 정확한 사실관계의 확인은 가장 기본이다. 만약 사실이 아닌 것에 초점을 맞춘다면 신뢰를 잃어 앞으로 대화의 파트너가 될 기회가 사라진다. 이번 건에 있어 교사들은 사실이 아닌 내용에 집착했다. 교사가 커피숍 주인에게 아이를 맡기고 갔다는 왜곡된 사실이 SNS를 타고 걷잡을 수 없이 확대되었고, 교사들은 억울하다는 입장으로 일관하며 대응하였다.

사법부는 특별한 경우를 제외하고는 사안에 대해 매우 기계적인 판단을 한다.[13] 국가적이고 매우 중차대한 문제라면 여론을 무시할 수 없겠지만, 대부분의 재판에서는 법 위반 여부를 기계적(또는 관성적)으로 판

___

12 대법 판결이 있을 수 있고, 추후 쟁점이 달라질 수 있다.
13 명문화된 법을 근거로 판사마다 판결 오차는 있지만 대략 예측할 수 있는 범위라는 뜻이다.

단한다. 재판부의 성향이 어땠느니, 사법부가 갈 때까지 갔다는 등의 방식으로 해석하다 보면 끝이 없고 진흙탕 싸움이 된다.

위 사건에서는 해당 교사가 당시 아동복지법을 위반했는지가 쟁점의 핵심이다. '위반했는가, 위반하지 않았는가?'만을 따진다면 안타깝게도 위반한 것이 맞다. 정상참작을 할 만한 여러 가지 안타까운 상황도 있었고, 교사의 노력도 있었겠지만 재판에서는 아동복지법을 위반한 사실만으로 유죄가 된다. 미성년자인 학생을 책임 있는 성인에게 맡겨서 학부모가 데려갈 때까지 기다리게 했더라면 전혀 문제될 일이 없는 사안이다. 이 사건의 핵심은 단순히 아동복지법 위반의 여부이다. 교사가 한순간 오판으로 짧은 시간이지만 당시 초등학교 6학년인 미성년자 아동이 납치 등의 위험에 노출될 수 있는 상황을 초래한 것을 법원에서는 유죄로 본 것이다. 담임교사가 학생을 보조교사와 함께 휴게소에서 기다리게 했거나, 또는 경찰에 신고해서 고속도로 순찰대에게 인계하는 방법 등을 고려하지 않은 것이 법원에서는 잘못이라고 판단한 것이다.

물론 그 상황에서 어떻게 그런 생각까지 할 수 있느냐는 이야기도 나오긴 하지만, 학부모의 입장에서는 버스 대기 시간이나 수학여행보다 아이의 안전이 더 중요할 것이다. 휴게소는 수많은 사람들이 오가는 곳이므로 범죄자나 위험인물이 있을 가능성도 있다. 이러한 상황에서 아무리 짧은 시간이라도 미성년자를 보호자 없이 둔다는 것은 분명 책임자(당시에는 담임교사)의 잘못이다. 사건 상황에서 담임교사로서의 노력 정황이 반영될 수는 있어도 법 위반 사실을 제거해 주지는 못한다. 같은 동료 교사들이 듣기에 황당하고 흥분할 수도 있으나, 이 사안에서 아동학대가 아니라고 우기거나 판결이 잘못됐다고 말할 수는 없다.

법·제도와 교육정책에 취약한 교사들

—

교사들은 법·제도와 교육정책에 취약하다. 한 예로 많은 사람들이 운전을 하지만 12대 중과실[14]에 대해서는 잘 모른다. 일반적으로 면허 시험을 치를 때 한 번쯤 봤겠지만 외우고 다니지는 않는다. 12대 중과실에 해당하는 법규를 위반하게 되면 처벌을 받고 민·형사상의 책임을 져야 한다. 미리 알았더라면 더 조심했을 것이고, 12대 중과실을 저질렀다면 법과 제도, 관련 정책을 아는 만큼 대응할 수 있다.

그런데 직업 특성상 늘 아이들과 함께하는 교사가 아동복지법에 대해 전혀 몰랐다고 주장하는 것은 '나는 교육전문가가 아니다.'라고 인정하는 것과 같다. 법의 잘잘못 여부를 떠나 일단 알아야 하고, 잘못된 것이 있다면 정식으로 개정을 요구하는 것이 전문가 집단의 역할이자 의무이다. 교사가 전문가로 인정받기 위해서는 제도와 정책에 대해서 잘 알아야 하나, 현재 교장·교감·교사·교육전문직(장학사·장학관) 중 법과 제

---

14 신호 위반, 중앙선 침범, 제한 속도보다 20km 이상 과속, 앞지르기 방법 위반, 철길 건널목 통과 방법 위반, 횡단보도 보행자 보호 의무 위반, 무면허 운전, 음주 운전, 승객 추락 방지 의무 위반, 어린이 보호구역 안전운전 위무 위반, 보도 침범 및 보도 횡단 방법 위반, 화물고정조치 위반.

도에 대해 잘 아는 사람은 많지 않다. 다만 본인이 경험했거나, 담당 업무 분야이거나, 혹은 주변에 해당 법규 위반으로 처벌당한 사람이 있어 알게 되거나 혼자 공부하는 경우는 종종 있는데, 당사자가 되고 나서 아는 것보다 사전에 공부하는 것이 훨씬 도움이 된다. 매일 아이들을 상대하는 교사에게 아동복지법은 숙지하고 있어야 할 법률이다.

교사를 대상으로 하는 의무적인 법·제도 관련 연수는 종종 이루어진다. 누구에게나 생길 수 있는 불행한 일을 예방하고 대처하는 데 도움이 될 좋은 기회가 아닐 수 없다. 교사의 권리와 책임에 대해 명확하게 알 수 있는 시간이고, 관련 사안에 대해서 동료 교사와 함께 적극적으로 토론할 만한 주제들이다. 하지만 그 중요성을 알지 못하고 연수를 회피하거나 마지못해 참여하는 몇몇 교사들을 볼 때면 안타까운 마음이 든다.

일반행정직 공무원들은 자신의 업무와 관련한 법적 지식을 능숙하게 활용한다. 혹시 모를 감사에 대비하기 위해서이다. 모든 공무원은 법적 근거를 바탕으로 일을 수행한다. 국가직 공무원인 공립학교 교사나 교육공무원법에 준하는 사립학교법을 가진 사립학교 교사도 마찬가지다. 변호사가 아니더라도 법제처(http://www.moleg.go.kr/main.html)나 로앤비(http://www.lawnb.com) 같은 사이트에서 쉽게 법 전문을 다운받을 수 있다. 이를 활용하여 공부한다면 교사에게 특정 사안이 발생했을 때 변호사 자문 내용보다 더 도움이 될 수도 있다. 변호사는 법에 대한 처벌 유무만 해석하지만, 상황에 대한 이해와 활용 측면은 현직 교사가 더 나을 수 있기에 그렇다.

법 자체의 문제는 없었는가?

———

아동복지법에서는 5만 원 이상의 벌금형을 선고받으면 10년간 교육
기관 및 시설에 종사하지 못하도록 되어 있다. 교사가 벌금형을 받는다
는 것은 곧 직을 잃게 되는 형을 선고받는 것이다.[15] 아동복지법은 아동
을 보호하기 위한 취지로 만들어졌으며, 범죄자에게는 불리하게 작용할
수 있도록 취업 제한을 명시해 놓았다. 법의 취지와 목적은 정당하나 절
차나 방식 등 세밀함이 부족한 경우가 많다. 때문에 법은 현장의 의견이
나 전문가의 절충안이 제시된 수정안이 나온다면 상황에 따라 수시로
개정된다. 헌법재판소에서 위헌 판결을 받은 법은 폐기되기도 한다.

지난 몇 년간 아동복지법 위반으로 해임된 교사들이 종종 있다. 몇 년
전 학예회에서 아이의 팔을 잡고 흔들었다고 소송을 당해 5만 원의 벌금
형을 받아 해임된 교사도 있었다. 물론 세부 상황을 잘 모르고 기사 내용
만 봤을 때는 황당하게 받아들일 수도 있지만, 당시 그 장면을 목격한 학
부모들은 경악할 만한 내용이 있었을 수도 있다. 그건 당사자들 외에는
아무도 모른다.

교사는 근무 시간 내내 아이들과 지속적으로 대면해야 한다. 하루 8시
간 이상을 여러 학생들과 함께하다 보면 예상치 못한 다양한 상황에 노

....

15 사실상 공무원은 모든 범죄에 대해 이중처벌을 받는다. 검찰의 기소 후 바로 교육청에 통보되고 징계위
원회에 회부되어 견책·감봉·정직의 경징계나 강등·해임·파면 등 중징계 중 하나를 받게 된다. 단순
교통사고 벌금형도 그렇다.

출된다. 물론 화가 날 일도 생기고, 때에 따라 소리를 지를 수도 있다. 그러한 상황마다 교사를 아동복지법 위반으로 소송을 걸면 상당수의 교사가 직을 잃을 여지가 생길 것이다. 법의 위반 여부만을 놓고 보면 아이에게 소리를 지르는 행위도 아동 학대(아동복지법 위반)에 해당될 수 있기 때문이다.

물론 사사건건 소송하는 학부모가 얼마나 되겠느냐는 질문을 할 수도 있겠지만, 교사들은 어떤 상황에서 법을 위반할지도 모른다는 불안감 속에 놓여 있고, 대구 휴게소 사건처럼 내가 그 당사자가 될 수도 있다는 위기감에 휩싸여 위축된다. 물론 평소 교사와 학부모의 관계성이 공고하다면 법적 소송으로 이어지는 경우는 많지 않을 것이다. 하지만 법 자체의 지나친 경직성과 직업적 특수성은 따져 봐야 할 문제이다.

대구 휴게소 사건 이후 일부 교원 단체의 노력으로 '아동복지법 개정안'이 통과됐다. 기존에는 아동 학대 범죄로 확정 판결을 받으면 일률적으로 10년간 취업이 제한됐지만 앞으로는 형의 경중에 따라 차등 적용되고, 법 개정 이전에 취업 제한 판결을 받은 이들이 이에 불복할 수 있는 절차도 생겼다. 국회는 2018년 11월 본회의에서 아동복지법 개정안을 최종 통과시켰다. 이번 개정안의 주요 내용은 취업 제한 명령 선고, 취업 제한 제외 요건 명시, 취업 제한 기간 상한선 신설 등을 포함하였다. 이처럼 합리적으로 생각하고 근본적인 해결책을 찾는 것이 교사의 신뢰 회복과 권리 보호에 도움이 될 것이다.

현장체험학습은 필요한가?

———

대구 휴게소 사건에서 현장체험학습을 인솔하는 교사에게 학부모가 무리한 요구를 했다고 말하는 이들도 있다. 현장체험학습을 학교 측에서 전적으로 책임지는 나라는 전 세계에 우리나라밖에 없다. 사전 답사, 행정 처리, 안전 책임, 장소 선정 및 일정 계획 등 모든 것을 교사가 맡다 보니 그 기간 동안 수업보다 행정이 주가 되고 있다. 학교 행정실은 주로 예산 지급에만 초점을 맞추고 있고, 그 외의 일은 대부분 교사가 담당한다. 학부모는 학교에서 더 많은 현장체험학습을 가기를 원하는데, 학교 측은 이를 부담스러워하는 것이 현실이다. 학부모는 현장체험학습도 교육의 한 형태인데 교사가 맡지 않으면 누가 맡느냐고 말하고, 교사는 교사가 수업하는 사람이지 현장체험학습을 인솔하는 사람이냐고 반문한다.

비슷한 예로 초·중학교 내 청소년 단체가 있다. 학부모는 청소년 단체가 더 활성화되었으면 좋겠다고 하는데, 교사는 청소년 단체는 지역사회 소관이라고 생각한다. 2000년대 초반부터는 시·도 교육청에서 청소년 단체 지도교사에게 교원승진가산점을 주어 학교에서 청소년 단체를 활성화하는 원인을 제공했다. 현재는 많은 문제점이 있어 서울·강원을 포함 많은 시·도에서 지도교사의 교원승진가산점을 폐지[16]하였으

----

16 현재 7개 시·도 교육청만 청소년 단체 지도교사의 교원승진가산점을 유지 중에 있으나, 현재 추세로 볼 때 추후 더 많은 시·도 교육청에서 폐지될 것으로 예상된다.

나 부작용과 잘못된 인식은 여전히 남아 있다. 일부 교사는 청소년 단체 지도교사의 교원승진가산점이 필요한 입장이라 폐지를 반대하기도 하여 교사들 사이에서도 통일된 의견이 나오지 않고 있다.

교사의 본분은 수업과 교육과정 운영이 핵심이다. 수업이 아닌 행정 업무에 에너지를 소모하면서 학생의 안전사고 예방을 위해 힘써야 하는 것은 교육의 본질이라 보기 어렵다. 일부 학부모나 외부인들은 현장 체험학습 한 번 다녀오는 게 뭐 그리 어려운 일이냐고 생각할 수 있지만, 수학여행이나 한 번의 현장체험학습을 위해서 긴 시간을 들여 준비하고, 내부 기안 및 외부 공문 등 많은 행정 처리를 해야 하는 것을 모르기 때문이다. 현장체험학습을 준비하는 동안 정작 학생들의 교육에 소홀해진다면 이제라도 비정상의 정상화를 고민해야 한다.

학부모의 현장체험학습 요구는 아이가 견문을 넓히고 다양한 경험을 하면 좋겠다는 바람에서 비롯되는데, 이것이 나비효과가 되어 수업과 교육과정의 파행으로 이어진다. 1970~80년대 경제적으로 넉넉하지 못하던 시절 학생들에게는 학교 현장체험학습이 흔치 않은 문화 경험의 기회였다. 그러나 지금은 주말이나 방학마다 가족단위로 견학, 여행 등 다양한 경험을 하여 학교 현장체험학습 장소에 이미 가 본 학생들도 많다. 이러한 상황에서 학교 현장체험학습의 당위성이 떨어지고, 교사가 이것을 주도해야 한다는 것도 시대의 흐름상 맞지 않다. 가정 형편이 어려운 학생이 있을 수 있다는 극단적인 논리는 학교를 복지·문화·레저 관광 시설로 착각하는 오류이다. 일부에서는 수업이 교실에서만 이루어질 필요는 없다며 현장체험학습 활성화를 요구한다. 교실을 벗어난 어디에서든 교육이 이루어질 수 있다는 주장을 일부 학부모가 하기도 한다. 맞는 말이다. 그런데 왜 모든 것을 교사가 주관하고, 학생 안전까지 교사가 책임져야 하는가?

특정 놀이동산과 근접한 지역에 있는 몇몇 학교는 그 놀이동산이 현장체험학습의 단골 장소인 경우도 있다. 학생들은 지겹다 하고, 학부모는 좀 더 알찬 프로그램에 대해서 고민하라고 요구한다. 그런데 교사는 이벤트 업체 직원도 아니고, 프로그램 기획자도 아니다. 그런 것들을 배운 적도 없고, 배울 기회도 제공되지 않는다. 좋은 프로그램을 기획하기 어렵다면 그나마 현실적으로 인프라가 확충된 곳에서 학생들이 안전하게 체험하게 하고 싶은 것이다. 다양한 장소와 프로그램을 원하는 바람도 이해는 하나 현장체험학습에 전문성이 없는 교사에게만 요구하는 것은 지나치다.

엄밀하게 따지자면 현장체험학습에 대한 인프라 확충은 지방 자치 단체에서 평생교육 차원에서 해야 한다. 경기도 오산, 시흥 등의 지방 자치 단체에서는 현장체험학습을 위한 장소와 프로그램을 갖추어 놓아, 학교에서 신청만 하면 교통, 편의시설 등의 인프라까지 제공한다.[17] 이것이 이상적인 모습이 아닐까?

---

[17] 혁신교육지구로 인해 교육지원센터를 만들고, 많은 예산을 교육에 투자하고 있다. 좋은 성과를 내고 있으며 학부모·교사·학생 만족도가 높다(경기도교육청, 2016 혁신교육지구 연구).

일부 교사들이 현장체험학습을 항상 똑같은 장소로 계획하는 것을 옹호하는 것은 아니지만, 그럴 수밖에 없는 환경을 개선하려는 고민 없이 교사만 탓할 일은 아니다. 현재의 시스템이 유지되는 한 학교는 현장체험학습에 더욱 소극적인 태도를 취할 것이다. 학부모는 교사들이 나태하다고 생각하겠지만 대구 휴게소 사건과 같은 일을 곁에서 지켜본 교사가 현장체험학습에 소극적이지 않을 수 있겠는가.

현장체험학습에 대한 인식이 국민들에게 미치는 영향

—

2018년 12월 수능을 마친 고3 학생들이 강릉의 한 펜션에서 숙박을 하다 보일러 시설 이상으로 발생한 일산화탄소 중독으로 목숨을 잃는 안타까운 일이 벌어졌다. 그 학생들은 '학교장 허가 현장체험학습' 중이었다. 학교장 허가 현장체험학습은 등교하는 대신 보호자와 함께 현장체험학습을 하겠다고 학교에 사전 보고하면 출석으로 인정해 주는 제도이다. 연간 20일 정도 허용된다. 그런데 당시 사건 소식에 현장체험학습인데 왜 교사가 동행하지 않았는지부터 학교를 향한 비난이 쏟아졌다. 설상가상으로 교육부에서도 고등학교 3학년 대상 전수조사를 한다고 하여 교사들의 분노를 샀다. 언론에서는 학교와 교사에게 잘못이 있다는 느낌을 주는 말을 언급하여 교사들이 항의하기도 하였다.

다시 말하지만 학교장 허가 현장체험학습은 교사나 학교와 상관이 없다. 단순히 학생이 출석을 인정받기 위해 보호자의 동의를 받아 제출하는 신청서를 학교에서 받아 주는 것뿐이다. 보일러 시공 잘못으로 발생한 불의의 사고에 교사가 비난을 받는 이유는 무엇인가? 그런 논리라면 유·초·중·고 학생들이 학교 이외의 공간에서 사고가 나서 다치거나 사망하면 모두 담임교사 탓을 할 것이다. 어느 교사는 담임 반 학생 몇 명이 예상치 못한 외부 활동 중 사고로 '주말'에 사망했다. 해당 학부모가 담임교사의 교육 탓이라면서 소송을 하여 3년 동안 법적 공방에 시달렸다. 소송에서는 교사가 이겼지만 적지 않은 소송 비용을 감당해야 했고, 정신적인 고통으로 결국 교직을 그만두었다.

어디에서고 '잘되면 우리 덕, 안 되면 교사 탓'이라는 인식이 흔해 보인다. 비난의 화살을 교사에게 돌리면 여론이 일시적으로 우호적인 방향으로 바뀌거나 응집되는 경우가 있다 보니 간혹 이런 방법을 쓰는 것 같다. 장기적으로 볼 때 교육계의 신뢰가 무너지는 것이다. 이런 사안에 대해서는 시·도 교육청이나 교원 단체가 적극적으로 대응하여 기자들이 오류를 범하거나, 중앙정부의 대응이 불합리할 경우 따끔하게 일침을 가해야 한다. 이것은 교사 집단의 이기심이 아니라 교육의 공공성을 위해서 필요하다. 단순히 교사의 잘못으로 학생이 다치거나 사망에 이르렀다면 법적 처벌도 징계도 받아야 한다. 하지만 교사와 인과관계가 없는 잘못을 만들어 내 끼워 맞추는 것은 교사의 사기만 떨어뜨리고, 이는 결국 교육의 질과 연결되어 피해는 고스란히 학생들에게 돌아간다.

교사는 앞으로 무엇을 해야 하는가?

―

앞서 언급했듯이 전 국민이 분노해서 여당과 야당이 즉각적으로 합의하여 만든 '윤창호법'이 시사하는 바가 있다. 교사들이 신뢰를 받고, 감정이 아닌 이성적으로 접근한다면 학생 교육에 필요한 '교육법'이나 '특별법'을 만들 수 있는 여지가 있다는 것이다. 국회를 움직이는 것은 여론인데, 공감대가 형성된 사안에 대해서 국회의원들은 여야 할 것 없이 반대할 명분이 없다. 다만 그것을 어떻게 제대로 만들 것인가가 중요하다. 교사에게만 유리한 법을 만들어 달라거나, 복지 혜택을 강화해 달라는 등의 내용이라면 쉽게 공감하기 어렵기에 국민들은 관심이 없거나 냉랭할 것이다. 쉽게 만들지 못하지만, 여론을 움직일 수 있는 사안과 응집력이 있다면 언제든 만들 수 있는 것이 법이다.

그런데 안타깝지만 교사의 응집력은 모래알 같다. 대구 휴게소 사건이 터졌을 때 많은 교사들이 함께 분노하였으나 결과적으로 쉽게 잊었다. 대부분의 교사들은 '나에게도 이런 일이 발생할 수 있겠구나.'를 생각하였지만, 한편으로는 '내가 아니어서 다행이다.'라며 앞으로도 그런 일이 나에게 일어나지 않기를 바라며 끝났다. 대구 휴게소 사건 이후로 아동복지법에 대해서 진지하게 고민하고 공부하고 토론하는 교사보다 신세 한단을 끝으로 뒤돌아시는 교사가 더 많았던 것이 못내 아쉽다.

발전적 성찰이 있는 조직이 성장한다. 학교에서 교사가 현장체험학습을 전적으로 담당하는 시스템과 그 시스템을 유지한 채 관행적으로 현장체험학습이 이루어지는 것에 대해서 고민해 볼 필요가 있다. 필요하다면 시스템을 개선하여 교사의 역할을 축소하고, 학부모나 지역사회에 도움을 요청하는 방법을 모색해야 한다. 매뉴얼을 통해 학교나 교사에게 학생 안전에 대해 요구하는 무리한 방식은 개정하거나 폐기해야 한다. 교사는 모든 것을 책임지는 보험 같은 존재가 아니다. 현장체험학습 지원요원의 역할에서 과감히 벗어나야 하고, 일부 학부모나 지역사회, 교장의 지나친 요구를 방어할 수 있는 합리적인 대안을 모색해야 한다.

현장체험학습이 꼭 필요하다면 교사 주도형이 아니라 학생 주도형이 되어야 한다. 교육과정 내에서 기획·설계-운영 및 실행-반성 및 성찰의 과정으로 학생이 전적으로 담당하게 해 보자. 이 또한 교육이 될 것이다. 일부 혁신학교에서 수학여행을 학생 주도형(중심형)으로 운영하고 있어 좋은 평가를 받는다. 대표적으로 경기도교육청 내 흥덕고등학교나 의정부여자중학교가 있다. 유형과 방식은 다양하지만 학생이 모든 것을 기획하고 만들고 운영하는 과정에서 교육적 효과를 기대할 수 있다. '학생이 어떻게 그런 것을 해?'라고 생각하는 것은 지나친 걱정이다. 유치원 아이들도 친구들과 무엇을 하면서 놀까 궁리한다. 어른들이 미처 생각하지도 못한 놀이를 만든다. 현장체험학습이 왜 꼭 관행적으로 버스 타고 도착해서 점심 먹고 한 번 둘러보고 돌아오는 모습이어야 하는가.

3 /
초등학교 3시 하교 정책이 불러올
새로운 교육 환경

• 대통령 직속 '저출산고령사회위원회(이하 저출산위)'는 2018년 초등교육과 관련 학교 운영 시간 연장의 필요성, 방과후학교와 초등 돌봄교실 확충 및 내실화를 들어 '더 놀이학교(가칭)'를 제안하여 전국 모든 초등학교 1~4학년 학생들의 하교 시간을 일괄 오후 3시로 늦추는 안을 제시하였다. 이를 위해 2019년부터 5년간 시범사업 및 교실 환경을 개선하고, 2022년 교육과정을 개정하여 2024년에 모든 초등학교에 전면 시행한다고 밝혔다.

저출산위는 초등학교가 교육과 돌봄 기능을 함께 수행하는 것은 현대사회의 큰 흐름이고, 세계직으로도 초등학교 모든 학년이 오후 3시 이후에 동시 하교하는 것이 일반화되어 있다고 말한다. 저출산위에서 우수 사례라고 꼽은 강원도교육청의 '놀이밥 100' 프로젝트 연구학교 모델은 정규 교과를 늘리는 것이 아닌, 수업 시작 전 30분, 중간놀이 시간 40분, 점심시간 30분을 연장해서 총 쉬는 시간을 100분으로 연장하는 것이다. 이처럼 학생들의 쉬는 시간을 보장하는 것이 취지였으며, 모든 학생이 아닌 자율적으로 신청한 학생만 해당하였다.

초등학교 3시 하교 정책 토론회의 분위기

한 교원 단체에서 주관하는 초등학교 3시 하교 정책 관련 토론회에 토론자로 참석할 기회가 있었다. 관련 부처 관계자도 참석하여 사안에 대해서 설명하였다. 관계자는 2가지 이유를 꼽아 이 정책이 도입되어야 하는 필요성을 역설하였다.

첫째, 초등학교 3시 하교 정책은 대부분의 OECD 국가에서 운영하고 있고, 교원의 수업시수도 적다.

둘째, 학령인구 감소로 인해 교사 과원이 발생하는 시점이므로 초등학교 3시 하교 정책을 채택하는 것이 합리적이고, 저출산 문제를 해결하기 위해서 이 정책의 도입이 꼭 필요하다는 것이었다.

결국 이 정책을 도입한다면 교사가 국민들의 신뢰를 얻을 것이라는 논리로 접근하였다. 모든 학부모가 찬성하는데, 대다수 교사와 교원 단체가 반대해서 이익집단화되는 것을 우려하는 듯한 뉘앙스였다. 관계자의 말이 설득력이 있는 것 같지만, 문제점이 있어 다음과 같이 제시하였다.

첫째, OECD 어떤 국가도 교사가 국책사업을 담당하고 있지 않다. 교사가 수업보다 행정력에 에너지를 쏟지 않는다. 교사의 역할은 학생 교육이 되어야지 국책사업을 담당하는 실무자가 아니다. 초등학교 3시 하교 정책을 도입하려면 교사에게서 국책사업의 부담을 완전히 걷어 내고 오직 교육만 신경 쓰게 하는 방향이 되어야 한다. 그렇다면 모든 교사와 교원 단체가 찬성할 것이다. 현재 초등학교 3시 하교 정책은 국책사업이며, 더군다나 해당 부서의 성과가 핵심 아닌가? 교육부가 아닌 중앙부처에서 다른 목소리를 내고 있는 것도 문제이다. 일단 두 기관의 조율이 필요하다.

둘째, 학령인구 감소는 국가의 인구정책 실패이고, 다른 근본적인 원인이 크다. 근본적인 원인을 배제한 채 출산율이 저하되고 학령인구가 감소하는 것을 공교육의 문제로 삼아 교사를 탓하는 듯한 의견은 납득할 수 없다. 설사 교사 수가 남아돌아 수업 외 교육복지 관련 업무나 방과후 학교 등 다른 일을 해야 한다면 교원의 업무를 재조정하여 교육 시스템을 개선하는 것이 먼저가 되어야지, 현재도 과부하인 교사에게 무조건 3시 하교를 책임지라고 하는 것은 폭력적인 발상이라고 말하였다.

아쉽게도 관계자는 토론자들의 말은 거의 수용하지 않았다. 관계부처의 주장만 있고 로드맵과 계획은 없었다. 결정적으로 학교 현실을 모른 채 본질을 외면하고 있었다. 단순히 몇몇 정부 인사나 시민 단체의 요구라면서 밀어붙이는 인상이었다. "만나는 교사들마다 반대만 합니다."라며 감정적인 발언을 하기도 하였다. 그들이 왜 반발하는지 들어 보기는 했는지, 그 이유는 중요하지 않은지 안타까웠다. 관련법 개정에 대한 요구도 불가능하다 하고, 같은 중앙부처인 교육부에 대한 통제나 협력도 어렵다고 하면서도 강행할 것이라는 의견만 피력하였다. 기존의 문제점들을 모두 나열하고 개선하여 시행해 보자고 하여도 쉽지 않다는 얘기만 반복하였다. 변명으로 일관하는 이야기가 오가는 토론회는 무의미했다.

참고로 초등학교 3시 하교 정책이나 온종일 돌봄 정책의 관련 부처는 교육부, 여성가족부, 저출산고령사회위원회, 국가교육위원회, 보건복지부 등이다. 그런데 부처 간 의견이 통일되지 않고 파워 게임만 하고 있는 상황을 언론에서 심심치 않게 볼 수 있다. 이들의 공통적인 목소리가 있다면 번번이 반대하는 학교와 교사에게 화살을 돌리는 것이다. 이들은 학교를 과거처럼 묵묵히 국책사업을 수행하고 성과를 내는 곳으로 인식하는 것 같다.

사실 지금도 틀린 말은 아니다. 학교는 여전히 중앙정부의 사업을 수행하는 말단 기관으로 전시행정 속에서 앓고 시름한다. 갑자기 새로운 국책사업이 할당되면 모든 교사가 일사분란하게 움직이지만, 실제 학교 현장이 바뀌거나 학생들에게 변화가 생기는 경우는 드물다. 오히려 학교에서 꼭 해야 할 일을 하는 데 방해가 되는 경우도 있다. 수많은 법·제도와 정책을 학교에 투입했지만 30년 전 교실이나 지금이나 다를 바 없다고 모두가 한 목소리를 내지 않는가. 국가와 교육부·교육청의 지시에 따라 학교와 교사들은 노력하였지만 정작 조롱당하는 것은 교사이다. 툭하면 인성교육이 문제라고 해서 전 세계 유일의 인성교육법을 만들더니 무엇이 변했는지 돌아보지 않고 학교와 교사 탓을 한다.

상황이 이러하여 교원 단체나 초등학교 교사 대부분이 초등학교 3시 하교 정책에 반대하고 있지만, 현실적으로 학생들과 학부모에게는 3시 하교 정책은 매우 필요하다는 것이 중론이다. 아이러니한 것은 중학교나 고등학교 교원들은 야간자율학습이나 보충학습에 익숙해서인지 초등학교 3시 하교 정책이 무엇이 문제인지 잘 모르겠다는 입장이다. 어차피 퇴근 시간은 같고, 초등학교 5~6학년도 3시에 하교하는데 큰 문제가 없을 것 같다는 것이다. 여기서 간과하고 있는 것은 초등학교 1~2학년 아이들과 중학교 1~2학년 아이들은 다르다는 것이다. 아이들의 발달 단계를 고려하지 않은 채 단순히 교사 1인당 학생 수, 하교 시간만 계산하는 것은 현실을 모르는 처사이다.

방과후학교와 초등 돌봄교실의 현실

하교 후 아이를 돌봐 줄 사람이 없는 맞벌이 부모는 대부분 부모의 퇴근 시간까지 아이를 여러 사교육 학원에 보낸다. 그래서 아이들의 안전한 이동을 위해 차량을 운행하는 학원을 선호한다. 이런 현실이기에 맞벌이 학부모가 원하는 것은 3시 하교가 아닌 5~7시 하교일지도 모른다. 그래서 많은 학부모가 아이들을 학교 내 방과후 수업에 참여시키기도 하고, 돌봄교실에 보내기도 한다.

방과후 수업은 20여 년의 정책 시행 과정에서 여러 문제점과 부작용이 있어 일부 조율되고 수정되었고, 현재는 학교 정규 수업과 이원화되어 움직인다. 그런데 방과후 수업이나 돌봄교실의 실태를 살펴보면 문제가 많다. 방과후 수업은 대부분 수익자 부담이라 수업을 받는 학생이 수업료를 지불한다. 방과후 수업 강사는 대개 소개 업체를 통해 학교와 계약을 하는데, 업체에 지불해야 하는 수수료가 있기에 강사가 받는 급여가 그만큼 줄어든다. 현실적이지 않은 금액으로는 좋은 강사를 구하기가 쉽지 않다. 물론 열악한 상황에서도 인정받는 강사도 많다. 지역별 편차도 큰데, 도심 지역은 그나마 사정이 좋지만, 도심에서 멀어질수록 강사를 구하기 힘든 상황이다. 과거에는 학교 교사가 방과후 수업을 하는 것을 허용하는 분위기였지만 현재는 일부를 제외하고는 거의 없다. 초등학교는 담임교사 중심이라 중학교나 고등학교에서 교과 교사들에게 보충수업을 허용하는 것과는 다른 문화적 측면도 있다. 방과후 수업을 교사가 하게 되면 긍정적인 효과도 있겠지만, 정규 수업에 소홀해질 우려가 있어 학부모나 동료 교사들의 반응이 좋지 않다.

현재 방과후 수업이 학교 내 정착은 되었지만, 수업의 효과나 질이 검증되었다기보다는 학교 안에 들어온 사교육으로 생각할 수 있다. 방과후 수업 강사들은 대학교로 따지면 '시간강사'와 비슷한 개념이다. 이들도 노조를 만들어 정규직을 요구하거나 무기 계약직을 요구하는 흐름이 있는데, 마음으로는 충분히 이해하나 방과후학교 정책의 처음 도입 취지와는 멀어지고 있는 것이 안타깝다. 이들을 어떻게 선별해서 정규직으로 할 것이냐는 문제는 뜨거운 감자인데, 이는 교육의 문제가 아니라 노동시장과 관련된 문제이다. 단위학교에서 해결할 수 있는 사안이 아니다. 그렇다고 방과후학교 업체와 시·도 교육청이 계약하게 된다면, 말 그대로 학교 내에 사설 학원을 만드는 꼴이 된다. 정책의 첫 단추가 중요한 이유가 바로 이런 문제들 때문이다. 교육이 아닌 단순 노동의 문제로 접근하게 되면 굉장히 어려운 난제가 된다. 비정규직은 없어져야 마땅하나, 학교에서 수많은 비정규직을 끌어안고 정작 정규 수업을 하는 인력에 대한 정책은 뒷전이 되는 상황이 반복되는데 그 원인은 중앙정부에 있다.

중앙정부는 학교 내 비정규직을 늘리며 정규 교사 충원의 어려움을 토로한다. 학교에서 방과후학교 강사나 돌봄교실 강사, 행정실무사 등의 비율이 늘어나면서 오히려 정규 교원의 TO나 예산을 축소하는 현상을 초래해 교육의 발목을 잡는다는 비판의 목소리도 나온다. 이러한 경험 때문인지 현재 초등학교 3시 하교 정책은 방과후학교의 경우처럼 비정규직 인력을 충원하는 일이 없도록 정규직 교사가 수업을 더 하라는 것이 핵심이다. 때문에 교원 단체가 반발하고 있는 것이다. 인력과 예산 충원 없이 노동 강도만 올리는 것을 환영하는 사람은 없을 것이다. 하지만 중앙정부는 국가직 공무원이라는 이유로 교사에게 줄곧 그런 식의 대우를 해 왔고, 이러한 일이 반복되면서 교육 전반의 질은 점차 낮아져 교사 불신의 원인을 제공했다. 돈을 더 달라는 요구가 아니다. 교사에게 수업을 준비할 충분한 시간을 보장하지 않은 채 아이들을 시간 때우기로 잡아 두는 공간에서 교사의 역할을 더 강화하자는 발상이 문제인 것이다. 교사의 퇴근 시간은 5시이므로 어렵지 않게 정책 추진이 가능하다는 판단을 한 모양이다.

돌봄교실의 경우를 살펴보자.[18] 돌봄교실의 경우 대개는 초등학교 1~2학년이 대상이고, 일부에서는 3~4학년까지 대상으로 하기도 한다. 학교마다 다르지만 보통 1~2학급 정도(많게는 4학급가량) 편성된다. 학교마다 차이는 있지만 처음에는 치열한 경쟁률을 뚫고 돌봄교실에 들어갔다가 한두 학기가 지나면 학원으로 발길을 돌리는 경우도 있다. 학년이나 개인에게 맞는 맞춤형 프로그램도 없고,[19] 단순 수용 수준이 되다 보니 만족도가 떨어지는 것이다. 초등학교 저학년에 맞지 않는 시설과 환경, 뛰어놀고 싶은 학생들에게 안전을 이유로 특정 공간에서만 머무르게 하는 것도 큰 제약이 된다. 방학 때도 이용이 제한적이고 불편하여 학부모의 선호도가 떨어지기도 한다. 정책연구 과정에서 만난 여러 학부모는 돌봄교실 정책은 형식적이라 학부모 만족도가 크지 않다고 말한다. 그런데 관련 설문 결과 돌봄교실 정책 만족도가 90% 이상이라는 정부 발표가 있어 황당했다. 관련 공청회에서 이런 설문의 설문지와 누구를 대상으로 조사했는지 등 로데이터raw data[20]의 공개를 요구하자 몇몇 연구·시범학교(열악한 시골 단위학교)를 대상으로 했다고 한다. 학원

---

18 2019년 현재 국가 및 중앙부처에서는 온종일 돌봄교실이라는 정식 명칭을 사용하고 있다.
19 프로그램은 있으나 개인별, 연령별 프로그램이기보다 단순 운영 프로그램이다.
20 미가공 데이터나 데이터 원본을 뜻한다.

이나 다른 시설이 부족한 지역에서는 학교에서 돌봄교실을 만들어 주면 모두가 환영하는 것이 당연하지 않은가.

초등학교 3시 하교 정책이 불러올
상상 이상의 교육 환경
—

돌봄교실이나 방과후학교의 경우 거의 20년 가까이 시행해 온 정책이지만 개선될 기미가 보이지 않는다. 그런 와중에 초등학교 3시 하교 정책을 발표하였다. 이미 있는 정책도 손볼 곳이 많은데 뒷전이면서 새 정책을 좋게 포장하여 홍보하는 것이, 더군다나 교사의 노동력을 착취하는 방식으로 하겠다는 발상이 의아하다.

동네마다 놀이터가 사라지고 있고, 모두가 학원 가느라 놀 시간도, 놀 친구도 없는 것이 현실이다. 학교에서라도 놀이의 중요성이 부각되어야 한다. 하지만 학교의 상황도 별반 다르지 않다. 놀이 시간이 별로 없으며, 운동장에서의 활동도 제약이 크다. 이런저런 안전사고의 위험 때문이다. 학생들이 복도에서 뛰다 다쳐도 교사에게 책임을 묻기에 교사는 '복도에서 뛰지 마라.', '계단에서는 난간을 잡고 걸어라.' 등의 안전교육에 열심이다. 운동장에 있는 그네 나사가 빠질 우려가 있다고 3학년 이상은 그네를 타지 말라고 교육하는 것이 현재 초등학교의 모습이다. 농구 골대나 축구 골대가 노후되어 넘어져 학생이 다치면, 인근 학교까지 골대를 다

없애 버리는 현실 속에서 시설 개선과 안전사고에 대한 교사 책임 면제 없이 초등학교 3시 하교 정책이 도입된다면 결과는 불 보듯 뻔하다.

아이들에게 놀이는 매우 중요하고 필요하다. 강원도교육청의 모델처럼 놀이 시간을 늘리는 취지는 좋다. 그러나 초등학교 1~4학년의 안전사고에 대한 대책을 교사에게 맡긴다면 학생들의 쉬는 시간과 비례하여 교사의 업무량도 늘어나게 된다. 정작 교사는 쉬는 시간 없이 지속적으로 학생들을 감시하고 통제해야 한다. 이는 결국 학생들이 자유롭게 노는 시간이 아닌 교실에 잡아 두는 통제 시간이 될 가능성도 있다. 독일의 경우 학생들의 쉬는 시간을 감독하는 인원을 학교에 충분히 배치하도록 하여 학교마다 '안전담당 교사'를 두고 있다. 뒷받침되어야 할 이런 사항을 감안하지 않은 채 담임교사 한 명이 학생들의 일거수일투족을 지켜보며 책임지는 것이 과연 가능할까?

초등학교 1~4학년의 3시 하교 정책은 결국 도입될 것이다. 어떤 방식으로 도입될지 그간의 경험으로 쉽게 예상이 된다. 추가적인 예산과 교사 충원 없이 강제 시행하게 될 것이다. 사실상 정규 교과 시간이 늘어 학생들이 책상에 앉아 있는 시간이 늘어날 것이다. 학생 안전이 매우 중시될 것이라 교실 밖에서 뛰어노는 시간보다 교실 안에 머물러야 하는 시간이 많아질 것이기 때문이다. 결과적으로 학생들이 힘들어질 것이다. 엄밀히 보면 아동 학대와 같은 모습을 교사가 지켜봐야 하는 상황이 벌어진다.

더불어 교사의 업무량은 과중될 것이다. 초등학교 3시 하교 정책은 사실상 방과후 수업을 교사에게 하라는 것과 같다. 늘어난 업무에 해당하는 임금을 받게 될지도 미지수다. 교사의 노동 환경이 나빠지는 것이다. 교사가 정규 수업에 집중할 수 없도록 교육이 아닌 정책 사업으로의 국정과제를 강압적으로 밀어붙이고 있다. 초등학교 3시 하교 정책 시행과 동시에 교사가 만들어야 할 문건은 폭증할 것이다. 계획서를 만들어야 하며, 만일의 사태에 대비해 연수 이수를 해야 하고, 학부모와 학생들에게도 교육했다는 문건을 만들어야 할 것이며, 성과 보고도 해야 할 것이다. 만약 3시 하교 정책을 원치 않는 학생이 있을 때에는 어떻게 해야 하는지 예외 규정에 대한 설명집이나 매뉴얼도 쏟아질 것이며, 모든 학생들의 의중을 파악하고 설득하고 보고해야 할 것이다.

학교의 대혼란은 쉽게 예상된다. 지금도 수업 시간에 특정 사이트 매뉴얼을 클릭만 하는 '클릭교사'가 존재한다는 비판이 있는데, 앞으로 수많은 클릭교사를 양산하게 될지도 모른다. 아이들을 위해서 도입한 정책으로 비난은 교사가 받고 피해는 아이들에게 가는 것이다. 일부 클릭교사는 반성할 부분이지만, 그러한 환경을 초래하는 것은 중앙정부의 획일적이고 밀어붙이기식 정책에 큰 원인이 있다고 본다. OECD의 수업 시수를 이야기하기 전에 OECD 수준의 교육 환경 개선이 필요하다. 이러한 방식으로 정책이 도입된다면 학부모의 만족도는 바닥으로 떨어질 것이며, 교사와 학교에 대한 불신은 커질 것이다.

시설에 대한 개선도 없을 것으로 예상한다. 과거 대통령 공약에도 돌봄교실에 대한 내용은 많았지만 시설 개선 사업은 최소한에 그치거나 시·도 교육청 책임으로 떠넘긴 사례가 많다.[21] 시설을 개선하고 학교를 학생들이 뛰어놀 수 있는 장소로 만드는 공간 개선과 안전요원의 배치, 관련 법 개정 등의 고려가 없다면 놀이 시간이나 교과 시간이 늘어나면서 활동량이 큰 학생들의 경우는 각종 사고가 빈번할 것이다. 그로 인한 모든 책임을 교사가 져야 할 것이고, 교사는 소송에 대한 걱정으로 학생들을 더욱 통제하려 들 것이다. 이 과정에서 학생, 학부모와 마찰이 생기고 교사를 불신하는 감정만 더욱 커질 것이다.

놓치고 있는 것은 무엇이며, 무엇을 바꿔야 하는가?

___

학부모는 학교에서 3시까지 아이를 돌봐 준다는 것에 대해 매우 긍정적으로 생각할 것이다.[22] 하지만 자녀가 3시까지 학대에 가까운 환경 속에서 방치되는 것을 원하지는 않을 것이다. 그리고 3시 하교 정책이 시행되면 학생, 학부모의 선택권은 없음을 예상하지도 못할 것이다. 사실 선택권이 있는 방향으로 정책이 전환된다면 초등학교 3시 하교 정책은 방과후학교나 돌봄교실과 크게 다르지 않다. 현 시점에서 초등학교 3시

----

21 홍섭근(2016), 공교육은 왜?, 살림터.
22 실제 몇몇 토론회에서도 시민 단체에서 나온 학부모는 교사들의 반대 이유를 비판하면서 초등학교 3시 하교 정책을 도입해 달라는 요구만 하였다.

하교 정책으로 교육과정을 개정한다는 것은 선택권 없이 수업 시수를 늘리겠다는 것을 의미한다. 요즘 학교 구성원의 뜻에 따라 학교가 움직여야 한다는 '학교 자치'가 화두이다. 학생과 학부모의 선택권은 반드시 고려되어야 한다. 그런데 국가에서는 국가 중심 교육과정으로 모든 학교를 획일적으로 몰고 간다. 이는 지방정부를 말하는 국가의 시대정신에 부합하지 않는다. 초등학교 3시 하교 정책을 성과로 내세우기 전에 기존의 방과후학교와 돌봄교실을 어떻게 개선할까에 대한 고민이 우선되어야 한다. 교육정책의 세밀함이 필요한 시점이다.

먼저 초등학생이 학교에서 충분한 휴식 시간을 보장받지 못하는 것을 개선해야 한다. 10분밖에 안 되는 쉬는 시간은 화장실 다녀오기에 바쁘다. 일부 혁신학교에서 블록타임제로 2시간을 연이어 수업하고 20~25분 쉬는 시간을 가져 호평을 받고 있지만, 일부에서는 또 안전 문제로 그것을 제재하고 있는 상황이다. 초등학생은 어린이다. 놀이나 휴식 시간이 아닌 교과 시간을 늘려 단순히 하교 시간만 OECD 기준에 맞추려는 발상은 아이들을 학대 상황으로 몰아가는 것과 다름없다. 강원도교육청의 발상처럼 쉬는 시간을 획기적으로 늘리되, 공간 개선사업과 안전에 대한 법·제도 그리고 인력에 대한 문제도 함께 해결해야 한다.

학생들이 학교에 머무는 시간과 비례해 안전사고도 증가할 것인데, 교내에서 일어난 사고라고 모두 교사의 책임으로 돌려서는 안 된다. 앞에서 제시한 '특별법'을 만들어서 교사도 어쩔 수 없는 불가피한 사고에 대해서는 면책해 주어야 한다. 교사가 안전사고의 보험이 된다면 학생

교육이 아닌 면피를 위한 문건 제작에 에너지를 소모할 것이고, 그 피해는 학생들에게 돌아간다.

또한 현재 학교에서 교사가 맡고 있는 일의 분배에 조정이 필요하다. 방과후학교 강사나 돌봄교실 교사의 질이 낮은 것을 탓하기 이전에 외부 강사에 의존하는 시스템을 도입한 정부 발상의 한계를 지적해야 한다. 현재 공립학교 교원은 교사 자격증이 있는 임용고사를 통과한 검증된 이들을 쓰고 있다. 정규 교사 TO를 늘리고, 외부 강사가 아닌 정규 교사들이 분업화하여 교육한다면 초등학교 3시 하교 정책이나 방과후학교, 돌봄교실 정책도 되살아날 수 있을 것이다.

마지막으로 교사도 무조건 초등학교 3시 하교 정책을 비판하는 것보다는 3시 하교 정책을 받아들이되, 위와 같이 몇 가지 말도 안 되는 논리가 반영되지 않도록 막는 것이 효과적이라고 본다. 정규 교사 충원, 교육시스템 개선, 안전사고에 대한 국가 보장, 교사의 시스템 분업, 학생들이 뛰어놀 수 있는 공간 확보가 마련되어야 한다. 무조건적인 반대는 교사 불신의 원인이 된다. 학부모들이 어쩔 수 없이 아이들을 학원으로 돌리며 학교를 바라보는 상황에서 이를 합리적으로 해결할 방법을 고민하는 것이 현 시점에서 가장 현명한 처사라 생각한다.

4 /
박용진 3법으로 살펴본
영·유아 교육의 공공성

• 2018년 7월 17일 오후 4시 50분쯤 P어린이집 통원 차량 안에서 김모(4) 양이 숨진 채 발견됐다. 김 양은 오전 등원을 위해 승차했으나 차에서 미처 내리지 못하고 30도가 넘는 폭염 속에서 7시간가량 갇혀 숨진 것으로 조사됐다. 이에 경찰은 인솔 교사 구 씨와 통원 차량 운전기사 송 씨를 비롯해 해당 어린이집 원장과 담당 교사 등 4명을 업무상 과실치사 혐의로 입건해 수사를 벌였다. 이 중 사망사고에 대한 책임이 큰 구 씨와 송 씨에 대해서는 구속영장을 신청했다.

구 씨는 "하차 과정에서 다른 어린이들이 울음을 터뜨리는 등 정신이 없어 차 뒤에 타고 있던 김 양을 챙기지 못했다."고 경찰에서 진술했다. 송 씨는 "평소에도 하차 후 차량 뒤편은 확인하지 않았고, 아이들 하차 지도는 인솔 교사가 담당해 왔다."고 경찰에 말했다.[23]

슬리핑 차일드 벨

매년 많은 아이들이 차량 안에 갇혀 있다가 구조되거나, 중태에 빠지거나, 목숨을 잃는다. 이러한 일은 우리나라만의 문제는 아니다. 외국에서도 음주를 하거나 마약에 빠진 부모가 종종 아이가 뒷좌석에 있다는 사실을 깜빡하여 사망에 이르는 일이 빈번하게 발생한다. 2018년 여름, 우리나라에서 또 한 명의 아이가 목숨을 잃었다. 그 전에도 이와 유사한 일이 있었고, 정부에서 특단의 대책을 마련하겠다고 했지만 소용없었다. 2001년 8월 전남 영안군에서 6세 아이가, 2005년 6월에는 경남 진주에서 5세 아이가, 2011년 8월에는 경남 함안군에서 5세 아이가 사고를 당했고, 논란이 확산되자 2012년 보건복지부에서는 안전강화조치를 발표했다. 그럼에도 불구하고 2016년 7월 광주에서 4세 아이가 8시간 동안 뜨거운 차량에 갇혀 있다가 발견되었지만 2년째 의식불명 상태이고, 유사한 사건은 지속적으로 이어졌다.

과거에도 검토는 되었지만 예산 문제로 접었던 슬리핑 차일드 벨(체크)[24] 제도는 운전자가 차량 시동을 끄기 전에 차량 맨 뒤에 설치되어 있는 버튼을 눌러야 하는 것을 말한다. 운전기사가 혹여 방치된 아이가 있는지 확인하도록 하기 위한 장치로, 만약 운전기사가 차에서 내릴 때 슬

---

23 세계일보(2018. 7. 26)
24 슬리핑 차일드 벨 또는 슬리핑 차일드 체크라고 한다.

리핑 차일드 벨을 누르지 않고 시동을 끌 경우 비상 경고음이 울린다고 한다. 슬리핑 차일드 벨은 단가가 25~30만 원 정도라고 한다. 과거 유사한 일이 일어날 때마다 슬리핑 차일드 벨을 법제화하자는 의견이 있었지만, 예산 문제로 결국 좌초되었다. 현재도 법안이 제출되어 있는데 아직 처리되지 않았다. 법으로 의무화할 경우 전국에 있는 열악한 교육기관(어린이집 · 유치원 · 학원)에서 항의할 가능성이 크기 때문이다. 만약 자동차 제조 시에 부착하게 된다면 단가가 올라가서 반대할 가능성이 크다고 한다. 경남 · 대전 · 인천교육청을 포함 일부 지방 자치 단체에서는 2018년 공 · 사립 유 · 초 · 특수학교 통학버스를 대상으로 슬리핑 차일드 벨을 설치하고 예산을 지원하기로 했다. 국회가 법제화하지 않으니 일부 지방 자치 단체와 교육청에서 직접 나섰다. 긍정적인 대처라고 본다.

그런데 슬리핑 차일드 벨 설치가 아이들의 안전을 보장하지는 않는다. 사건이 터질 때마다 매뉴얼을 만들고 학교에 과도한 행정업무를 부과한다면 정작 교사가 아이들을 돌볼 시간이 줄어들게 된다. 위와 비슷한 사건이 계속해서 일어나고 있는 이유는 개인적인 실수도 있지만 어린이집과 유치원의 열악한 환경 탓도 있다. 열악한 환경은 슬리핑 차일드 벨 설치로 개선될 수 없다. 위 사건을 일으킨 당사자들을 옹호하는 것은 아니다. 앞으로 유사한 일의 재발을 방지하기 위해서는 정부의 발표가 전부가 아니라는 것이다. 영 · 유아 교육 시스템을 들여다보면 어린이집이나 유치원 교사가 해야 할 일이 굉장히 많고, 그것을 중복해서 체크해 주거나 지원해 주는 시스템이 없다. 그렇기에 실수할 가능성이 생기고, 그 실수로 인해 생명을 앗아가는 일까지 생긴다. 사건을 일으킨 개인이 책임져야 할 일이라 볼 수도 있지만, 결과적으로 시스템 문제이기도 하고 인력의 문제이기도 하다.

슬리핑 차일드 벨을 설치해도 또 유사한 일이 벌어질 가능성이 있다. 몸집이 작은 아이들이 차 안에서 잠들어 있는 모습을 본 사람은 알 수 있을 것이다. 작은 몸을 의자에 밀착하여 구석에 웅크리고 있으면, 신경 써서 보지 않는다면 모르고 지나칠 수 있다. 슬리핑 차일드 벨을 전국 모든 유아가 타는 통원버스에 설치했다고 가정해 보자. 그중 누군가는 대충 벨을 누를 것이고, 또 누군가는 개조를 해서 아예 슬리핑 차일드 벨을 망가뜨리는 경우도 생길 것이다.

유사한 예로 과거 차량에서 DMB를 시청하다 각종 사고가 끊이지 않았고, 2012년에는 경북 의성에서 사이클 선수 3명이 사망한 일도 있었다. 이 사건 직후 여론이 일자 소 잃고 외양간 고치듯이 차량 DMB는 정차 시에만 작동하도록 하였고, 도로교통법 개정안에 '운전자는 자동차 등의 운전 중에는 디지털 멀티미디어 방송을 시청하지 아니할 것'이라는 조항을 넣었다. 2014년 2월 14일 도로교통법이 개정되어 영상표시장치를 시청 및 조작하는 행위에 대하여 교통 벌칙금을 발부할 수 있는 근거를 마련하였고, 지금도 이에 대한 단속은 하고 있다. 그런데 아직도 운전 중 차량 DMB를 시청하는 이들을 종종 본다. 구형 차량 DMB 모델인 건지, 불법 개조한 모델인 건지는 모르지만 법이 만들어졌다고 쉽게 문화까지 바뀌지는 않는다는 것을 알 수 있다.

등하교에서의 학부모 역할

—

어린이집이나 유치원뿐 아니라 초등학교에서도 등하교 문제로 학부모의 민원이 끊이지 않는다. 등하교 시 교사들이 곳곳에서 교통지도를 해 달라거나 교사들이 학교 안에 주차를 많이 해 주차 공간이 없다며 학교 앞에 학부모 전용 주차 공간을 만들어 달라는 황당한 민원도 제기한다. 학부모를 위한 주차 공간을 만드는 것이 쉬운 일이 아닐뿐더러, 학교 안 아이들의 안전을 생각한다면 가급적 교내로 차를 끌고 오지 않는 게 좋지 않을까? 교사들이 모두 학교 근처에서 사는 것은 아니다. 차량으로 30분에서 멀게는 2시간까지 걸리는 거리를 출퇴근하는 직원은 외부에 주차하라 하고 자신들은 학교 안 주차장을 이용하겠다는 것은 이기적인 발상이다. 학생들의 안전을 위협하며 운동장에 불법 주차하는 이들은 다름 아닌 학부모이다.

미국을 포함한 유럽 대부분의 나라에서는 아이들 등하교는 학부모 책임이다. 학부모가 아이의 등하교를 책임지지 않는다면 처벌을 받거나 양육권을 빼앗길 가능성이 있다. 이러한 사항들에 대해 학교 입학 전에 공지하고 모두 서명해서 기록으로 남겨 둔다. 학부모의 책임과 의무 그리고 권리를 명시한 서류를 입학 전에 보여 주고, 동의하지 않으면 입학을 불허하기도 한다.

반면 우리나라는 학생의 등하교는 학교 책임이거나 영·유아의 경우 통원버스 운전기사와 차량 보조 교사의 책임이다. 그런데 항상 같은 아이들이 차량에 탑승하는 것이 아니라 시간대마다 다르고, 매일 다른 상황이 벌어지기에 착각할 여지도 많다. 차량 탑승에 변동 사항이 생길 경우의 방법도 통일되지 않아 문자를 보내는 경우도 있고, 그냥 차량을 타는 장소에 안 나타나는 경우도 있어 혼란스러운 상황이 연출된다. 물론 담당자의 책임이 명백하지만, 담당자만 믿었을 경우 벌어지는 일들을 생각해 본다면 등하교를 학부모 책임으로 하는 것이 더 안전한 방법이다. 맞벌이 가정은 어떻게 하느냐고 반문하겠지만, 다른 선진국도 우리나라처럼 부모가 맞벌이인 경우가 많다. 그럼에도 아이들 등하교는 부모가 책임진다.

우리나라 초등학교에는 학부모의 봉사로 등하굣길 교통안전 지도를 하는 '녹색교통대'가 있지만 늘 지원 미달이라 교사도 학부모도 힘들다. 차라리 없애라는 학부모 민원이 있는 반면, 더 강화해 달라는 학부모 민원도 있다. 초등학교 내 녹색교통대는 법적 근거가 없어 학교 안에 꼭 있어야 할 단체가 아니다. 경찰서에 있어야 하는 학부모 자율봉사 단체이다. 그럼에도 교육청이나 학교에 지속적으로 민원을 제기하면서 정작 적극적으로 나서는 이들은 없다. '누군가 나서 주겠지, 나는 직장이 있으니까.' 이런 논리로만 접근한다. 내 아이는 소중하지만 내 아이를 위해 시간을 내어 봉사하는 것은 힘든 일일까? 이런 개인주의적인 생각들이 모여 학교는 책임을 떠넘기는 공간이 된다.

아이들의 안전을 담보할 수 없다면 모든 학부모가 자발적으로 나서 녹색교통대를 하든가, 그것이 아니라면 녹색교통대를 없애고 학부모 본인이 자신의 아이를 책임지는 것이 낫다. 녹색교통대가 있어도 학교 앞 교통사고는 일어난다. 사고가 터지고 나서 학교는 무얼 했는지 따진다고 사고를 막을 수는 없다. 이런 불안한 마음으로 지내느니 불편하지만 학부모 본인이 책임지는 것이 아이의 안전을 가장 확실히 담보할 수 있다. 모두가 책임지기 어렵다면 자율적으로 봉사하는 시스템이라도 만들었으면 한다.

어린이집과 유치원의 공공성 확보

어린이집과 유치원은 국가가 관리하는 교육기관이 아니다. 의무교육이 아니기 때문이다. 여러 논의가 정부에서 있어 왔고, 어린이집·유치원 통합 논의가 있었지만 결국 달성하지 못했다. 현재 사립 어린이집·유치원이 주를 이루고 있는 상황에서 이해관계 당사자들의 입장은 천차만별이다. 어린이집과 유치원이 다르고, 규모별·지역별로 성격이 상이하여 통일된 안이 나올 수 없기 때문이다.

2018년 10월 있었던 '사립 유치원 비리 근절을 위한 대안 마련 정책 토론회'는 사립 유치원 단체인 한국유치원총연합회에 의해 난장판이 되었다. 국회 교육위원회 소속 박용진 의원은 2018년 10월 11일 국정감사에서 2013~2017년 전국 교육청이 실시한 사립 유치원 감사 결과를 유치원 실명과 함께 공개했다. 이 자료에 따르면 1,878곳 유치원에서 5,951

건의 비리가 적발됐다.[25] 한 유치원 원장은 어린이들을 위해 써야 할 교비로 명품 가방이나 성인용품을 사거나 노래방 비용 등으로 사용하기도 했다. 정도의 차이만 있을 뿐 대부분의 유치원과 어린이집에서 회계 부정이 만연하다는 인식이 확산되며 학부모의 분노가 들끓었다. 그 후폭풍으로 '박용진 3법'[26]이 제안되고, 전 국민의 시선이 박용진 3법으로 쏠렸다.

박용진 3법의 내용을 보면 유아교육법 개정에서 유치원에 대한 징계 및 중대한 시정명령 시 명칭을 바꿔 재개원을 금지하고, '에듀파인'이라는 회계 프로그램 사용 의무화 조항 등을 담았다. 또한 지원금을 보조금으로 변경하여 이를 유용할 시에는 횡령죄를 적용하도록 했다. 사립학교법 개정에서는 사립 유치원 설립자가 유치원 원장을 겸임하지 못하게 하고, 교비 회계에 속하는 수입·재산을 교육 목적 이외에 부정하게 사용할 수 없도록 하는 내용을 담고 있다. 학교급식법 개정안에서는 현행 학교급식법 적용 대상에 유치원을 포함시켜 급식 부정 피해를 예방하자는 내용을 골자로 한다. 또 유치원운영위원회 심의 급식 업무를 위탁해 유아의 급식 질을 보장하는 내용을 제시했다.

이 내용들로 볼 때 특별하게 사립 어린이집·유치원의 공공성을 침해한다고 보지는 않으나 여야 합의 실패로 국회에서 법안이 통과되지 못

---

25 박용진 국회의원실(2018. 10.)

26 정식 명칭은 '유치원 3법'이다. 유치원의 비리를 방지하기 위해 2018년 12월 국회에서 정부가 개정을 추진했던 3개 법안으로 유아교육법·사립학교법·학교급식법을 말한다.

했다는 아쉬움이 있다. 더 큰 아쉬움은 영·유아 교육에 대한 이해가 부족했다는 점이다.

사립 유치원 전체를 무조건 비리 집단으로 봐서는 안 된다. 문제가 있다면 고쳐야 하지만 전체를 매도하는 것 또한 옳지 않다. 하지만 우리 사회는 흑백논리에 익숙해 한쪽이 '혁신'이면 다른 쪽은 '적폐'라고 여긴다. 누가 정권을 잡든지 과거는 부정되기에 그렇다. 그렇게 된다면 피로도가 높아지고, 늘 도돌이표가 되는 정책의 한계에 부딪칠 수밖에 없다.

사립 유치원 비리에 대한 논쟁을 하기 전에 국·공립 유치원을 더욱 확충하여 공정한 경쟁을 할 수 있도록 제도화되어야 하는데, 국가에서는 어차피 학령인구가 감소하니 국·공립을 확충할 수 없다는 입장이었다. 즉 특별한 의지가 있어 보이지 않았다. 교육부는 법안이 통과되지 않더라도 시행령 등을 고쳐 '에듀파인'을 의무화하겠다고 밝힌 바 있다. 앞서 문재인 대통령 공약인 '국·공립 취원율 40%'를 조기 달성하겠다고 했던 교육부는 이날 국·공립 유치원 확충 세부 계획을 발표했다.

내용을 보면 교육부는 단설 321개, 병설 671개, 공영형 88개 등 국·공립 유치원 1,080개 학급을 내년에 새로 늘릴 계획이다. 692개는 3월 새 학기에, 나머지 388개는 9월부터 운영된다. 지역별로는 경기 240개, 서울 150개, 경남 68개, 인천 54개, 부산 51개 순으로 국·공립 취원율이 낮은 지역부터 먼저 만든다. 국·공립에 다니는 원아는 2만여 명이 더 많아진다. 당초 정부는 2022년까지 매년 국·공립 학급을 500개씩 만들 계획이었으나, 사립 유치원 비리 문제가 불거지자 2018년 10월 2021년

까지 목표 달성을 1년 앞당기겠다고 발표했다.[27]

그런데 정부와 박용진 3법에서 말하는 '에듀파인'은 무엇이며, 그것을 도입하면 왜 비리가 줄어든다고 말하는 것일까?

에듀파인의 허상

'에듀파인'은 초·중·고등학교와 국·공립 유치원에 의무적으로 적용되고 있는 국가 회계 시스템이다. 정부는 사립 유치원의 회계 투명성 강화를 위해 에듀파인을 사립 유치원까지 확대해서 적용하는 방안을 추진 중이다.

그런데 사람들은 에듀파인이 도입되면 비리가 사라질 것이라는 환상에 빠져 있는 것 같다. 에듀파인은 회계 시스템이지 감사 시스템이 아니다. 어떤 내용을 품의했는지, 어떤 내용을 결제했는지 한눈에 알 수 있고, 추후 감사를 한다면 오픈되어 있는 시스템이긴 하지만 그 자체로 비리가 근절되는 시스템은 아니다. 더군다나 대형 사립 어린이집이나 유치원은 이를 도입할 수 있어도 인력난에 허덕이는 소형 어린이집이나 유치원에서는 에듀파인이 도입되면 교사(보육 교사, 유치원 교사)들이 에듀파인 업무에 매달려야 하는 상황이 나온다. 어린이집은 지방 자치 단

---

27 경향신문(2018. 12. 8)

체 관할이고, 유치원은 교육부 관할이다. 그래서 교육부에서는 유치원만 도입하겠다고 한 것이다. 결국 어린이집은 손쓸 수 있는 방안이 없는 반쪽짜리 대책이다. 그럼에도 에듀파인이 해결책인 것처럼 말하는 것은 잘못된 접근 방식이다.

에듀파인 도입 자체를 반대하지는 않지만, 부족한 교사들이 더욱 행정력에만 집착하고 효과는 그리 크지 않아 아쉬움이 큰 대책으로 남을 우려도 있다. 시·도 교육청 및 학교에서도 에듀파인을 사용하고 있지만 매년 에듀파인의 허점을 노린 공무원 범죄(횡령)가 발생하고 있다. 쉽게 얘기해 에듀파인 자체를 모든 비리를 차단하는 만능키로 생각하는 것은 오산이다. 그리고 정부에서 쓸 수 있는 에너지의 총량이 있는데, 에듀파인에만 집중하는 것이 좀 이상하기도 하고 의아하기도 하다. 전체 시스템을 개선할 여지는 없는 것일까 하는 의구심이 든다.

공립 병설유치원에는 대개 한두 명 정도의 교사가 근무한다. 이들은 교사이자 행정실장 역할을 모두 한다. 행정실장 역할을 하는 주된 이유가 에듀파인에서 비롯된다. 필자가 만났던 공립 유치원 교사들 상당수가 에듀파인 행정업무 때문에 수업 준비할 시간도 없다고 했다.

정부에서 정말 의지가 있고 에듀파인을 도입할 것이라면 차라리 유치원 규모별로 1~2인의 주무관을 일시 또는 영구적으로 파견해 행정 처리를 하게 해야 한다. 감사의 필요도 없이 투명해질 것이며, 유치원의 행정업무는 경감되어서 교사는 수업에 집중할 수 있고, 학부모의 만족도는 더욱 높아질 것이다. 그렇게 하지 않는 이상 에듀파인만으로 유아교육이 투명해질 수는 없다. 시민 단체나 일반 학부모 모두 에듀파인의 허상을 잘 모르고 있는 것 같다.

맞벌이 가정이 느끼는 차별
—

같은 종일반이어도 맞벌이가 아닌 가정의 아이들이 늦게까지 남아 있는 경우는 거의 없다. 같은 비용을 내고 아이를 더 늦게까지 맡겨야 하는 맞벌이 부모 입장에서는 원에서 눈치를 주든 안 주든 괜스레 주눅이 든다. 또 요즘은 부모가 원한다고 자녀를 원하는 때, 원하는 어린이집이나 유치원에 보낼 수 없다. 어린이집 같은 경우 입소 순위가 있어 차례가 될 때까지 기다려야 하고, 인기 있는 유치원은 치열한 경쟁률을 뚫고 추첨에 뽑혀야 갈 수 있다. 어린이집 입소 순위나 유치원 종일반의 경우 맞벌이 가정, 다자녀 가정이 우선순위가 되는데, 맞벌이 증빙서류는 자영업을 하는 지인에게 부탁하여 쉽게 만들어 낼 수 있다. 그렇다 보니 정말 보육시설 이용이 간절한 맞벌이 가정이 입소 순위에서 밀리는 경우가 흔히 발생한다.

어린이집과 유치원 보내기가 이렇게 어려워진 이유는 무상보육에 있다. 가정양육하는 부모에게 주는 양육수당과 기관에 보낼 경우 받는 지원금은 차이가 상당하다. 양육수당이란 어린이집이나 유치원에 다니지 않는 아동에게 지급하는 복지 수당이다. 미취학 아동의 가정양육을 지원하고 어린이집과 유치원의 불필요한 수요를 줄이기 위해 2013년 3월부터 도입되었다. 「영유아보육법」 제34조의 2 제1항에는 '국가와 지방자치 단체는 어린이집을 이용하지 않는 영유아에 대해 연령과 보호자의 경제적 수준을 고려해 양육 비용을 지원할 수 있다.'고 명시하고 있다. 양육수당 대상은 취학 전 만 84개월 미만 아동이다. 해당 아동이 어린이집과 유치원에 다니지 않고 '영아종일제 돌봄서비스'를 이용하지 않는 가정양육 아동이라면 양육수당을 받을 수 있다. 12개월 미만은 월 20만 원, 24개월 미만은 월 15만 원, 36개월 미만은 월 10만 원이다. 36개월 이상 만 5세(최대 84개월) 미취학 아동에게는 월 10만 원의 양육수당이 현금 지급된다. 어린이집이나 유치원에 보낼 경우에 받는 지원금을 아는 상황에서 10~20만 원의 양육수당을 받으며 가정양육을 선택하면 왠지 손해 보는 기분이 든다. '집에서 하루 종일 아이를 보는 것이 힘들기도 하고, 어차피 공짜인데…….' 하는 생각에 예상보다 일찍 어린이집을 선택하는 부모가 많아지는 것이다.

아이를 키워 본 사람이라면 누구나 육아의 어려움을 알 것이다. 맞벌이가 아니라면 오롯이 가정에서 아이를 양육해야 한다는 것이 아니다. 다만 상황상 선택지가 없는 맞벌이 가정에게 우선권을 주고, 그다음에 맞벌이가 아닌 가정에 선택권을 주는 것이 맞다고 본다. 양육수당을 현재 어린이집과 유치원에 지원하고 있는 비용과 비슷하게 맞춘다면, 아마 '어차피 공짠데…….' 하며 보육시설에 맡기는 분위기가 사라질 것이다. 어린이집, 유치원에 지원되는 정도의 금액을 가정에서 지급받게 되

교사 불신

면 무조건 어린이집, 유치원에 아이를 맡기기보다는 양육수당을 적절하게 활용하여 가정양육을 택하는 부모도 늘어날 것이다. 선진국은 대부분 홈스쿨링도 허용하고 있고, 최근에는 부모들의 생각이 바뀌어서 직접 키우겠다고 하는 이들도 많은데, 우리나라는 안 보내면 손해 보는 느낌에 너도나도 일단 어린이집과 유치원에 보내다 보니 과다 경쟁이 된 것이다. 일부 사립 유치원에서는 학부모 직접 지원을 하고 자신들의 사유재산을 인정하라는 목소리도 있는데, 그 문제는 다른 주제이므로 여기서 언급하지는 않겠다.

어쨌든 선택권을 국민에게 주어야지 정치권에서 선택권 자체를 박탈해서는 안 된다. 현재의 상황에서는 맞벌이 가정이 역차별을 받고 있다는 느낌을 지울 수가 없다. 이러한 고민을 담아 법을 개정하면 맞벌이 가정 차별 논란은 점차 사라질 것이다.

영·유아 교육이 나아가야 할 길

영·유아 교육에 있어 우선적으로 도입되어야 할 것은 만 5세 이상 의무교육이다. 사립에 의존했던 영·유아 교육을 공공의 영역으로 전환할 필요가 있다. 일본의 잔재인 '유치원'이라는 명칭을 '유아학교'로 바꾸는 것도 필요하다.

영·유아 교육에 대해서는 아직도 제대로 알려진 게 없다. 영·유아 교육 전문가도 거의 존재하지 않는다. 회의나 토론회에서도 외국의 사례나 과거의 현장 이야기가 대부분이다. 현실을 말하는 이들은 드물고, 현장의 문제에 대해서는 별 관심이 없어 보였다. 정책연구 보고서도 마찬가지다. 현장의 상황과 문제를 대변하는 보고서는 거의 없다. 대개는 추상적인 결론에 그치고 만다. 안타까운 것은 영·유아 교육이 의무교육이 아닌 데다가, 어린이집과 유치원으로 분리되어 있어 통합된 안이 나올 길은 요원하다는 것이다. 더군다나 사립 시설이 과반 이상을 차지하고 있는 상황이라 공립의 목소리는 거의 묻혀 버리는 경우가 많다.

영·유아 교육정책은 현재도 미래도 불투명하다. 현장 전문가들이 나서서 개혁에 앞장서 주었으면 한다. 영·유아 교육에 있어 유보통합이나 의무교육 과정도 중요하지만 이보다 앞서 제안하고 싶은 것은 영·유아를 담당하고 있는 현장 교사들이 좀 더 지속적으로 공부하고 문제의식을 가졌으면 하는 바람이다.[28] 몇 차례 영·유아 교육기관에 근무하는 교원들을 만난 적이 있다. 그들의 공통된 이야기는 의지는 충만하나 시간이 없다는 것이다. 사실 이 이야기는 모든 교사들이 하는 이야기이다. 중등 교사 중에는 교육정책과 제도를 공부하는 이들을 종종 볼 수 있다. 그러나 영·유아나 초등 교사들은 대부분 교육정책에 관심이 없고, 일부 관심 있는 이들은 교육전문직(장학사) 시험에 도움이 될까 하는 생각이

---

28 불편한 이야기이지만 특수·보건·영양 등의 소수 직렬에게도 말하고 싶은 제안이다. 이해관계보다는 교육의 전문성과 정책·제도에 대한 접근을 권해 본다.

라 잠깐에 그치고 만다. 지속적으로 공부하고 파고드는 사람은 거의 보지 못했다. 언제까지 타인의 손에 정책과 제도를 맡길 것인지에 대한 고민조차 없는 것은 당연하다. 정책과 제도는 현장과 따로 있지 않다. 교사가 현장을 가장 잘 알기에, 필요한 정책과 제도도 가장 잘 안다. 누군가는 정책과 제도를 공부해서 우리나라 교육과 교직 사회에 도움이 되었으면 한다. 교사 중에 교육 전문가로 성장하는 이들이 많아지길 희망한다.

사실 이 부분은 영·유아 교사들과 함께 소수 직렬에 종사하는 교사(특수·보건·영양)들에게도 하고 싶은 이야기이다. 학교 내에서 소수자이기에 열악한 상황인 것은 알지만 언제까지나 초·중등 교육에 포함되어 갈 수는 없다. 자체적인 정책 생산 기능을 담당할 이들을 중·장기적으로 키워야 한다는 생각이다.

다시 처음으로 돌아가서, 슬리핑 차일드 벨 의무화 자체는 필요하고 좋지만 세밀하게 접근해야 한다. 이에 대한 관련 법 마련도 필요하다. 개조 등을 하여 처음 취지와 어긋난 일을 한 것에 대한 처벌 규정도 필요하다. 단순히 슬리핑 차일드 벨을 만들었으니 모든 아이들이 안전하다는 태도는 위험하다. 막대한 비용을 들여 설치했는데 유명무실화된 경우를 우리는 수없이 봐 왔다.

예산이나 시설의 문제와 별도로 시스템이나 인력의 문제에도 관심을 가져야 한다. 유치원이나 어린이집은 구조적인 문제가 많은데, 그중 대표적인 것이 아동 1인당 교사 수에 대한 법제화이다. 현행 어린이집이나 유치원에서는 시·도별 규정이나 권장 사항이 있긴 하지만 법제화된 것이 없다. 어린이집이나 유치원이 의무교육이 아니라는 점에서 관련법이나 제도가 미비하다는 것이다. 또한 국·공립 유치원을 지속적으로 확충하고 계속 교원을 늘리는 것도 문제가 있다. 앞으로 학령인구 감소 쇼크(인구절벽)로 인해 대량 구조조정을 걱정해야 할 일이 향후 10년 내에 도래할 것이기 때문이다.

학부모의 역할에 대해서도 재고할 필요가 있다. 등하교 문제나 어린이집·유치원 경영 전반을 들여다볼 수 있는 학교운영위원회 수준의 제도가 필요하다. 경기도에서는 학부모들이 모여 협동조합 형태의 유치원을 만들려는 움직임이 있는데, 이런 형태를 고민해 보는 것은 어떨까 싶다. 경기도 H지역 내 한 곳이 2019년 3월에 개교하는데, 원비는 사립 유치원의 반값에 불과하다고 한다.[29]

아직 시행 초기 단계이지만 이렇게 학부모의 관심으로 경쟁 체제가 만들어진다면 사립 기관과의 경쟁 구도가 확보될 수 있을 것이다. 독과점 체제는 시장경제를 무너뜨린다. 앞으로 방과후학교·돌봄교실 정책뿐 아니라 영·유아 교육에 있어 학부모 협동조합이나 사회적 기업 형태가 많아졌으면 한다.

---

29 SBS(2019. 1. 27)

교사 불신

5

「구지가」 성희롱 논란 사건으로 본
학교 내 성인권

• 한 광역시의 A사립여고에서 성희롱 민원이 제기된 교사가 파면되었다. 해당 교사는 징계가 부당하다며 반발하고 있다. 해당 교육청과 학교에 따르면 수업 중 「구지가 龜旨歌」 등 고전문학을 가르치면서 학생들에게 성희롱을 했다는 이유 등으로 징계위원회를 열어 국어교사 B씨를 중징계에 해당하는 파면 조치했다. 학교재단 측은 B교사에게 같은 달 28일 내용증명으로 징계 사실을 통보했다. '파면'은 신분을 박탈하는 동시에 연금을 절반밖에 받지 못하는 가장 높은 수위의 교원 징계다. '「구지가」 성희롱 논란 사건'은 언론을 통해 보도되면서 전국에 알려졌다. 당시 징계 처분을 하는 것은 과하다며 B교사를 동정하는 여론도 만만치 않았다. 하지만 학생들은 B교사가 고전문학 시간 이외에도 평소 성희롱적인 언행이 많았다고 폭로하면서 분위기가 반전됐다. A여

고가 위치한 지역의 여성연대는 즉각 성명을 내고 "성적 수치심 발언과 수업의 불편함을 고발한 10대 학생들의 용기를 응원한다."고 밝히기도 했다.

B교사는 학교재단의 파면 징계가 말도 안 된다며 반발했다. "교육청의 감사 결과 절차상 문제가 없다고 했는데, 학교와 재단은 한 번도 내 이야기를 들은 적이 없다. 30년간 교직 생활을 해 온 게 한순간에 무너졌다. 명예 회복을 위해 노력할 것이다." 이에 대해 A여고 관계자는 "교육청에서 징계 절차에 하자가 없다고 했고, 다른 여러 가지 문제가 있어 징계가 내려진 것으로 안다."고 답했다.

위 사안에 대해 한 유명 방송인 황 씨는 여고 국어교사가 고대가요 「구지가」를 설명하다 성희롱으로 징계를 받은 사건과 관련해 온라인 포털 지식백과에 소개된 「구지가」 설명을 언급했다. 그는 「구지가」 내용 중 '거북의 머리와 목은 남성의 성기를, 구워 먹겠다는 여성의 성기를 은유한 것으로 보고 원시인들의 강렬한 성욕을 표현한 노래로 보는 견해가 있다.'는 용어 설명 일부를 인용했다. 황 씨는 그러면서 "온라인 포털에도 이 글 삭제를 주장하시고, 이 문건 작성자를 찾아내 법적 처벌을 요구하라."고 적기도 하였다. 황 씨는 또 학생들과 학부모가 제기한 성희롱 폭로는 「구지가」 해석 부분이 아니라 해당 교사의 부적절한 언행에 초점이 맞춰져야 한다고도 했다. 그는 "한 기사 댓글에서 이 학교 학생 등의 글을 봤다. 「구지가」 설명 외에도 선생에게 여러 문제가 있다고 했다."며 "그러면 그 여러 문제만으로 선생에게 항의해야지 왜 「구지가」에

교사 불신

대한 '설명'도 문제 삼았는지 안타깝다. 많은 문학 선생들이 난감해 하고 있을 것"이라고 썼다.[30]

사건에 대한 해석

—

개인적으로 스쿨 미투를 지지한다. 학교 구성원의 가장 많은 수가 학생이지만 아직까지 인권의 사각지대에 있는 경우가 많다. 학교에 교사 중심의 문화, 보수적인 문화, 특히 성차별적인 요소들이 많은 것도 인정하고 싶지 않지만 사실이다. 앞으로 우리 교육에 있어서 학생들은 더욱 적극적으로 자신들의 목소리를 내야 한다. 다만, 학생들의 목소리가 지향점이 분명하고, 사회 정의에 부합하는 내용으로 집중되어야 주목받을 수 있을 것이다. 사회의 불합리에 대항하려면 학교 내의 불합리한 관행에 목소리를 낼 줄 알아야 한다.

일단 처음 언급했던 기사로 돌아가자면, 언론에서는 「구지가」에 초점을 맞췄다. 즉, 「구지가」에 대해 수업하던 중 학생이 수치심을 느껴서 문제를 제기했다고 기사화하여 전 국민이 분노하였고, 교사들 사이에서 논란이 된 사안이다. 그런데 추가적으로 나온 내용을 보면 교사의 다른 발언들도 있었다고 하며 결국 파면되었다. 즉, 「구지가」 사건이 핵심이

---

30 국민일보(2018. 7. 19), 시사인천(2018. 9. 4). 추후 어떤 사안이 있었는지는 알려지지 않았다.

아니다. 그런데 하필 「구지가」 수업을 부각하여 고전문학을 가르치는 교사들이 난처하게 되었다.

이것이 그동안 관행적으로 이상한 교사를 만드는 프레임이다. 「춘향가」나 「구지가」 등 고전문학을 가르칠 때 수위를 넘나드는 발언을 하는 남교사가 많다는 것을 일반화하며 교사가 전체적으로 문제 있다는 식으로 접근하는 방식은 매우 위험하다. 기사 내용으로 볼 때 징계를 받게 된 해당 교사가 소송을 해서 법적 대응을 했는지, 소청을 해서 징계가 경감되었는지는 알 수 없다. 사실관계에 있어서 무슨 발언을 구체적으로 했는지도 잘 알려지지 않았다. 다만, 그의 잘잘못을 떠나서 문학 작품을 가르쳐야 하는 다른 교사들도 수업 중 성적인 발언을 하고, 학생들에게 수치심을 줄 수 있는 잠재적인 성범죄자로 몰아가는 듯한 기사들이 계속 나오면서 교사들이 분노한 것이다.

학교 내에서 남자 교사는 늘 가해자인가?

—

분명, 학교 내 성폭력은 주로 남교사에 의해 일어나고 있다. 그 양상은 학생, 동료 교사뿐 아니라 직급에서 오는 관계 등 다양하다. 때문에 대놓고 내색은 않지만 사회적 인식이 남교사는 잠재적인 성폭력 범죄자인 것처럼 여기는 분위기가 있다. 그로 인해 여학생 학부모는 남교사를 조심해야 한다는 우려의 목소리를 내기도 한다. 그런데 교직 사회에서는

교사 불신

소수자인 남교사들의 목소리를 들어 보면 교원 양성 과정이나 교직 생활 중 오히려 역차별을 당했다는 이들도 존재한다.

우리 학교에는 남교사가 거의 없어요. 한 학년에 한 명도 없을 때도 있어요. 학교 내에서 회식을 하면 연세 있는 여교사들이 수위 높은 성적인 표현들을 많이 하고, 제게 여자 친구와의 스킨십 진도를 농담 삼아 물어요. 여교사들은 자신들이 당할 때만 문제시해요. 자신들이 가해자가 될 수 있다는 사실을 몰라요. 모든 남자들이 야한 얘기를 좋아하는 것도 아니고, 남자들도 수치심을 느낄 때가 있다는 것을 알았으면 해요.

— 초등 남교사 A

분명 일부 남교사들이 성적인 발언을 하거나 문제 있는 행동을 합니다. 그런데 그것은 일부일 뿐이에요. 저는 여학생들을 성적인 대상으로 본 적도 없는데, 저를 그런 시선으로 보거나 몰아가는 학부모들이 있어요. 시선만 마주쳐도 성희롱이라고 말하는 분위기 속에서 여학생들을 대하기가 점점 두려워집니다. 오해를 사지 않기 위해 수업 중에는 시계를 바라보고 수업을 하는 것도 좋은 방법이죠.

— 중등 남교사 B

전북 M지역의 한 남교사 자살 사건은 남교사들에게 큰 교훈을 남겼어요. TV에도 나왔고 국정 감사에서도 나왔는데, 해당 교사가 무고되었을 가능성이 있다더군요. 주변에서 가해자로 몰아가면서 자살까지 선택했잖아요. 범죄자도 재판을 받으면서도 무죄추정의 원칙이 있는데, 남교사는 일단 사건이 생기면 직위 해제부터 시작해서 성범죄자로 낙인찍혀 버려요. 교직 사회에서 이런 일이 빈번하니 남교사들은 크게 위축되었죠. 성 범죄는 특정 성을 떠나 공동의 문제로 봐야 합니다. 성 대결의 장이 아니잖아요.

—중등 남교사 C

학교에서 성 범죄 논란의 중심이 되는 순간 교직 사회에서는 버티기 힘들다. 교직 사회가 매우 보수적이고 폐쇄적이기에 그렇다. 설사 재판에서 무죄로 판결 난다 해도 교직을 떠나야만 소문이 잠잠해질 수 있다. 극단적인 예일지 모르나, 극단적인 예가 누구나의 일이 될 수 있다는 것이 우려스럽다. 전북 M지역의 남교사 논란은 아직까지도 진행 중이라고 한다. 무엇이 진실인지는 결과가 나와 봐야 알 것이다. 백 명의 가해자를 처벌하는 것도 중요하지만 한 명의 무고한 희생자도 생겨서는 안 된다. 여성, 남성 편 가르기 할 것이 아니라 누구나 피해자도 가해자도 될 수 있는 모두의 문제이다.

남교사 비율과 양성평등 할당제

—

교육부의 2018년 '교원 확보 현황'에 따르면 전국 대학 교수 중 여성은 25.9%(2만 2,123명)에 불과하다. 나머지는 모두 남성이다. 직급별 여성 비율은 교수 16.7%, 부교수 28.6%, 조교수 39.2%로 나타나 교수직 중에서도 낮은 직급에 분포한 경우가 많았다. 국공립대 여성 교수의 비율을 25% 이상으로 의무화하는 법안이 2018년 국회 교육위원회를 통과했다.[31] 특정 성에 대한 우대를 제한하자는 의미다.

반면 학교에서 남교사의 비율은 낮은 편이다. 특히 전국 초등학교 남교사의 비율은 30%가 되지 않는다. 서울에서 초등 임용되는 남성의 비율은 매년 다른데 2014학년도 14.3%, 2015학년도 11.0%, 2016학년도 13.4%, 2017학년도 15.5%, 2018학년도 11.1% 등이었다.[32] 경기도에서는 대략 25% 내외이다. 중등 체육 교과 쪽에서만 예외적으로 남교사의 비율이 과반수 가까이 된다고 한다.

교직에서는 다른 공무원과 달리 양성평등 할당제를 시행하고 있지 않다. 여러 가지 이유가 있지만, 이해 당사자인 교대와 사대생이 반대하고 있으며, 과거 여성가족부 등 중앙정부에서도 공식적으로 반대 견해를 밝힌 바가 있다. 교대와 사대 내 여성의 비율이 높기도 하고, 일부 교대

....

31 헤럴드경제(2019. 1. 29)

32 2019년 서울 국·공립 초등 교사 합격자는 남성 15%로 소폭 상승하였지만, 유치원은 162명 중 1명이었다(서울시교육청, 2019. 1).

가 이미 성비 비율제를 운영해서라고 한다. 이 사안에 대해서 연구소나 토론회 등에서 논의된 바 있는데 결론이 나지 않았다.[33] 여성과 남성의 대립으로만 생각하고, 어떤 이야기를 하든 문제의 초점에 접근하지 않고 성차별적인 요소로 귀결되었다. 당사자가 남자면 남성 쪽을 찬성하고, 여자면 여성 쪽을 찬성하는 경향성이 강해서이다. 때문에 교사의 양성평등 할당제 문제는 꺼내면 꺼낼수록 수렁으로 빠져드는 무의사결정론의 대표적인 주제이다. 유권자의 절반인 여성을 의식할 수밖에 없는 정치권에서도 꺼내기 힘든 주제이고, 확장성이 없는 주제라고 보는 것이다. 비슷한 예로 남성들의 군 가산점 문제도 있다. 이러한 주제의 찬반 결과는 늘 5 대 5로 나올 것이다.

정책 수요자인 학생과 학부모가 남교사를 원하는가를 살펴보는 것이 논의의 시작이라 봐야 한다. 정책적 도입을 한다면 문제를 해소할 수 있는지의 여부를 봐야 하는데, 학부모의 70~80%가 남교사 할당제[34]를 원한다는 설문 결과가 자주 나오고 있다. 그럼에도 불구하고 앞서 언급한 것처럼 유일하게 여성이 많은 직업에서조차 여성이 피해를 보게 된다며 아예 주제 자체를 다루지 않는다. 성인권 감수성이 낮은 교사의 문제와 교사 성비 문제는 전혀 다른 것이다. 정책적으로 남성과 여성을 편 가르며 눈치 보는 것은 우리 사회에서 갈등을 더욱 부추기는 것이 아닌가 생

---

33 엄밀히 말하면 필자가 남자라 이 사안을 얘기하면 곤란해질 수 있다고 충고하는 이들이 많았다.

34 현재는 여교사의 비율이 과반을 넘어가기 때문에 특정성의 30% 이하가 될 수 없다는 양성평등 할당제를 교원 임용고사에 도입하면 남교사 할당제가 된다.

교사 불신

각된다. 최근 특정 사이트에서 시작된 성 비하 단어인 '메갈'과 '한남'으로 서로를 통칭하면서 한쪽 성을 폄훼하고 갈등을 부추기는 문화가 퍼져 사회문제로까지 커지고 있다. 중·고등학교 학생들도 아무렇지 않게 사용하고 있어 문제가 되고 있다. 교사들이 과연 이러한 문제에 떳떳하게 대응할 수 있을까? 성별로 편 가르기가 학생들만의 문제는 아닐 것이다. 교사나 학부모는 학생들에게는 중립적이고 객관적인 자세를 갖도록 가르치지만 정작 자신들은 알게 모르게 이중성을 갖고 있지는 않은가.

교대와 사대에 재학하는 여학생 중 일부는 임용 시험을 치를 때는 여학생 합격자가 많다는 이유로 남교사 할당제를 반대한다. 그러다 정작 임용 후 교사가 되면 학교에 남자가 없으니 불편하다는 이유로 남교사 할당제를 시행해야 한다고 의견을 바꾸기도 한다.

위대한 마라토너, 캐서린 스위처의 용기

—

개인적으로 가장 감동 받은 기사를 꼽는다면 1967년 보스턴 마라톤 대회에 참가한 캐서린 스위처[35]에 대한 기사였다. 기사에는 마라톤 대회에서 등 번호 261번을 달고 뛰고 있는 마라토너를 남성 관계자들이 뒤에서 끌어당기며 뛰지 못하게 하려는 사진이 실려 있었다. 원래 마라

---

35 여성 최초의 마라토너이다.

톤 대회는 여성에게 참가 자격을 주지 않았다. 1967년 제71회 보스턴 마라톤 대회 역시 남자들만 달릴 수 있는 '성역'이었다. 황당하지만 그때까지 여성에게 마라톤을 금지한 이유는 다리가 굵어지고, 가슴에 털이 날 수 있으며, 자궁이 떨어질 수도 있다는 이유에서였다. 따라서 여성에게 허락된 올림픽 육상 최대거리는 단 800m였다. 남성과 같은 거리를 달리고 싶어 하는 투쟁의 역사는 120여 년간 계속됐다.[36] 2019년 현재는 어떠한가? 여성은 모든 올림픽 종목에서 뛰고 있다. 우리나라에서도 육군사관학교(3사관 학교)를 포함해 이전까지는 여성은 할 수 없는 일이라는 생각했던 모든 영역에서 여성에 대한 금기가 없어졌으며, 경찰·소방관 등의 직종도 더 이상 남성들만의 영역이 아니다. 캐서린 스위처는 '여성' 마라토너가 아니라 '마라토너'이고 싶었던 것이다.

교사도 성별을 떠나 같은 교사로서 성에 대한 인식과 관념을 가져야 한다. 하지만 지금 학교 현장에서 일어나고 있는 여러 일들을 보면 자신의 성에 대한 방어 논리가 주를 이룬다. 다른 성에 대한 이해도도 낮고, 다른 성에 대해서 이해하려는 제스처를 취하면 동성에게 비난을 받는다. 우리 사회 곳곳에서, 특히 공무원 집단에서 양성평등 할당제는 누구나 인정하는 보편적 가치가 되었다. 그런데 교직만 예외다. 오히려 교직 사회 내 남교사의 역차별[37]도 일부 존재한다.

....

36 한국일보(2017. 3. 29)
37 업무 등에 있어서 차별 요소이다.

교사 불신

교직에서 여성이 높은 비율을 차지하고 있더라도 양성평등 할당제에 대한 도입을 먼저 이야기하면 좋겠다. 지금 제도가 나에게 유리하기에 언급하지 않거나, 도입에 반대하는 것은 학생들에게도 변명할 이유가 궁색하다. 균형적인 시각을 갖는 것이야말로 민주 시민 교육의 핵심이라고 우리는 늘 말해 오지 않았는가.

우리 사회는 나와 내 아이만 중요하다고 여기기에 교육적 가치와 철학이 붕괴되었다. 이제 나와 내 아이보다 국가와 아이의 미래를 중요하게 생각한다면 기준은 달라질 것이다. 캐서린 스위처의 용기 있는 행동은 우리가 나아가야 할 지향점이 무엇인가를 깨닫게 해 준다. 개인적으로 그분을 여성 마라토너가 아닌 관행과 싸운 위대한 마라토너로 기억한다. 교사가 신뢰받기 위해서는 학교 구성원, 특히 학생·학부모가 원하고 있는 양성평등 할당제의 도입을 바란다는 성명서를 낼 수 있는 공정성을 가지고 있는 집단임을 보여 주어야 한다.

성교육은 학교만의 문제가 아니다

—

우리 사회는 학교에서 교사의 성교육을 의무화하면서도 막상 성교육을 낯 뜨거워하고 교사의 발언 하나하나를 지적한다. 그래서 학생들에게 필요한 성교육이 아닌 교사에게 안전한 성교육을 하는 게 편하다. 법적으로 의무화하고선, 교사의 발언 하나하나를 따지고 들며 재량권을 박탈하는 상황에서는 잘 만들어진 PPT로 정자와 난자가 수정되어 아기가 되는 과정을 알려 주는 수업만 반복하게 된다. 민감하고 조심스러운 내용을 교육하다 오해를 사느니 생물 수업이 차라리 안전하다고 생각하게 되는 것이다. 물론 성교육을 전문적으로 할 수 있는 역량이 있는 교사(보건교육 전문가 등)로 이원화한다면 더할 나위 없이 좋다.

편의점에서 피임기구를 사려는 고등학생을 혼냈다는 기사가 국민들의 질타를 받는 세상이다. 이제 혼전 순결을 교육하는 시대는 지났고, 현실적으로 피임법을 가르쳐야 할 시점이다.[38] 그런데 아이러니하게도 '성교', '피임' 등의 단어를 언급하다 성희롱 교사로 몰리기 십상인 분위기이다. 피임하는 법을 학생에게 자세히 교육한다면 보건교사건 담임교사건 간에 성적 수치심을 유발했다는 비난을 듣게 될 수 있다. 성은 부끄럽고 숨겨야 한다는 결론이 차라리 편하다. 교사들도 이런 분위기가 편하다며 성교육을 회피하게 된다. 결국 학생들의 성교육은 여전히 '야동(야한 동영상)'으로 대신하는 상황이다. 그 폐해는 성에 대한 그릇되고 왜곡된 가치관으로 나타난다. 교사에게 재량권을 주지 않는 성교육이 가져오는 말로이다.

그렇다면 가정에서의 성교육은 제대로 이루어지고 있는가? 부모 자식 간에 언급하기에는 힘든 주제로 생각하는 사람들이 많아 가정에서의

---

38 유럽 등 외국의 경우 초등학교 때부터 피임기구 사용법을 가르친다. 반면 우리나라에서 섣불리 이런 내용의 수업을 할 경우 악의적인 기사의 주인공이 될 수 있다.

교사 불신

성교육도 기대하기 어렵다. 오히려 회피하고 공교육의 역할로 미루는 경우도 있다. 성인들의 이런 무책임 속에 피해는 피임에 대한 지식이 없는 학생들이 입는다.[39]

남녀 공존의 사회라는 인식

—

성적인 발언을 하거나, 성적으로 문제 있는 행동을 한 교사는 민·형사상의 법적 제재 외에도 별도의 징계 대상자가 되어 처벌을 받는다. 2010년대 이후부터는 교원의 5대 비위[40] 중 하나로 중징계 대상에 해당된다. 최근 들어 감사를 받아 해직된 사례를 보면 성추행뿐 아니라 성희롱, 성 관련 발언도 원 스트라이크 아웃[41]이 되고 있다. 우리 사회가 깨끗해지고 있으며, 건강한 문화가 자리 잡고 있다는 긍정적인 신호이다. 더 엄격하게, 더욱 강하게 나가야 한다. 특히 미성년자인 학생을 대상으로 한 성희롱이나 성추행 등 성폭력은 일벌백계一罰百戒하는 것이 당연하다.

교사들 간에도 성별을 떠나 서로가 조심해야 한다. 남교사만 성 관련 문제의 가해자가 될 것이라고 생각하는 것은 편견이다. 동일한 관점으

---

39 매년 원치 않는 임신으로 인한 학업 중단 여학생이 늘고 있다.

40 금품·향응 수수, 성폭력, 시험지 유출 및 성적 조작, 상습 학생 폭력, 인사 관련 비위.

41 한 번 잘못하면 해임·파면 등 직을 잃을 징계를 받는 것. 지방 자치 단체마다 다른 규정이 있다.

로 성별을 떠나 누구에게나 엄격한 잣대가 필요하다. 남녀가 함께 존중하며 살아가는 사회를 만드는 것이 목표가 되어야지, 한쪽 성이 문제가 많다는 식의 비판과 비난은 결코 도움이 되지 않는다. 더군다나 교직은 어른들의 생각이나 행동을 보고 배울 수 있는 학생들과 함께하는 특수한 환경이다. 교사와 학부모의 행동과 대응이 미래 사회를 살아갈 아이들에게 결정적인 영향을 줄 수 있다는 것을 고려한다면 사안에 신중히 접근하고, 내 이익이나 내 아이의 이익이 아닌 공공의 이익을 위해서 어떻게 해야 할지 생각해야 한다.

그리고 앞으로 학교 안에서 성인권을 무시하는 불미스러운 일들이 사라질 때까지 스쿨 미투 운동이 더욱 활발히 펼쳐지고, 학생뿐 아니라 교사에게서도 나왔으면 한다. 권한을 가진 한쪽 성이 다른 성을 고통 받게 하는 일은 없어야 한다. 양성평등 할당제에 있어 거의 유일하게 예외가 되고 있는 교원 임용고사도 다시 한 번 살펴볼 시점이라 본다. 우리 사회가 성숙해졌다는 측면에서 공존共存의 개념으로 다가갔으면 한다.

6

엘리트 체육 중심 문화가 만들어 낸
학교 운동부 문제

• 2019년 1월 국민들은 국가대표이자 올림픽 금메달리스트인 S선수의 고백에 충격과 경악을 금치 못했다. 훈련 중 S선수를 폭행한 사건으로 실형이 선고되어 수감 중인 전 국가대표팀 J코치의 항소심 공판도 연기되었다. J코치는 S선수를 포함 4명의 선수를 상습 폭행한 혐의로 2018년 8월 1심에서 징역 10월의 실형이 선고되었다. 쌍방 항소로 2심이 진행되어 선고를 앞둔 시점에서 S선수가 J코치의 성폭행 혐의를 추가 고소하면서 새로운 국면으로 접어든 것이다. S선수 측의 주장에 따르면 J코치의 성폭행은 고등학교 2학년 때부터 시작되었다고 한다. 아동·청소년 대상 성범죄의 처벌과 절차에 관한 특례법이 적용될 가능성이 있는 것이다.[42]

문재인 대통령은 이와 관련하여 청와대에서 주재한 수석·보좌관 회의 모두발언에서 "최근 연이은 체육계 폭력과 성폭력 증언은 스포츠 강국 대한민국의 화려한 모습 속에 감춰져 온 우리의 부끄러운 모습이다. 체육계의 성적 지상주의, 엘리트 체육 위주의 육성 방식에 대해서도 전면적으로 재검토하고 개선하는 계기가 됐으면 한다. 체육은 자아실현과 자기 성장의 길이어야 하고, 또 즐거운 일이어야 한다. 성적 향상을 위해, 또는 국제 대회의 메달 획득을 이유로 가해지는 어떤 억압과 폭력도 정당화될 수 없다."고 강조하며 "학생 선수들에게 학업보다 운동에 우선순위를 두도록 하고 있어서, 운동을 중단하게 될 때 다른 길을 찾기가 쉽지 않다. 선수들이 출전, 진학, 취업 등 자신의 미래를 쥐고 있는 코치와 감독에게 절대 복종해야 하는 이유이다. 운동부가 되면 초등학교부터 국가대표까지 대부분의 시간을 합숙소에서 보내야 하는 훈련 체계에도 개선의 여지가 없는지 살펴주기 바란다."고 당부했다.[43]

교육계에서 엘리트 체육의 현주소
—

우리나라는 올림픽에 전 국민이 열광하는 세계에서 몇 안 되는 나라이다. 월드컵이나 다른 프로 리그에 열광하는 나라는 있어도 전 국민이

---

42 경향신문(2019. 1. 13)
43 국민일보(2019. 1. 14)

올림픽의 메달 수(특히 금메달)에 신경 쓰며 열광하는 나라는 별로 없다. 보통 올림픽 메달 수에 집중하는 나라는 국가주의 사상이 강하게 내면화되어 있는 나라, 공산권 국가 등이다. 군국주의의 망령에서 벗어나지 못한 일본도 애국심 고취를 위해 올림픽이나 국제 대회에 신경을 쓰긴 하지만 우리나라처럼 열광하지는 않고, 특정 종목(야구, 유도)에 대해서만 민감하게 신경 쓴다. 올림픽에서 금메달이 아닌 은메달이나 동메달을 따서 눈물 흘리는 우리나라 선수들과 메달 색과 관계없이 해맑게 웃는 외국 선수를 보는 장면은 낯설지 않다.

우리나라의 엘리트 체육은 군사 정권과 관계가 깊다. 과거 군사 정권 시절 엘리트 체육을 만들고, 전 국민이 국가에 대한 애정을 갖도록 교육시켰다. 금메달을 딴 이들에게 연금을 주고, 남자 선수들에게는 병역 면제라는 특혜를 주었다.

교육에 대해 이야기를 해야 하는데 체육계에 대한 이야기를 하니 의아할 것이다. 그런데 교육계는 엘리트 체육 문제로부터 자유로울 수 없는 부분이 크다. 바로 '학교 운동부'의 이야기이다. 학교 운동부는 전국 약 1만 개의 학교에 4만 4,436명이 있는데, 이 학교 운동부가 우리나라 엘리트 체육을 뒷받침해 준다. 그 뒤에는 물질적·정신적으로 지원해 주는 유관단체, 지방 자치 단체, 지역사회, 동문회, 대한체육회, 교육부 등이 있다. 학교와 학부모 그리고 지역사회에서는 운동부를 지역사회의 발전과 국위 선양을 할 수 있는 절호의 기회이자 수단으로 여긴다. 지금 학교 운동부는 엘리트 체육인을 양성할 수 있는 최적의 요건이며, 우리나라 체육계에 없어서는 안 될 존재가 되었다.

한번은 올림픽 유도 경기를 시청하다가 재미있는 자막을 발견하였다. 프랑스 유도 금메달리스트를 소개하고 있었는데 그의 직업이 의사였다. 취미 생활로 사회체육을 하다 국가대표전에 뛰어들어 올림픽 대표로 선발되어 금메달을 딴 것이다. 금메달리스트에게 다른 직업이 있다니 놀라웠다. 그 뒤로도 다른 나라 선수들의 프로필에 관심을 갖고 보니 별별 직업이 다 있었다. 은행원, 보일러공, 자동차 딜러 등 선진국의 올림픽 출전자들은 대부분 우리나라처럼 학생이나 선수가 직업이 아닌, 사회체육인들이었다.

반면 우리나라 학생들은 올림픽에 나가기 위해 보통 초등학교 때부터 관련 종목 선수 생활을 한다. 선수 생활을 한다는 것은 학업을 포함한 대부분의 학교생활을 포기하고 해당 분야의 운동만 집중해서 하는 것을 의미한다. 좀 과장해서 표현하자면 모든 자유를 박탈당하고 기능적·체력적 향상에만 몰두하며, 올림픽에서 메달을 따 연금 또는 병역 특혜를 받게 되기를 꿈꾼다. 과거에 비해 연금도 줄고, 병역 특혜도 어렵긴 하지만 학생들은 이왕이면 군대도 면제 받았으면 하는 바람으로 올림픽이나 아시안게임에 참가하기도 한다.[44]

학업이 전부는 아니지만 학업이 중요한 시기에 학생들이 학업뿐 아니

---

44 올림픽 동메달 이상, 아시안게임 금메달 이상, 또는 대한체육회에서 인정하는 국제 대회 입상 등에만 혜택이 주어진다.

라 운동 외의 다양한 것들을 포기하고 통제된 생활을 하며 얻어 낼 수 있는 것은 그리 많지 않다. 극소수의 학생들만 올림픽 메달을 따고 국가대표 코치나 감독 자리를 얻을 기회가 생긴다. 일부는 관련 대학 교수나 국가대표 코치·감독이 될 수도 있다는 희망을 갖지만, 피라미드 구조 속에서 대부분의 학생들은 국가대표가 되지도 못하고 포기한다. 일부는 치명적인 부상이나 신체 발달의 한계로 그만두기도 한다. 학교 운동부의 군대식 문화에 대한 충격과 집단 괴롭힘으로 그만두는 사례도 있다. 그런데 선수 생활을 하던 학생이 운동을 그만두면 할 수 있는 일이 거의 없다.[45] 가르쳤던 학교 운동부 제자들이 대부분 운동과 관련 없는 비정규직을 하고 있다는 사실을 안타까워하는 교사들도 여럿이다. 모든 것을 포기하고 메달만을 지향하는 우리나라 학교 운동부의 구조는 다양한 가능성을 지닌 학생에게서 배움의 기회를 박탈하고, 하나의 길 외에는 바라보지 못하게 한다. 제대로 된 교육보다 경쟁에서 이기기 위한 신체 기능만을 키우고 있다.

앞서 언급한 S선수의 고백은 충격적이었지만, 관계자나 학교 운동부를 가까이서 접한 교사들은 성과를 위해서 뭐든 감내하는 분위기가 있다는 것을 익히 알고 있다. 알고 있지만 선뜻 언급하기 어려운 문제이고, 오히려 국민들에게 감동을 주는 체육계 꿈나무들을 학교에서 더욱 키워

---

45 우리나라 학교 운동부 현실상 운동과 학업을 병행하기란 현실적으로 불가능에 가깝다.
46 지역 정치인, 지역 유력인사 등이 학교 운동부를 서로 유치하려 하고 실적으로 내세운다.

내야 한다는 압박을 받았을 것이다.[46] 또는 체육계 카르텔의 막강한 힘에 저항할 생각조차 하지 못했을 것이다.[47] 학교 운동부를 통해 자녀를 올림픽에 출전시키거나 좋은 대학에 보내는 것이 학부모의 목표인 경우가 많다. 일부 학부모는 폭행을 당하는 자녀를 눈앞에서 보더라도 모른 척하거나, 어쩔 수 없이 견뎌야 한다는 입장도 많다. 미래를 위해 그 정도 희생은 감수해야 한다는 것이다. 이 과정에서 코치나 감독의 폭력이 일상화되고, 지나치면 왕따·성폭력·금품 수수 등으로 이어지게 된다. 미성년자인 학생은 상처를 받고 황제와 같은 권력을 가진 코치나 감독에게 길들여진다. S선수의 고백처럼 전형적인 그루밍 범죄Child Grooming[48]가 발생할 가능성이 있는 것이다.

학교 운동부 학생들을 인터뷰할 기회가 있었는데, 가히 충격적이었다. 학업에는 거의 참여를 안 하고 있었다. 형식적으로 교실에 가지만 대부분 엎드려 자다 오고, 다시 합숙소에서 훈련하는 생활의 반복이었다. 2019년 2월부터 군대에서도 병사들의 휴대전화 사용과 평일 일과 후 외출, 외박 지역 제한 폐지 등 병영 문화 혁신과 관련한 정책 추진 방향을 국방부에서 발표했다. 이처럼 군대에서도 자유로운 분위기가 조성되고 있는 시기에 학교 운동부는 여전히 인권의 사각지대이다.

....

47 대한체육회에서는 S선수 고백 이후 국가대표와 학생 선수 전체를 대상으로 성폭력 피해를 조사했지만 단한 건도 응답하지 않았다(시사IN, 2019. 1. 29).
48 그루밍(Grooming)이란 '다듬다, 길들이다'라는 뜻이다. 미성년자를 어린 시절부터 친밀한 관계나 권력관계로 길들여 성적 착취를 하는 질 나쁜 범죄이다.

인생에서 중요한 시기에 운동부 학생끼리 24시간 함께하면서 메달과 대학만을 목표로 인생을 바쳐 노력하는 것은 정상이 아니다. 그리고 이를 방치하거나 묵인하는 것은 아동 학대와 같다. 이 과정에서 문제가 생길 경우 비판과 비난은 오롯이 학교와 교사가 감당하게 된다. 그런데 학교 운동부가 이런 기형적인 괴물로 변모한 것의 시작에는 교육당국과 중앙정부, 체육계 그리고 그러한 현실을 알면서도 묵인한 학부모가 있다. 안타깝지만 학교 내에서 벌어지는 유일한 합법적 아동 학대가 학교 운동부라 생각한다.

학교 운동부가 가져오는 영향

—

지역사회에서 학교 운동부를 만드는 이유는 단순하다. 지역 홍보가 목적이다. 학교 운동부를 만들기 위해 지방 자치 단체에서 지원금을 주고, 지역교육청에서도 무척 애를 쓴다. 해당 지역의 학생들이 혜택을 받을 수 있을 것이라 기대하며 학교 운동부를 만든다. 그런데 결과는 기대하던 것과는 다른 방향으로 흐른다. 어떤 종목이든 학교 운동부가 만들어지면 전국에서 관련 운동을 시키려는 학부모가 모이는데, 이미 운동을 잘하고 경험한 아이들이 모이다 보니 지역의 학생들은 운동부 주전에서 배제되거나 가입 자체가 안 되는 경우가 많다.

성과를 만들기 위해서 합숙을 하고 코치를 영입해야 하는데, 유능한 외부 코치 영입에 드는 비용은 현행법상 학교에서 감당할 수 있는 선을 넘어선다. 결국 좋은 결과를 얻고, 나아가 좋은 대학에 보내기 위해 어쩔 수 없이 불법을 저지르는 학교가 발생하기도 한다. 공적 자금이 없다면 학부모의 호주머니를 털어야 한다.[49] 즉 학교 운동부는 지역 학생들의 것이 아니라 돈 많은 외지인의 놀이터가 된다. 그래서 교사와 학부모 사이에 '학교 운동부는 돈 많은 사람들이나 하는 것'이라는 자조 섞인 비아냥이 늘고 있다. 돈 없는 학생들은 학교 운동부에 가입은 할 수 있어도 주전으로 뛰지 못하는 경우가 있다고 한다. 특히 중·고등학교로 갈수록 입시 문제가 연관되어 있어 이런 경향이 심하다고 한다.[50]

이는 학교 운동부의 처음 취지와는 다르다. 지역사회의 학생들에게 기회가 부여되지 않을 뿐만이 아니라 전혀 교육적이지 않다. 아이들에게 돈과 권력의 힘이 중요하다는 인식을 심어 주는 부작용이 생긴다. 그 외에도 대통령이 언급한 것처럼 실적을 내기 위한 합숙 과정에서 감독이나 코치, 선배나 동급생에 의한 폭력에 노출되는 것이 일상화된다. 학교 운동부 출신 상당수가 이러한 내용을 증언한다. 그럼에도 성과(메달, 체육대회 우승)를 위해서, 조직을 위해서 침묵한다. 실제로 S선수의 폭로 이후 전직 유도 선수의 유사한 폭로가 이어졌지만 아무도 따라나서서 피해를 증언해 주지 않았다.[51] 체육계의 카르텔이 얼마나 두터운지 알

---

49 매년 시·도 교육청의 자체 감사 결과 학교 운동부의 회계 비리가 발생한다.
50 관련 운동부 담당 교사의 증언이다.
51 실제 체육계에서는 내부 고발이 거의 없다.

수 있는 단면이다.

이와 유사한 일은 학교 운동부에서도 빈번하게 발생한다. 특히 축구, 야구, 배구, 농구 등 프로 구단이 있는 종목의 운동부에서 감독의 권력은 엄청나다. 재미있는 사실은 학교 운동부 감독은 교사(보통 체육부장)가 맡아야 하는데 전문적인 지식이 부족하다 보니 외부에서 감독이나 코치를 영입하는 것이다. 상황이 이렇다면 지방 자치 단체에서 외부 감독을 유치하고, 학교의 공간만 활용하는 방식이 낫다. 즉 정규 수업 시간이 아닌 방과후 동아리 형태로 체육활동을 하는 것이 학교 운동부라는 이유로 학생들이 희생하는 일을 없애고 학교 교육을 정상화하는 길이다.

학교 운동부 학생들의 학업

—

학교 운동부 학생들의 학업이나 기초 학습 부진 문제는 어제오늘 일이 아니다. 지속적으로 문제가 제기되고 있지만 개선의 길은 멀기만 하다. 일단 엘리트 체육 중심 문화와 학교 운동부라는 구조 자체가 운동부 학생들이 학업을 할 수 없는 상황으로 만든다. 최근 들어 합숙소는 거의 없어지는 추세지만,[52] 실제로는 외부 합숙소를 만들거나 적지 않은 비

---

52 2019년 1월 교육부와 문체부는 합숙 훈련을 폐지한다고 밝혔지만 과거에도 비슷한 발표는 몇 차례 있었다. 학교 운동부의 구조상 실제 없어질 수 없다.

용이 드는 합숙 훈련을 하게 되어 학부모의 부담만 가중되는 상황이다.

학생들도 실적을 만드는 것이 더 중요하므로 공부할 필요가 없다고 생각하고, 담당 교사나 담임교사 및 학부모도 어차피 운동 관련 직업을 선택할 아이라는 생각에 학업에 소홀한 것에 관대한 분위기이다. 때문에 자의든 타의든 불가피한 이유로 운동을 그만두어야 하는 학생들은 진로와 관련하여 무방비한 상황에 노출되는 것이다. 학교 운동부 학생들이 한 번 선택한 길을 중간에 그만둔다는 것은 모험이다. 학업 공백이 너무 큰 이유와 학교 운동부라는 따가운 시선이 이들의 성장을 가로막고 있다.

이들은 폭행, 성폭력, 따돌림 등의 문제가 발생해도 일반 학생들과는 다르게 취급받는다. 쉽게 말해 '운동부에서 알아서 해결하라.'는 논리이다. 같은 학년 학생들에게도 공부 안 하고 노는 학생, 존재감 없는 학생 등의 이유로 따돌림을 당하거나 본인 스스로 어울리지 않는 길을 택하기도 한다. 이러한 상황에 지쳐 많은 학교 운동부 학생들이 중간에 운동을 그만두고 싶어 한다. 하지만 안타깝게도 다른 길을 선택할 수 없도록 지내 온 현실의 벽과 부모의 기대가 이를 막는다.

외국의 경우 학업을 병행하지 않으면 아예 학교 내에서 운동부를 할수 없다. 형식뿐인 것이 아니라 체계적으로 안전장치를 마련해 놓았다. 학생의 학습권 보호 차원이다. 때문에 학교 운동부를 하다가 그만두어도 운동과 관련 없는 학과에 진학하는 경우를 빈번하게 볼 수 있다. 우리나라는 상상하기 어려운 일이다.

교사 불신

교육부는 2018년부터 '학생 선수의 대회 및 훈련 참가를 수업 일수의 3분의 1까지 허용'하는 것으로 변경하였다. 2017년까지 운동 종목별 대회 일수에 따라 연간 2~5회로 참가 횟수를 제한하는 방식에서 고등학교 기준 연간 수업일수 190일의 3분의 1인 약 64일까지 대회 참가 내지 훈련으로 인한 결석을 인정했다. 이러한 변화는 그동안 추진해 온 '공부하며 운동하는 학생 선수' 정책의 퇴보인지라 운동만 하는 학교 운동부의 모습이 또다시 굳어질까 우려된다.

2000년대 초반 교육부는 대회의 입상 실적만을 좇아 학업은 뒷전이고 훈련에만 내몰린 학교 운동부의 현실을 개선하고자 이른바 '공부하며 운동하는 학생 선수'의 양성을 꾸준히 추진해 왔다. 이 과정에서 무분별한 대회 참가 횟수를 제한하고, 최저학력 보장제를 실시하였다.[53] 교육부의 노력으로 최근 들어 운동을 포기한 고등학생들이 체육특기자가 아닌 일반전형으로 진학하는 사례가 늘고 있었는데, 이러한 흐름에 제동이 걸린 것이다. 학부모의 요구에 교육부가 타협해 버린 것이다. 정책의 일관성도 아쉽다.

학생들은 운동하는 기계가 아니다. 더군다나 체육특기자로 대학에 진학하더라도 운동만 해 온 학생은 진로에 한계가 있다. 운동만 시키는 이유는 프로 리그를 바라보든가, 진로를 살려 관련 직업을 얻기를 바라는 부모의 희망 때문이지만 우리나라는 야구, 축구, 농구, 배구 등 몇몇 종

---

53 한겨레(2018. 6. 13)

목 외에는 프로 리그가 거의 활성화되지 못하였고, 이마저도 포화 상태라 대학에서 전공을 살려 프로 리그에 들어가기는 현실적으로 어렵다. 교육부에서는 대입에 있어 체육특기자 전형을 최대한 살려 보자는 입장이나, 현실적으로 체육특기자 전형 자체가 문제가 있다는 지적이 있다. 학교 운동부 학생들이 그것만 바라보다 보니 운동부의 감독이나 코치의 권력이 너무 세지고, 학생들이 학업을 포기하고 체육특기자 전형만 노리기에 그렇다.

교육부와 문체부에서는 학생 선수 6만 명을 전수조사해서 체육계의 갑질과 폭력, 성폭력을 없애겠다고 했다. 그리고 엘리트 체육 시스템도 개선하기로 하면서 소년체전과 합숙 훈련을 폐지하는 방향으로 정책을 추진해 나가겠다고 한다.[54] 하지만 학교에 운동부가 있고, 체육특기자 전형이 있는 한 이러한 논의는 근본적인 해결책이 될 수 없다. 더욱 편법을 조장하여 이론과 현실의 격차만 커질 것이라 예상된다.

학교 운동부와 교사의 역할

—

학교 운동부를 담당하는 지도교사가 있다. 지도교사가 감독인 셈이다. 그런데 예외도 있지만 일반적으로 감독인 교사는 행정직인 일을 저

---

54 JTBC(2019. 1. 25)

리하고, 대부분은 외부인(전공자)인 코치를 영입하여 감독이라 부르기도 하고 거의 전권을 넘긴다. 학부모도 그것을 원하고 교사도 편하기 때문에 그리 신경 쓰지 않는다. 교사는 행정 처리와 총괄 업무만 맡으면 된다. 학교 운동부 학생들에게 소홀해지는 이유가 이것이다.

상황이 이렇다 보니 학생들에게는 지도교사보다 외부인 감독이나 코치의 영향이 절대적이다. 학부모도 이 사실을 알고 있고, 당연하게 여기기도 한다. 초등에서는 주로 젊은 남교사들이 체육부장을 하면서 학교 운동부를 담당하고, 중등에서는 체육교과 교사가 학교 운동부를 맡고 있다. 최근에는 학생 폭력, 금품 수수 등의 일들이 빈번하게 이루어져 감사 대상이 되자 기피 업무로 바뀌기도 하였으나 체육 전공자인 일부 교사들은 선호하기도 한다.

교사가 학교 운동부를 담당하며 생기는 문제가 있는데, 교원승진가산점과 관련되어 있다. 많은 시·도에서 전국체전에서 메달을 따면 지도교사에게 승진가산점을 준다. 그렇다 보니 승진가산점을 위해 운동부를 이용한다는 비난도 일부 있다. 승진가산점이 적용되는 순간 학교 운동부는 학교에서 유지해야만 하는 수단이 되는 부작용이 생긴다. 학교 운동부가 성과를 올리면 지도교사가 승진가산점을 받는 것도 모순이고, 학교운동부 지도 실적과 좋은 교사와 교장·교감으로서의 자질과의 연관성은 납득하기 어렵다. 과거에는 기피 업무라 어쩔 수 없이 승진가산점을 주었겠지만, 앞으로는 이를 중단하고 학교 운동부의 역할에 대해서 재고할 필요성이 있다.

학교 운동부를 학교 밖으로 보내는 일

—

　교육감 직선제와 김영란법(청탁금지법) 이후 학교 운동부는 달갑지 않은 존재가 되었다. 일부 교육청과 학교에서는 사고가 빈번하게 일어나는 학생 합숙소를 없애고, 학교 운동부를 지역사회로 이관하려는 움직임이 있다. 과연 학교의 역할이 어디까지인지에 대한 고민과 연결된 일이다. 운동부를 학교에서 맡아야 한다는 논리는 전형적인 엘리트 체육을 양산할 수밖에 없는 상황으로 연결된다. 전국체전과 같은 대회도 체육 활성화와 체육계 꿈나무를 육성한다는 취지는 좋지만, 모두가 1등만 기억하는 세상을 만든다. 과거 전국체전에 참가할 기회가 있었는데, 숨 막히는 분위기 속에서 고성과 폭력이 오가는 장면을 목격하였다. 지금은 변했다고 하겠지만 문화는 쉽게 변하지 않는다. 정도의 차이는 있겠지만 엘리트 체육이 유지되는 한 계속 그럴 것이다.

　차라리 모든 대회 참가권을 단위학교에 주어 운동부가 아닌 학교 스포츠클럽, 자유학기제나 학생 동아리 형태로 변환하여야 한다. 순위 결정전은 개인이나 동아리만 참가할 수 있게 해야 한다. 현재 폭력을 방조해야 하는 상황에 놓인 학교 운동부는 해체의 수순을 밟고, 지역사회(지방 자치 단체)나 프로 리그로 넘겨야 한다. 스페인의 예를 들자면 유명한 축구클럽들은 유소년 축구클럽을 만들고, 프로 리그에서도 유소년 축구팀을 만들어서 장기적으로 자신들의 프로 리그에 입단할 학생들을 키워내고 있다. 우리나라와 같이 학교 운동부를 교육부나 교육청이 관할하면서 학교에 강제하는 방식을 가진 곳은 없다.

현재는 교사들도 학교 운동부를 지역사회로 이관해야 한다고 목소리를 높이고 있다. 일부 교사의 승진가산점이나 의미 없는 영광이 주가 되어서는 안 된다. 이제는 엘리트 체육이 아니라, 앞서 언급한 것처럼 '사회인 체육'으로 바뀌어야 한다. 올림픽 메달의 색깔이 아닌 참가에 의의를 두어야 하고, 1등이 아닌 협력의 중요성을 배우는 장이어야 한다. 메달을 따는 소수의 학생을 제외하고 대부분의 학생들은 학습권을 박탈당한 채 학창 시절의 추억도 없이 진로마저 불안정하다. 득보다 실이 많은 학교 운동부 문제를 교사나 교육청이 앞장서서 정상화했으면 한다. 지방 자치 단체에서도 학교에 운동부를 유치하려는 노력이 아닌 평생교육의 관점에서 사회체육을 지지해 주었으면 한다. 체육은 자라나는 학생들을 학대하며 성과를 내는 것이 아니라 전 연령층이 즐기는 방향으로 가야 한다.[55]

마지막으로 학부모의 생각도 바뀌어야 한다. 메달을 따거나 좋은 대학에 가는 것이 인생의 목표가 아니다. 메달 색깔이나 대학의 명성보다 건강한 몸과 마음을 지닌 체육인이 더욱 훌륭하다. 그리고 내 아이가 중도에 체육을 그만두어도 다른 길을 모색할 수 있도록 열린 가능성을 고려했으면 한다.

---

[55] 교육부와 문체부는 2019년 2월 7일 업무협약을 통해 학교 시설 복합화를 통한 문화체육 생활을 위해 학교 시설의 적극 개방과 학교 운동부 개선을 밝혔지만, 이 글에서 밝혔듯이 학교의 현실이나 교사의 정서와는 거리가 있는 내용이다.

7 /
S여고 사건으로 살펴본
학생부종합전형과 교사 불신 현상

• S여고 사건은 학교의 교무부장인 A씨(53)가 자신의 쌍둥이 자매에게 시험 문제를 알려 주었다는 의혹에서 시작됐다. 쌍둥이 자매는 1학년 1학기 때 각각 문과 121등, 이과 59등이었는데, 2학기에는 문과 5등, 이과 2등으로 성적이 크게 올랐고, 2학년 1학기에는 문과와 이과에서 각각 1등을 차지했다. 성적 급상승에 대한 의혹이 제기되자 서울시교육청은 특별감사 후 2018년 8월 31일 경찰에 수사를 의뢰했다. 경찰은 수사를 마친 후 쌍둥이 아버지인 전 교무부장 A씨에 대해 구속영장을 신청했고, 법원은 증거인멸의 우려 등을 이유로 구속영장을 발부했다. 검찰 역시 '사진에 유출한 답안을 이용해 쌍둥이가 시험에 응시했다.'는 결론을 내렸다. 이후 검찰은 A씨를 업무방해 등 혐의로 구속 기소했다. 쌍둥이 자매는 소년보호사건으로 송치했고, 불기소 의견으로

송치됐던 전 교장, 교감, 고사총괄교사 등에 대해서는 혐의 없음으로 처분했다. 검찰 조사까지 나오자 학교도 움직였다. S여고는 쌍둥이 자매를 최종 퇴학 처리했다. 이들의 성적을 0점 처리하는 등 성적 재산정 작업도 진행했다. A씨는 추후 파면 처분되었다.[56]

S여고 사건과 관련해 서울시 교육감이 교직원과 그 자녀를 분리하는 방향으로 교원 임용 관리를 강화하겠다고 밝혔다. 서울시 교육감은 S여고 문제 유출 사건 처리에 관한 입장문을 발표했는데, S여고 사건이 공정성이라는 학업 성적 관리의 절대 가치를 훼손하고 공교육에 대한 국민의 신뢰를 무너뜨린 심각한 비리라고 규정했다. 그러면서 이번 사건을 계기로 공정한 성적 관리가 이루어지도록 하겠다며 3가지를 약속했다. 우선 학생의 부모뿐 아니라 친인척이 같은 학교에 교직원으로 재학 중일 경우 평가의 전 과정에서 배제하고, CCTV 설치·성적처리실 출입 관리대장 비치 등의 보안이 제대로 지켜지는지 전수 점검하겠다고 밝혔다. 또 교직원이 자녀와 같은 학교에 재직하지 않도록 교원 임용을 철저히 관리하겠다 말했다. 2018년 8월 기준으로 서울 고등학교 가운데 부모 교사와 자녀가 같은 학교인 경우는 모두 52곳, 71명에 이른다. 이와 함께 2019년부터 같은 학교에 배정된 부모와 자녀가 분리 배정을 신청할 수 있는 기간을 따로 운영하겠다고 했다. 서울시 교육감은 이밖에

---

56 뉴스1(2018. 12. 27)

S여고 측에 관련 학생 퇴학과 성적 재산정을 다시 한 번 권고했다. 해당 조치를 현시점에서 즉각 실시하도록 관리·감독하겠다는 것이다. 서울시교육청은 S여고에 대한 특별감사 결과를 발표하는 자리에서도 부모교사와 자녀 학생의 분리와 보안 시설 현황 전수 점검 등 유사한 내용의 대책을 발표했다.[57]

S여고 사건이 불러온 상피제도 시행

S여고 사건은 내신을 못 믿겠다는 불만에서 시작되었다. 그 뒤 전직 교육부 장관의 딸이 S여고 출신에, 구속된 교사가 담임을 했다는 소문이 퍼져 야당 정치권에서도 이의를 제기했다가 사실이 아닌 것이 밝혀져 공식 사과하기도 하였다.[58] 이 사건 이전부터 교사에 대한 불신과 사교육에 대한 맹신은 사회 전반의 분위기였는데, 이 사건 이후 국민들은 더욱 교사와 학교를 믿을 수 없게 되어 공교육 불신 현상이 확실하게 자리 잡게 되었고, 대다수 선량한 교사들에게 깊은 상처를 남겼다.

시·도교육감협의회는 일부 사립학교의 문제일 뿐이라고 일축하였지만, 교육부가 발표한 2015~2018년 감사 결과에 따르면 고등학교에서

---

57 KBS(2018. 11. 13)
58 KBS(2018. 11. 16)

시험지 유출이 발생한 사고가 13건, 학교생활기록부를 부정 관리한 건수가 15건으로 조사됐다. 고교 시험지 유출 사건은 2015년 2건, 2016년 1건 적발됐지만 2017년에는 4건으로 늘었고, 2018년에는 더 늘어 6건 적발됐다. 시험지 유출이 발생한 학교를 유형별로 보면 일반고 8건과 특수목적고 2건, 자율고 2건, 특성화고 1건 등이었다. 또 사립고에서 9건, 공립고에서 4건 발생했다. 문제 유출에 개입한 교사 중 1명은 파면을 당했으며 해임 2명, 감봉 1명, 수사 중 1명 등이었다.[59]

입시 비리의 경우 해당 학생만의 문제가 아니라 해당 학교 전체의 공정성을 해할 가능성이 크기에 그 파장이 큰 것은 확실하다. 하지만 다양한 직종에 근무하는 많은 이들이 죄를 지어 거의 매년 구속되는데, 그 집단 자체를 맹비난하는 사례는 교직이 거의 유일해 보인다. 대부분의 교사는 떳떳하지만 지금 상황은 교사들이 자성의 시간을 가져야 할 때라고 본다. 억울한 측면도 있겠지만 교사들이 지금까지 아무렇지 않게 생각했던 것 중 중요한 것들을 짚어 보고, 다시 한 번 생각해 볼 필요가 있다.

상피제도는 조선시대 인사제도로, 일정한 범위 안의 친족 간에 같은 관사官司나 통솔 관계에 있는 관사에 취임하지 못하도록 하는 제도이다. 교육부가 2018년 밝힌 자료를 보면 전체 고등학교 2,360개 중에 560개교, 23.7%에 해당하는 학교에서 교원과 자녀가 같이 재학하고 있다고 한다. 정확하게 교원 수는 1,005명, 교원의 자녀는 1,050명이다. 전체

---

59 교육부 보도자료(2018. 12. 17)

560개 학교 중에 공립이 225개, 사립이 335개교이다. 학생 수 기준으로 보면 공립에 301명, 사립에는 749명이 있어서 약 3 대 7 비율이다. 서울은 52개교 중 51개교가 사립이라 문제가 있어 보인다.

학교 현장에서는 교육부에서 상피제도를 시행함에 있어 사립학교의 통제가 쉽지 않을 것이라고 예측하는 이들이 많다. 사립학교의 경우 비리 교원 징계에도 시·도 교육청 권고를 거부하는 경우가 많은데, 상피제도라고 다르겠냐고 보는 것이다. 법률이 아닌 권고사항의 경우 듣지 않는다는 것이다.[60] 서울은 특히 사립 고등학교가 많고, 경기도도 40% 가까이 되는 상황에서 무시할 수 없는 숫자임이 분명하다.

성적 관련 비리는 국민들의 불안감이 큰 부분이고, 교사 신뢰와 직결될 수 있으므로 관련법이나 시행령을 만들어서 즉각적으로 적용해야 한다. 사립학교 전체에서 비리가 일어나는 것은 아니지만, 서로의 신뢰를 위해서 최소한의 안전장치를 해야 하는 게 바람직하다.

교사들이 놓치지 말아야 할 것

—

고등학교에서 상피제도 이야기가 나오고 있지만 초등학교와 중학교에서도 상피제도 이야기를 안 할 수가 없다. 우리나라 학부모는 특히 성

---

60 KBS뉴스(2018. 8. 참고)

적에 관심이 많은데, 이들이 학교의 공정성에 민감하게 반응하는 것은 당연하다. 이러한 상황에서 교사들이 안일하게 생각하는 것이 바로 자녀와 함께 학교를 다니는 경우이다. 특히 초등학교 교사는 자녀를 학교에 데리고 다니는 경우가 많다. 심지어 자녀와 같은 학년에 있는 경우도 있다. 불가피한 경우라고 봐야 하겠지만, 그런 경우 성적에 예민한 학부모는 교사가 자녀에게 시험 문제를 보여 주었을 것이라는 의구심을 제기하는 경우가 많다. 대부분 교사의 양심을 믿어야 한다는 논리이지만, 자녀의 입시에 민감한 학군이나 특목중 입학을 생각하는 학부모는 민감하게 반응할 수밖에 없다.

중학교도 마찬가지다. 특목고나 자사고를 생각하는 학부모에게는 교사와 자녀가 함께 학교를 다닌다는 것 자체가 의혹의 대상으로 보일 것이다. 교사의 입장에서는 출근할 때 자녀와 함께 다닐 수 있고, 다른 학교는 멀리 떨어져 있어서 통학이 불편하다는 이유, 그리고 학구에 있어 어쩔 수 없다는 이유 등을 내세우겠지만, 그런 이유가 학부모의 의심을 해소해 주지는 않는다. 때로는 동료 교사들마저도 의심의 눈길로 볼 수 있다. 해당 교사 입장에서는 억울할 수도 있지만, '배밭에선 갓끈을 고쳐 매지 않는다.'는 속담처럼 오해 받을 일을 하지 않는 것이 교직 전체를 위하는 일이다. 대기업 인사팀에서 근무하는 부장의 아들이 해당 기업에 입사하면 모두가 한 번쯤 의심하지 않겠는가.

수능 정시 맹신 현상

수시는 정시 모집을 제외한 기간(9~12월 초)에 각 대학이 자율적으로 기간과 모집 인원을 정해, 정시 모집에 앞서 신입생을 선발하는 방식이다. 대학수학능력시험(수능) 외 다양한 기준과 방법으로 신입생을 조기선발해 지원자의 대학 선택 폭을 넓혀 주기 위한 제도이다. 통상 수시 모집에서는 학생부, 대학별 고사, 서류 등으로 신입생이 선발되며, 수능이 최저학력기준으로 활용되기도 한다. 수시 모집은 주요 전형 요소에 따라 학생부종합전형, 학생부교과전형, 논술전형, 특기자전형의 4가지로 구분된다. 정시 모집은 수시 모집 이후 정해진 기간 동안 신입생을 선발하는 방식으로, 주로 수능 성적 중심으로 선발한다.[61]

정시가 옳다, 수시가 옳다는 논란에 국민들은 혼란스럽다. 정시와 수시 모두 필요하다고 보지만 둘 다 보완되어야 할 부분은 있다. 학부모 입장에서도 수시나 정시의 장단점을 분석해 자녀에게 유리한 쪽을 선호하니 한쪽 주장이 옳다고 보기는 어렵다. 다만 수시가 너무 부작용만 강조된 것은 아닌가 생각한다.

수시 전형이 생기기 이전에는 수능 점수는 무조건 반영하되, 수능 점수와 논술 성적이 함께 반영되는 정시와 수능 점수만 반영하는 특별전형 정도만 존재했다. 이때는 학교별 평균이나 지역별 평균이 공개되는

---

61 네이버 지식백과·입시 관련 용어(시사상식사전, pmg 지식엔진연구소)

시기였는데, 서울에서도 강남 3구와 지방 광역시의 평균점수가 다른 학교나 지역에 비해 압도적으로 높았다. 1997년 당시 서울 강남 3구의 유명 사립 고등학교와 경기 비평준화 분당·안양의 일부 고등학교는 수능 모의고사 평균점수가 330점 이상이었다.[62] 이런 이유로 많은 이들이 수능은 '금수저 전형'인데 국가에서 이를 방관한다는 여론이 압도적이었다. 그 뒤 수시 전형이 생기고 확대되어 지금의 모습을 띠게 되었다.

또한 한국교육과정평가원이 공개한 2005~2015학년도 수능 성적 자료를 분석하면 이른바 교육특구 지역의 수험생이 서울시 내 다른 지역의 수험생에 비해 수능 고득점자 분포가 높게 나타났다. 이러한 지역 간 격차는 학생 수를 감안해도 크게 줄어들지 않는다. 2015학년도 수능 상위권 수험생 비율은 강남구가 E구에 비해 무려 15.45배나 많다. 이는 강남구의 고3 학생 수가 E구에 비해 5.1배 많다는 것을 감안해도 격차가 매우 크다. 게다가 강남구를 비롯한 교육특구 지역은 2005학년도와 2015학년도 수능 고득점자가 지속적으로 증가하는 반면, 하위 5개 지역은 수능 고득점자 비율이 점차 축소되는 양상을 보인다. 이는 지역에 따라 수능 성적에 양극화가 발생하는 것으로 이해할 수 있다.

권오현 전 서울대 입학본부장은 과거 한 언론과의 인터뷰에서 "정시 모집을 확대하면 서울 특정 지역이나 자사고·특목고의 합격생이 크게 늘어날 것"이라 말하며 "정시 비중을 늘렸을 때 특정 지역, 특정 학교 출

---

[62] 당시 모의고사에서 300점이 넘으면 일반 고등학교 전교 10등 내외의 성적이었다.

신이 서울대에 다수 합격하는 결과가 나와도 용인할 수 있을지에 대한 사회적 합의가 필요하다."고 말한 바 있다.[63] 이는 수능이 공정한 시험이라는 일부 학생들의 인식과는 사뭇 다른 시각이다.

1990년대 후반과 2000년대 초반 교육계 언론 기사는 수능에 대한 비판이 주를 이루었다. 강남 사교육 문제 찍기나 고액 족집게 과외가 시간당 1천만 원에 이르는 경우도 있었다. 이런 상황 속에서 개선책으로 나온 것이 수시 전형인데, 수시 전형이 마치 금수저의 특혜 통로로 만들어진 것처럼 오해하는 지금의 분위기가 이상하다. 교육부에서도 고민했다고 하는데, 전국 고등학교 대학 입학 결과와 수능 성적을 공개해 버리면 이 수시-정시 논란은 사그라들 것이다. 또한 주요 대학교에서 대입 기준을 공개하면 될 텐데, 이것을 공개하지 않으니 고등학교만 힘들어진다.

학부모들이 수시가 공정하지 않다고 말하는 가장 큰 이유는 같은 대학, 같은 과에 지원한 A학생과 B학생 중 A학생이 수능 점수도 높고 내신도 좋았는데, 결과적으로 A학생은 불합격하고 B학생이 합격하는 경우를 경험해서이다. 심사 기준을 대학 측에서 공개하면 좋을 텐데 그렇게 하지 않는 것이 아쉽긴 하지만, 다음의 상황을 가정해 보자.

한 예로 교대 졸업생 A학생은 교대 내신 1등급이고, 사설 학원 임용고사 모의고사에서 늘 고득점을 맞았다. B학생은 내신 등급도 낮고, 모의고사 성적도 낮았다. 그런데 실제 임용고사에는 B학생이 합격했다. 임

---

63 에듀동아(2018. 4. 25)

용고사가 공정하지 않은 것일까? A학생은 교육청에 문제 제기를 해야 할까? 소송을 한다면 승소할까? 실제 이런 사례가 교육청에 종종 있다. '교원 임용고사 1차 점수가 높았는데 불합격이라니 2차 면접관을 못 믿겠다. 사주 받아서 B를 합격시키고, 나를 떨어뜨린 게 의심된다.' 해마다 이렇게 믿는 학생들이 있다. 대부분 법원에서 원고의 의견에 대해 각하 처리[64]하거나 1심 패소를 한다. 심사위원의 재량권을 인정하고, 그 목적이 타당하다고 보기 때문이다.

올림픽 피겨스케이팅 선수였던 김연아의 경기를 떠올려 보면 심사위원들이 채점하지, AI[65]나 OMR카드로 채점하지는 않는다. 물론 힘 있는 국가의 심판들이 배치되었다면서 일부에서는 불공정 논란을 제기하기도 했다. 하지만 결과에 대해서 대부분은 이의를 제기하지 않고 받아들인다. 심사위원의 전문성을 믿기 때문이다. 심사위원의 채점 방식은 바뀌지 않지만 공정성을 높이기 위하여 기술적으로 보완을 할 수 있다.[66]

정시를 맹신하는 이들이 믿고 있는 전제가 공정한 시험을 통해 어느 누구에게나 서울대에 갈 수 있는 기회가 똑같이 주어진다는 것이다. 그래서 모두가 한날, 한시에 보는 공정하고 이상적인 평가 방법이 수능 시험이라는 것인데, 전제 자체가 잘못되었다. 일단 하루 만에 초·중·고 12년의 과정을 평가하는 것은 무리수가 따르고, 그날의 컨디션이나 여

---

64 행정법에서, 국가 기관에 대한 행정상 신청을 받아들이지 않는 처분.
65 Artificial Intelligence, 인공지능.
66 현재도 올림픽에서 최고·최하 점수를 빼고 채점하고 있다. 과거와는 다른 방식의 보완 체제이다.

러 외부 요인으로 인해 실력 발휘를 못 하는 경우가 생긴다. 또한 단 하루의 시험을 위해 정보력과 사교육으로 무장한 사람들을 평범한 사람들 또는 경제적으로 여유가 없는 사람들이 이기기는 쉽지 않다. 결과적으로 그러한 수능을 보정할 수 있는 기회를 부여하는 것이 수시 전형인데, 여론은 오히려 수시를 공격하고 있다.

수능 정시 100%가 된다면 누가 편해질까? 바로 교사이다. EBS 문제 풀이를 열심히 하며 수능 대비반만 만들면 된다. 입시 지도를 복잡하게 할 필요도 없고, 평가에 대해 걱정할 필요도 없다. 모두 수능 문제처럼 출제하고 평가하면 된다. 과거 정시 100%를 경험한 필자의 학창 시절이 그랬다. 그 과정에서 희생되는 것은 학생들이다. 수능 문제 풀이를 제대로 못 한 학생 탓만 하면 된다. 수행평가, 학생부종합전형은 수능 모의고사를 바탕으로 기록하면 된다. 사교육 의존도는 더욱 심해지고, 모든 기회는 부모의 재력에 따라 부여될 것이다. 학부모가 바라는 세상은 그렇게 1990년대로 회귀하는 것일까? 회귀한다면, 자녀를 수능 만점을 맞을 수 있게 뒷받침할 정도의 재력과 정보력을 가지고 있는가?

학생부종합전형은 과연 불공정일까?

—

많은 사람들이 학생부종합전형을 불신하는데, 그 이유는 교사와 학교를 믿지 못하기 때문이다. 학생부종합전형은 결과적으로 볼 때 정보력 싸움이 맞다. 학생이 가고자 하는 대학이 원하는 인재상과 전형 방식을 분석하여 그에 맞게 준비해야 한다. 이 과정에서 정보력 격차가 드러내는 영향력을 무시할 수 없다. 일부 열혈 학부모들이 자녀를 대신해서 정보를 찾고 그에 맞게 준비하도록 도와준다면 다른 학생보다 우위에 설 수 있는 가능성은 있다. 그 정보 격차를 보정하는 역할을 교사가 해 주어야 한다. 결국 교사의 능력과 재량이 가장 중요한 요소로 작동하는 것이 학생부종합전형이다.

그런데 현 상황은 학부모나 학생이 교사를 믿지 않고 사교육을 더 신뢰하고 있으니 달걀이 먼저인지 닭이 먼저인지의 논쟁과 같다. 일단 믿지 않는 이들은 무슨 말을 해도 들으려 하지 않는다. 그러한 일들이 반복되면 열심히 하던 교사들도 손 놓고 알아서 하라는 식으로 변해 버리고, 학부모의 불신은 더욱 깊어만 간다. 과거에 비해 입시에 대한 학부모의 관심이 매우 높고 민감하기에 고3 교사들은 모든 대비를 하고 있지만 어렵다고만 한다. 때문에 능력 있고 유능한 교사들도 고3 담임을 기피하게 되는 것이다. 잘해야 본전이고, 아무리 열심히 해도 좋은 소리 못 듣기 때문이다. 특히 학구열이 과열된 지역의 고3 담임들이 받는 스트레스와 피로도는 말도 못 할 정도이다.

입시나 진학이 중요하다고 하지만 지나치게 서울 명문대 위주로 치중되어 있는 입시 지도도 문제이다. 사실 명문대에 갈 수 있는 학생은 소수이고, 전문대학이나 특성화 대학에 관심 있는 학생들도 많은데, 이들은 대부분 소외되어 스스로 알아서 준비해야 하는 상황에 놓인다. 지방대와 전문대에 특화된 진로·진학 교육을 나서서 해 주는 교사가 많지 않은 것도 학생부종합전형 불신의 원인이라는 시각도 있다. 이러한 실태를 바꾸지 않는다면 고등학교는 대학을 가기 위한 통과의례일 뿐 대학은 사교육에 의존해야 갈 수 있다는 생각은 사라지기 힘들 것이다.

학생부종합전형의 정상화를 위해서

—

학생부종합전형의 공정성을 높이고 정보 격차를 해소하기 위해 교사들은 지속적으로 노력해야 한다. 대부분의 교사들은 진학 지도에 있어 열과 성의를 다하나, 일부 불성실한 교사들이 있는 것은 사실이다. 또한 학생부 기재에 사실만을 기재하고 공정성을 기해야 하는데, 아직까지 명문대 진학 가능성이 있는 학생에게 교내 상 몰아 주기 등을 하는 학교가 있다는 증언이 곳곳에서 나오고 있다. 학교와 교사의 자성이 필요하다. 한두 명의 예외를 두다 보면 결국 공교육 전체의 공정성이 흔들리게 될 것이다. 더불어 학교나 교사에 따라 입시 결과가 '복불복'이라는 비판도 있는데, 학생부종합전형이 제대로 정착하려면 학교·교사 간의 편차 문제를 고민해야 한다. 개인뿐 아니라 학교와 시·도 교육지원청 간 편차 조정에 신경 써야 교사와 학교에 대한 신뢰를 회복할 수 있다.

사교육 시장의 말에만 귀 기울이고 의존하는 학부모들 역시 안타깝다. 사교육 시장에서 나오는 정보는 대부분 허위 또는 과장된 것들이다.

공교육에 종사하는 교사의 말은 신뢰하지 않고, 사교육 시장에서 들은 대로만 해 주길 요구하는 학부모의 맹목적인 모습을 볼 때 씁쓸함을 감출 수 없다.

대학 측에서는 주관성이 개입될 여지가 있고, 개인별 역량 차이가 큰 입학사정관에 대해 고심해야 한다. 시·도 교육청에 입학사정관 교원 파견 등을 요청하여 입학사정관을 학교 현장과 학생들을 잘 아는 교사로 대체한다면 공정성 시비가 사라질 수 있다고 본다. 학생 선발을 대학만의 특권이라고 생각하지 말고 공정성을 강화한다면 더 좋은 제도로 자리매김할 것이다.

시·도 교육청에서도 학생 자기소개서 표준화 작업과 사교육 시비를 없앨 수 있는 방안을 고민해야 한다. 사교육에 의존해서 쓴 자기소개서는 별 효과가 없다는 인식을 확실히 심어 주고,[67] 교사의 지도에 따라 쓴 자기소개서가 효과를 보더라는 인식이 학부모 사이에서 회자되어야 한다. 그만큼 교사의 역량이 중요하니 교사 재교육에도 심혈을 기울이고 투자해야 한다.

고교-대학 간의 정보 간극이 벌어져 있고, 지역별 격차가 크므로 고교-대학 연계 정책 활성화도 필요하다.[68] 일부에서는 학생 자기소개서 폐지도 논의되고 있지만, 하나씩 폐지하다 보면 결국 수능 정시 100%의

---

67 잘 알려지지 않지만, 매년 수백 명의 학생이 자기소개서 표절로 입학이 취소되고 있다.
68 경기도교육청에서는 2018년 11월부터 고교-대학 연계 포럼을 상설화하는 정책을 추진 중이다.

환상으로 돌아갈 수밖에 없다. 공정하게 선발하는 것과 정량적인 방식으로 선발하는 것은 전혀 다른 문제이다.

정량평가에 대한 믿음과 신화

앞으로 AI가 인간의 모든 지식을 대체할 것이라고 말한다. 미래학자들은 판사, 교사, 의사도 AI로 대체될 것이라고 예측하고 있다. 의학계에서는 IBM사가 개발한 인공지능 왓슨Watson이 300권 이상의 의학 학술지, 200권 이상의 의학 교과서를 포함해 거의 1,500만 쪽에 달하는 의료 정보를 학습했고 전문의보다 능력이 뛰어나다고 보고 있다. 단순 지식은 AI를 넘어설 수 없다는 결론이 나온다.

이러한 상황에서 수능 100% 정시 선발을 주장하는 것은 학생들을 초·중·고 12년 동안 수능만을 위해 '객관식 문제 풀기의 신'으로 만들자는 말과 다르지 않다. 미래 사회를 살아갈 아이들에게 적합한 방법은 아닌 것으로 보인다. 학생부종합전형을 신뢰할 수 없다면 신뢰할 수 있게 보완해야 하는 것이 맞지, 다시 1990년대로 돌아가는 우를 범해서는 안 된다. 학력고사가 없어지고, 수능 정시 금수저 전형 논란을 넘어선 것이 학생부종합전형이다.

앞으로 객관식 문제 풀기나 암기로 가능한 정량적인 지능은 AI가 맡을 것이다. 인간이 가진 창의력만이 AI가 넘볼 수 없는 능력인데, 명문

교사 불신

대를 향한 학부모의 맹목적인 욕심에 아이들의 창의력은 빛을 보지 못한다. 학생부종합전형과 같은 방식을 입학에 적용하는 로스쿨이나 교수 채용 방식에 대해 문제를 제기하는 이들은 많지 않다. 성인을 대상으로 하는 방식이기에 그렇다. 지금처럼 입시가 고3의 전유물인 상황에서는 학생부종합전형에 대한 불신은 쉽게 사라지지 않을 것이다. 유럽이나 호주처럼 대학 입학생이 꼭 고3 학생이 아니라 평생교육 차원에서 사회인 재교육의 형태로 전환된다면 학생부종합전형 자체는 의미를 되찾을 수 있다고 본다.

학령인구의 감소는 대학 측의 변화를 가져올 것이다. 대학 서열화 풍조가 사라지지 않는 한 치열한 입시 경쟁도 계속되겠지만, 대학을 졸업해도 취업이 어려운 상황이고 학령인구는 계속 감소하고 있다. 지금처럼 대학은 입맛에 맞게 학생을 고르고 고등학교에만 부담이 가중되는 체제가 계속될 것 같진 않다. 대학의 목적에 부합하는 학생을 제대로 선발하고, 어떻게 무엇을 가르칠지에 대한 비전을 제시해야만 학생들의 선택을 받게 될 날이 올 것이다.

8 /
'쌤' 호칭 논란이 불러온
교직 사회 내 호칭 문제

• 2019년 1월 8일 서울시교육청은 "일하는 방식 개선과 수평적이고 자유로운 조직 문화 정착"을 위한 '서울교육 조직 문화 혁신 방안'을 발표했다. 서울시교육청의 조희연 교육감은 2기 취임사에서 "구성원들을 엄격한 직급과 직위에 의해 나누는 호칭 문화, 고정화되고 획일적인 두발·복장 문화, 위계적이고 권위적인 관계 문화를 포함하여, 일상 속에서의 분리·규제·차별·의례를 전제로 하는 관행과 문화를 혁신하겠다."고 밝힌 바 있다. 서울시교육청은 이를 위해 '수평적인 조직 문화', '행정협업 조직 문화'의 2개 영역에서 10개의 추진 과제를 내놓았다.

수평적인 조직 문화로 나아가는 첫걸음이라는 의미에서, 수평적 호칭제 도입이 우선 눈에 띈다. 서울시교육청은 구성원 서로가 수직적인 직위·직급에 따라 부르지 않고 'OO님', 'OO쌤' 등으로 부르도록 했다. 간부회의에서 우선 시행하고, 점차 희망하는 기관(부서) 단위로 자율적으로 시범 실시하는 방법으로 모든 기관에 적용할 예정이다. 특별한 경우를 제외하고는 자율적인 간편복 착용을 원칙으로 삼고, 여름 업무 기간은 '반바지와 샌들 시즌'으로 부르는 등 반바지·샌들 착용을 독려한다. 내부 회의나 행사 때에는 지정석을 마련한다거나 다과와 음료, 명패 등을 놓는 등 불필요한 의전을 없애기로 했다. 회식 문화를 개선하기 위해 '건배사', '술잔 돌리기', '참여 강요' 등을 금지하고, 사전에 일정을 공유한 상태에서 점심시간에 술 없이 하는 회식으로 개선한다는 내용을 밝혔다.[69]

이 보도자료가 언론을 통해 나가자 많은 교사들이 황당함을 넘은 분노를 표출하였고, 청와대 청원도 올라왔다. 양대 교원 단체도 반발 성명서를 내자, 서울시교육청은 발표 다음 날 설명 자료를 통해 "수평적 호칭제를 도입한다고 학교에서 교사와 학생 간 '선생님' 호칭이 사라지는 것은 아니다."며 "학교 내 수평적 호칭제 시행 시기는 정해지지 않았고, 구성원들의 의견 수렴을 통해 시행 시기를 정할 예정"이라고 밝혔다.[70]

---

69 한겨레(2019. 1. 8)

70 서울시교육청은 2019년 2월 7일 보도자료를 통해 수평적 호칭제는 사제 간에 적용하지 않고, 기관별로 실시 여부를 자율적으로 결정하기로 했다고 전했다.

취지는 좋았지만, 세밀함이 부족한 정책

—

이상하리만큼 기자들은 서울시교육청을 좋아한다. 수도의 위상과 서울이 가지는 상징성이 있어서 그럴까? 다른 시·도 교육청에서는 특별할 것도 없는 일이 서울시교육청이 발표하면 대서특필 보도된다. 그래서 좋은 점도 있지만 단점도 있다. 사실 호칭에 대한 논의를 제일 먼저 시작한 것은 경기도교육청이다. 2016년 인사정책연구 보고서에서 문화적인 차원으로 접근하여 교육청이나 학교에서 근무하는 직원 모두를 '선생님'이라고 부르자는 내용이었다. 취지는 서울시교육청에서 밝힌 바와 같다. 그런데 기사화되지도 않았고, 경기도 내 모든 학교에 밝혔지만 학교는 잠잠했으며 크게 이슈화되지도 않았다. 서울시교육청에서도 해당 보고서를 참고한 것으로 알고 있는데 단어 하나 때문에 난리가 나고 말았다.

정책을 추진할 때에는 세밀함이 있어야 반발을 최소화할 수 있다. 반대 여론에 부딪히게 되면 아무리 명분이 좋고 좋은 정책이라도 추진하기가 어렵다. 중요한 일일수록, 특히 기존 관행과 맞서는 것이라면 더욱 신경 써야 한다. 여론을 등에 업고 정책을 추진하려면 명분이 분명해야 하며, 국민의 상식선에서 허용되어야 하고, 특히 교육철학이 바탕에 있어야 한다.

서울시교육청의 정책 중 호칭과 관련한 내용은 전부가 아니라 부수적인 내용이었다. 내용을 읽어 보면 "일하는 방식 개선과 수평적이고 자유로운 조직 문화 정착"을 위해 문화적인 접근을 하자는 내용이었다. 그런데 일부 언론에서도 지적했다시피 해당 TF에 현직 교사가 한 명도 없었다고 하니[71] 내용보다 방법적 측면에 있어서 문제가 있었다고 본다. 물론 서울시교육청의 잘못도 있지만, 언론이나 대중이 본질은 보지 않고 지엽적 측면에만 집중하여 비난하는 것 같아 안타깝다. 본질은 분명 교직 문화를 개선해서 모두에게 도움이 되도록 바꿔 보자는 것인데, 호칭에 있어 은어인 '쌤'을 사용해서 두들겨 맞은 것이다. 친근한 표현이라고는 하지만 일부에서는 교사를 희화화하거나 예의 없는 표현이라고 생각하는 이들도 있다. 아무튼 반발이 크니 정책 수정이 불가피하지만 내용상으로 봤을 때 아쉬움은 있다.

'선생님'이라는 호칭에 집착하는 교직 문화
—

'아저씨', '아주머니' 등 어른을 편하게 부를 수 있는 호칭이 있기는 하나 처음 보는 사람이나 격식 있는 자리에서는 사용하기 어렵다. 그럴 때 가장 쉽게 대체되는 용어가 바로 '선생님'이다. 직업이 교사이든 아니든 '선생님'은 전 국민이 흔하게 사용하는 호칭이다.

오히려 '선생님'이라고 부를 일이 많은 학생과 학부모는 편의상 축약

---

71 오마이뉴스(2019. 1. 8)

어를 사용하기도 한다. 물론 축약어가 표준어는 아니지만 전 세계적으로 흔히 쓰이는 방식이며, 일반적으로 사람은 기존의 언어를 가공하여서 뽐내는 것을 좋아하는 기질이 있다고 한다.[72] 교육부나 서울시교육청에서 공문으로 '쌤'을 쓰라고 하는 것 자체는 상식 밖의 일이지만, 학교 자체 내에서 판단하여 문화적인 접근으로는 얼마든지 가능하다는 생각이다. 단, 구성원이 동의해야 한다는 전제가 있어야 한다. 듣는 사람이 기분 나쁘게 받아들인다면 굳이 할 이유가 없다.

삼성전자도 기존 7단계의 직급을 4단계로 줄이면서 직원 간 호칭을 '○○○님'으로 통일하는 인사제도 개편안을 2017년 3월 1일부터 시행하였다. 일반직 공무원 사이에서도 6급 이하는 주무관으로 통칭하고 있다.[73] 그와 달리 교직 사회에서는 호칭의 통일, 즉 교내 직원을 '선생님'으로 부르는 것에 대해 이상하리만큼 거부반응을 보인다. 학교 행정실무사[74]에게 '선생님'이라는 호칭을 사용도록 한 것에 대해 교사들이 제일 반발하였다. 일부 시·도 교육청에서 학교 기능직 주무관에게 '선생님'이라는 호칭을 사용하라는 것에 대해서도 논란이 뜨거웠는데, 이를 거부하며 아직까지 '주무관님' 또는 '기사님'이라고 부르는 교사도 있다.

'선생님'이라는 호칭이 교직의 자존심이라도 되는 것일까? 처음 보는 사람에게도 '선생님'이라고 부르는데, 교사들은 '선생님'이라는 호칭에

---

72 모든 세대마다 표준어에 저항하며, 그들만의 용어를 만들어 낸다.
73 6급은 '팀장', '계장'이라고 부르는 관행이 남아 있기는 하지만 정식 명칭은 주무관이다.
74 지역마다 명칭이 다르다.

교사 불신

어떤 의미를 부여하는 것인지 궁금해진다. 일부 혁신학교에서는 교장의 뜻에 따라 학교 내 모든 성인[75]을 '선생님'이라고 부르기도 하나 널리 퍼지지는 않고 있다. 교사들은 여전히 돌봄교실 강사, 방과후 수업 강사, 스포츠 강사, 영어회화 전문 강사 등 '강사'라는 표현을 정확하게 쓰면서 교사와 교사가 아닌 사람을 구분한다. 소수지만 어린이집 교사도 '선생님'이라고 불러서는 안 된다고 주장하는 교사도 있다. 교사 자격증이 없으니 선생님이 아니라는 것이다.

그 좋은 '선생님' 명칭을 두고…

이렇게 '선생님' 호칭에 집착하는 교직 문화는 학부모나 외부인 입장에서는 유별나게 보일 것이다. 어쩌면 내면에는 '우리는 교원 임용고사를 통과한[76] 검증된 집단'이라는 자부심이 깔려 있다고 본다. 그런데 이러한 생각은 집단만을 위한 폐쇄성과 부정적인 모습의 카르텔을 형성할 우려가 있다. 보통 전문가 집단이 그런 경향성을 가지고 있어 문제가 되는데, 교사들도 방어기제와 폐쇄성이 있는 것은 사실이다. 이는 정책연구 과정에서 만나 본 교사들과 그 교사들을 경험한 학부모들이 공통으

---

75 교사, 행정실 직원, 행정실무사, 비정규직, 방과후 수업 강사 등
76 공립의 경우를 말한다. 사립의 경우는 별도 임용을 거친다.

로 지적하는 부분이다.

모든 교사가 다 그렇다고 볼 수 없지만, 교사들이 가지고 있는 프라이드는 분명 있다고 봅니다. 학교에서 행정실무사나 일반행정직과 호칭 문제로 다투는 것을 볼 때 참 불편하다고 느꼈어요. 그냥 선생님이라고 불러 주는 것이 무엇이 문제인지 모르겠는데, 거기서 밀리면 이들이 우리 권리를 침해할 수 있다는 불안감 같은 게 있나 봐요. 사실 사회에서도 집단끼리 싸우는 장면을 많이 보는데, 그런 것들이 학교에서 비일비재하게 벌어지는 거죠. 안타까운 것은 좀 더 유연하게 받아들이면 되는데, 너무 민감하게만 받아들인다는 거예요.

— 중등 교사

호칭 때문에 서로 감정 상하는 모습이 좋아 보이진 않아요. 학부모 입장에서는 불편한 게 사실입니다. 그냥 학생 교육을 위해서 모든 어른들을 선생님이라고 불러 주면 좋겠어요.

— 학교운영위원회 학부모

많은 교사들이 '선생님'이라는 호칭을 지키고 싶어 하는 것은 좋게 생가할 수도 있다. '선생님'이 되기까지의 노력과 교사로서의 자부심을 지키고 싶어 하는 마음일 것이다. 그런데 이런 현상을 어찌 생각해야 하는지 한번 고민해 보자.

교사를 하다가 장학사(교육연구사) 시험을 봐서 전직한 후 교육청에 들어가면 호칭이 '선생님'에서 '장학사님'으로 바뀐다. 직위나 직급에서는 '장학사'라는 명칭을 사용하는 것이 당연하지만, 소수를 제외하고는 대부분 호칭까지 당연히 '장학사님'으로 불러 주길 바란다. 어떤 사람은 "난 선생님 호칭이 싫어서 장학사가 됐어."라고 당당하게 말한다. 그렇게 '선생님'에 집착했던 교사들인데, 장학사가 되자마자 이번에는 '장학사님' 호칭에 집착하면서 '선생님'으로 불리기를 거부한다. 사실 장학사나 장학관 모두 교원의 호봉에 준하고 있어 전직이 되었지만 급여 체계와 시스템이 크게 달라진 것이 아니다. 장학사 대부분이 교감·교장 등의 교원 신분으로 다시 돌아가니 더욱 그러한데, 교감·교장들 또한 자신을 '선생님'이라고 부르도록 하는 경우는 아쉽게도 보지 못했다. 그 반대의 경우는 많이 봤는데, 신규 교사들이 '교장선생님'에게 '선생님'이라고 불렀다고 호통 치거나 불편하게 생각하는 경우는 흔하다. 어떤 분은 교육장이 되자 그 지역 교사들의 인사를 안 받는다고 소문나기도 하였다. '급'이 다르다는 생각에서 그런 것 같은데 어른스럽지 못하다.

누군가의 언행은 그 사람의 인성을 판단하는 기준이 된다. 권위는 스스로 만드는 것이 아니라 주변에서 만들어 주는 것이다. 교수들 사이에서는 '교수님'이라는 호칭보다 '선생님'으로 불리는 것을 선호하는 이들도 있다. '선생님'의 사전적 정의는 '학생을 가르치는 사람을 이르는 말'이기 때문에 '교수님'보다 '선생님'이 더 존중받는 것 같기에 그렇다고 한다. 예전에 어떤 노^老교수가 자신을 '선생님'으로 불러 달라고 했던 일은 신선한 충격이었다.

교직 사회의 변화는 호칭에서부터 시작되었으면 한다. 교무회의가 형식적이고 교감·교장의 의견을 받아 적는 문화가 되어 버린 것에는 여러 이유가 있지만 수평적이지 않은 호칭에도 일부 원인이 있다고 본다.

41조 연수를 통해 본
교사의 방학 특혜 논란

• 지난 2018년 청와대 국민청원 홈페이지에 '교육공무원 「41조 연수」 폐지를 청원합니다.'라는 청원이 올라와 한동안 논란이 되었다. 요약하자면 다른 직장인들처럼 연가도 있고, 주말도 있는 교사에게 방학까지 있는 것은 특혜이니 폐지해 달라는 내용이다. 이를 여러 언론에서도 다루었고, '신의 직장'을 가진 교사의 특혜를 폐지해야 한다는 여론이 일었다. 방학과 연금은 교사만의 특권이라고 알려져 있기 때문이다.

41조 연수는 「교육공무원법 제41조에 따른 근무지 외 연수」의 약어이다. 이것의 입법 취지를 살펴보면, '교육공무원법 제41조는 교원 연수에 관한 규정으로서 학생들의 방학 기간을 이용하여 지난 교육활동을 정리하고 향후 교육활동을 준비하는 등 자기 연찬을 목적으로 심도 있고 다

양한 연수가 가능하도록 연수 장소의 제한을 열어 주는 데 목적이 있다.'
고 명시되어 있다.

학기 중 사용하기 어려운 교사의 연가·병가

일반행정직 공무원(교육행정직 포함)에게는 41조 연수가 없다. 41조 연수는 교사에게만 주어지는 특별한 혜택은 맞다. 다만 입법 취지에서 보듯, 학생들의 방학 기간을 이용하여 교육활동에 도움이 되는 방향으로 연수 차원에서 진행해야 한다고 명시하고 있다. 실제 교사들은 방학 때 41조 연수를 사용하여 연수를 받거나 휴식을 취한다. 41조 연수는 연가·병가와는 다른 개념이라 별도로 사용할 수 있다. 보통 6년차 이상 교사에게는 21일의 연가가 주어지고, 병가는 60일이 주어진다.

여기까지 본다면 교사는 매우 많은 휴가를 사용하는 것으로 비춰질 수 있다. 하지만 실제 교사에게 학기 중 연가나 병가의 사용은 쉽지 않다. 많은 시·도 교육청과 교육부의 지침과 매뉴얼에는 교사는 학생의 수업에 지장이 없는 범위 내에서 연가·병가·조퇴 등을 사용할 수 있다는 내용을 제시하고 있다. 이 문구가 매우 중의적인데, 학기 중에는 아예 사용할 수 없다고 해석하는 이들이 있는 반면, 학생 수업 이후나 학생 수업을 대체(보결)할 수 있는 교내 교원(또는 외부 시간 강사)을 구한 후에 자유롭게 사용하기를 권장하는 교장·교감도 있다. 조퇴는 학생의 수업을 마친 후에는 재량껏 사용할 수 있지만, 연가·병가처럼 수업 시간까지 빠져야 하는 상황에는 다른 교사들이 대체를 하여 수업을 해 주는데, 그 기간이 일주일 이상이면 시간 강사를 구하고, 4주 이상이면 기간제 교사를 구해야 한다. 그 절차나 과정이 복잡하고 경우에 따라서 강사나 기간제 교사를 구할 수 없는 상황에는 사용을 포기하는 경우가 더 많다. 연가·병가는 명백한 사유가 발생하지 않으면 쉽게 사용하지 못한다. 일반 직장을 다니는 직장인들은 업무 강도나 보직에 따라 다르겠지만 사전에 협의한 규칙을 따른다면 평일에 연차휴가 등을 비교적 자유롭게 사용하는 것에 비해, 교사가 평일에 연가·병가 등을 사용하기는 사실상 불가능에 가깝다. 또한 일반행정직 공무원은 연말에 한 해 동안 사용하지 않은 연가에 대한 보상비를 지급받지만, 교사는 방학이 있다는 이유로 연가보상비 지급 대상에서 제외한다.**77** 이 사실을 아는 사람은 많지 않다.

  정리하자면 교사는 평소에 연가를 거의 쓰지 않으며, 쓸 수 있는 분위기도 되지 않는다. 학기 중에 연가를 쓰는 것은 현재 여건상 매우 어려운 일이고, 정말 중대한 가정사와 같은 특별한 경우를 제외하고는 허가되지 않는다. 또한 이틀 이상의 병가를 사용하려면 진단서가 있어야만 가능하다. 연가·병가·41조 연수까지 모두 소진해서 쓰는 사람도 없거니와 그것이 가능하지도 않다. 심각한 지병이 있거나 출산 등의 어쩔 수 없는 경우가 아니라면 교실을 비울 수 없어 아픈 몸으로 출근하는 것이 현

---

77 단 방학이 없는 기관에 파견 가는 교사는 연가보상비를 받을 수 있다.

실이다. 결론적으로 원하는 때에 쉴 수 없는 교사들은 연가보다는 학생들의 방학 기간에 맞춰 41조 연수를 사용하고, 그 기간을 휴식의 개념으로 인식하고 있는 것이다. 방학 내내 41조 연수를 사용하는 사람도 있고, 41조 연수를 전혀 사용하지 않고 근무나 연수를 받는 경우도 있지만 이것은 개인차가 크기에 일반화하기는 어렵다.

실제 41조 연수는 어떻게 활용되고 있는가?
—

유·초·중·고마다 약간씩 다르다. 보통 여름방학은 4주 이내, 겨울방학은 5주 내외의 기간이다. 서울특별시교육청과 경기도교육청을 비롯한 대다수 교육청에서 사계절 방학제(방학분산제 등)를 시행하여서 교장 재량휴일을 연휴와 연결하여 시행하여 단기방학을 유도하기도 한다. 방학이라고 교사들이 41조 연수를 쓰고 모두 집에서 쉬는 것은 아니다. 공립학교는 국가직 공무원인 교원의 경우에는 연간 60시간의 직무연수가 승진가산점에 들어가기에 방학 기간을 이용하여 짧게는 며칠에서 길게는 4주가량의 오프라인 연수를 듣는 경우가 있다. 방학 중 근무도 하는데, 상황마다 다르지만 보통 업무에 따라서 교무부장은 거의 매일, 연구부장은 종종 근무한다. 평교사들은 업무나 근무일에 차이가 있다. 요즘은 방학 중 근무일수가 점점 늘어나는 추세이다. 방학 때 한 번도 출근하지 않는 교사도 있을 수 있지만, 최근 들어서는 찾아보기 힘들고 현실

교사 불신

적으로 그런 경우에는 주변의 눈총을 받는다.[78] 중·고등학교에서는 흔히 보충수업[79] 때문에 방학 중에도 계속 근무하는 경우도 많다.

이러한 여러 상황을 고려하여 평균적으로 따져 보면 일반 공무원의 휴가(연가·병가) 일수와 크게 다르지 않다. 흔히 생각하듯이 교사가 특혜를 받아 일반 공무원보다 2~3배 더 쉬는 것이 아니다. 더군다나 교사는 연가보상비가 없어 연가를 굳이 소진하거나 아껴야 할 필요성을 못 느낀다. 대부분의 경력 교사들도 연간 21일 주어지는 연가를 단 며칠만 사용하는 데 그치기도 한다. 참고로 지참이나 조퇴하는 시간이 8시간 모아지면 1일의 연가가 소진된다. 교사의 교육 환경 및 근무 여건을 모른 채 41조 연수를 큰 특혜이며, 다른 직장인보다 2~3배 더 쉬는 것처럼 왜곡하여 공격하는 이들이 많아 교사들은 억울하다. 실상을 알고 보면 이해할 수 있으나 이해하려 하지 않으니, 문제의 본질은 살피지 않고 왜곡해서 바라보는 것이다.

상황을 정확히 이해하고 제대로 설명하지 않는 교사의 잘못도 있다. 냉정하게 바라보고 현실을 이야기해야 하는데 흥분만 한 채 '우리가 얼마나 힘든 줄 아느냐', '방학이 없으면 너무 힘들어 교직에 있을 수 없다'는 식의 이야기는 상황 개선에 별 도움이 되지 않는다. 교사들이 왜 제도를 정확히 알고 정책에 관심을 가져야 하는지 보여 주는 대표적 사례이다.

---

78 일부 시·도 교육청에서는 평교사의 방학 중 근무를 없애는 쪽으로 공문을 보냈다 여론의 질타를 받기도 하였다. 정책 상황이 여론에 민감하여 매우 가변적이다.
79 최근에는 방과후 수업으로 대체하여 사용한다.

41조 연수, 문제는 없는가?

교육부(당시 교육과학기술부)가 2012년 8월에 마련한 「근무지 외 연수의 업무처리요령」에는 '근무지 외 연수는 방학이나 재량휴업일 등 수업이 이루어지지 않을 때만 가능하다.'는 내용이 있다. 근무지 외 연수가 학기 중 조기 퇴근, 단축 근무 등 본래 취지와 어긋난 방향으로 운용되는 문제가 발생해 업무처리요령을 마련하였다. 2018년 10월 교육부에서 시·도 교육청에 배포한 교원 연수 관련 공문에도 '근무지 외 연수가 방학이나 재량휴업일에만 운영될 수 있게 하라.'는 내용이 제시되어 있다.

41조 연수는 그 사용이 학교마다 혹은 교사마다 다르고, 지역별·급별 문화도 다르다. 지금까지 교육부나 시·도 교육청의 운용 방법이나 감사 결과에 따르면 41조 연수는 연수지를 정확하게 기재하고 목적에 맞게 사용해야 한다. 교육공무원법의 취지에 따라 근무지 외 연수 장소를 명시해야 하는데, 보통은 목적지를 자택 근처 도서관으로 기재해 놓고 방학 시작에 즈음하여 한꺼번에 결재를 받는다. 엄밀히 따지면 이는 문제가 있다. 장소를 도서관이라고 기재하였는데, 실제로는 도서관에 나타나지 않는 경우가 많기에 그렇다. 관행이라고 치부하더라도 범법 행위는 맞다. 근무지 이탈이기 때문이다. 2018년 경기도의회에서 이러한 사항을 지적하여 경기도교육청에 시정 조치를 요구하기도 하였나. 과거에도 교육부나 시·도 교육청이 41조 연수에 대해 지속적으로 제도 개선을 안내하기도 하였는데 크게 달라지지 않았다.

대부분의 교사도 41조 연수는 방학 때 큰 문제의식 없이 사용하는 개념으로 보고 있다. 일부 교사는 방학 중 근무 자체가 없어야 한다든가, 방학은 교사의 권리라고 오인하는 일도 발생한다. 41조 연수는 기관장에 의해서 판단되어야 하며, 연수물에 의한 피드백이 아닌 교육적 목적으로 학생에게 환류feedback되어야 한다. 즉 41조 연수를 다녀와서 학생에게 어떠한 도움이 되었는가가 사용에 있어 기준이 되어야 한다.

　　교사가 해외여행 시 연가 일수가 부족하면 41조 연수를 사용하는 관행도 우리 스스로 자숙해야 할 문제이다. 어떤 교사는 41조 연수를 재량휴업일에 쓰거나 주중에도 쓰려 한다. 이에 대해 교육부의 업무처리요령에서도 헷갈리게 명시되어 있다.[80] 최종적으로는 시·도 교육청이 판단할 일이지만, 최근 들어서는 5년차 이하 저경력 교사들에게서 이런 분위기가 나타난다. 최대한 연가를 아껴 쓰고 방학 중 해외여행 목적으로 41조 연수를 사용하려 하는 것이다. 교장·교감이 제재해도 자신의 권리라고 주장하면서 목소리를 높이는 경우가 있다. 불법이라 볼 수 없지만, 고경력 교사의 경우에는 방학 중 41조 연수보다 연가를 선호하는 경우가 많다. 교장·교감도 방학 중 연가를 사용하라고 권하는 경우가 늘고 있다. 여기서 생각해 봐야 할 것은, 교사가 41조 연수를 사용하여 가는 해외여행으로 인해 학생의 교육이 풍요로워질 수 있는가이다. 연가를 사용하여 가는 여행이라면 누구도 뭐라고 할 수 없지만, 41조 연수가

---

80 중앙일보(2019. 1. 12)

단순히 개인의 해외여행으로 사용되고 명분과 기준이 없을 때에는 외부의 비판에서 자유롭기 어렵다. 시민 단체를 경험한 학부모는 인터뷰에서 이렇게 이야기한다.

불경기에 서민들은 해외에 나가는 것이 그렇게 쉬운 일은 아니에요. 일반화하기는 어렵지만 방학 때 패키지로 해외여행을 가면 절반이 넘는 이들이 교사라는 사실은 이미 전 국민이 알고 있어요. 해외여행을 가는 것이 문제가 아니라, 교사들이 41조 연수를 이용하여 해외여행을 간다는 것이 문제죠. 방학이 단순히 쉬라는 의미인지, 학생을 위한 교육을 고민하면서 재충전하라는 것인지 기준이 애매할 때가 있어요.

ㅡ시민 단체 출신 학부모 A

교사의 41조 연수 자체를 비판하는 것은 아니라고 생각합니다. '왜 교사만 방학이라는 특혜가 있는가?'가 핵심이기도 하고, '교사가 그만큼 대우를 받아야 하는 집단인가?'에 대한 의구심의 표출이라고 생각해요. 좋은 일자리가 사라지고 있는 상황에서 교사만 성역처럼 좋은 대우를 받는 것에 대한 시기심도 일부 있으리라고 봅니다.

ㅡ시민 단체 출신 학부모 B

반면 교사들은 이러한 분위기를 이해하기 어렵다면서, 왜 우리에게만 가혹한 기준을 제시하느냐는 목소리를 내기도 한다.

실제 방학 때 학교에 출근하면 특별히 할 일이 많지 않아요. 방학 기간 내내 교육과정을 짜는 것도 아니고, 학생이 없는데 무엇을 해야 하는지 모르겠어요. 더군다나 대학 교수들도 방학 때 쉬고 재충전을 위한 계기로 삼는데 교사에게만 가혹한 기준을 대는 이유를 모르겠어요. 우리는 학기 중 연가나 조퇴도 자유롭게 못 쓰는데, 방학 때만이라도 쉬면 안 되나요? 우리도 교사이기 이전에 사람인데요.

―초등 교사 D

학기 중에 진도에 대한 스트레스, 학생 생활지도, 행정업무 등 말도 못할 고충을 겪고 있어요. 이러한 상황에 지친 교원들은 방학만을 기다려요. 일반 직장인들은 연차 휴가를 자유롭게 쓰잖아요. 우리는 그렇지 못해요. 연가라도 하루 쓰려면 교장·교감선생님이 허락해 주지도 않는 분위기이지만, 학부모의 민원이 더 무서워요. 우리는 감정 노동자예요. 학기 중 너무 소진되다 보니 방학이 없으면 정신적으로 무너져 버릴 거예요.

―중등 교사 E

개인적으로 연가 사용만 자유롭다면 41조 연수 폐지에 대해 동의해요. 연가보상비도 주고, 학기 중 연가나 조퇴도 자유롭게 쓰는 거죠. 이제 교사에게 헌신만 강요하는 것은 명분이 없다고 봐요. 교사도 노동자와 같이 기본권의 측면으로 접근해야죠. 교사에게만 성직자에 가까운 기준을 두는 것보다 평범한 직장인으로 대해 줬으면 합니다.

그게 합리적인 해결책이 아닐까요?

—초등 교사 F

교육이나 정책은 무엇이 맞고 틀렸다고 하기도 어려운 문제이다. 교장·교감 혹은 지역·학교급 별로 '케바케case by case'라는 자조 섞인 표현을 하는 교사가 많다. 극단적인 사례로 접근하는 이들이 많아지면 정책적 접근이 어렵다. 외부인과 학부모의 41조 연수에 대한 이의 제기도 한편으로 일리 있지만, 현재 교육계의 상황은 고려하지 않은 채 교사에게만 특별하게 방학이 있으니 41조 연수를 폐지해야 한다는 폭력적인 발상은 교사들에게 상처만 준다. 이는 교사나 학교의 전문성을 믿지 못하니 혜택도 받지 말아야 한다는 뜻으로 해석되기도 한다.

비슷한 사례로 몇 년 전 교사 급여명세표가 인터넷 유명 포털사이트에 공개되어서 논란이 된 적이 있다. 교사가 월 1천만 원이 훨씬 넘는 급여를 받는다며 문제가 있다는 내용이었다. 사실 알고 보면 그 급여명세표는 경력이 많아 호봉이 매우 높은 경우에 해당되며, 명절 상여금까지 포함된 일 년 중 가장 많은 금액을 받는 달의 것이었다. 하지만 대중들은 방학에, 이렇게 높은 급여까지 받는 교직은 신의 직장이라며 비난했고, 실제 그런 급여명세표를 받아 본 적이 없는 많은 교사들은 분개했다.

방학, 41조 연수
현실적으로 어떻게 바뀌어야 하는가?

경기도교육청이 '사계절방학제'를 운영하면서 장기간 방학은 거의 없어지는 추세이다. 여름방학과 겨울방학 외에도 봄과 가을에 단기방학이 있는 형태가 많다. 학생들의 생체 리듬에 따른 방학제도가 있어야 한다는 의미로 혁신학교를 중심으로 도입되었다가 지금은 제도화되어 시행 중인 정책이다. 종업 이후의 '학년 말 방학'의 경우도 불필요하다는 인식이 있어 2018년부터는 아예 학년 말 방학을 없애고 1월 초·중순에 겨울방학의 시작과 함께 종업까지 하는 형태로 바뀌었다. 그리고 교사는 주로 1월 중에 휴식하고 2월은 새 학년을 맞이하는 '교육과정 준비의 달'로서 대부분 학교 교육과정에 대해서 논의하고 3월 새 학기를 준비하도록 하였다. 이에 환영하는 교사도 있지만 일부 교사들은 관행을 이유로, 또는 불이익을 감수할 수 없다는 불편한 속마음을 내비치며 교육청에 문제 제기를 하는 이들도 있다. 반응은 제각각이지만 명분이 있기에 곧 정착될 것이고, 다른 시·도 교육청에도 이러한 방식이 확산될 것으로 예상한다. 교사 개인의 편리보다는 학생 교육과정이 초점이 되어야 하기에 제도 변화는 불가피하다고 본다.

경기도교육청은 이러한 방식으로 종업과 방학을 하도록 권장하고 있다. 기존의 겨울방학이 끝난 후 종업식까지 약 2주의 기간은 교과 진도가 거의 끝나고 학생들도 붕 떠 있는 애매한 시기이다. 교과 보충 학습을 하기에도 힘든 분위기이고, 그렇다고 교사가 준비한 교과 외 활동을 하는 것에도 말이 많다. 서로가 힘든 이 기간을 없애고 차라리 겨울방학을 미루어 종업까지 하는 방식을 택한 것이다.

일부 교사들이 방학 중 학교에 출근해도 할 일이 없다는 것은 교육과정을 혼자 계획하고 만들기 때문에 그렇다. 함께 만드는 교육과정과 학생을 위한 사전 준비, 동료들과의 학습은 교사의 성장을 위해서도 매우 중요하다. 경기도교육청 내 일부 교원들은 다른 시·도 교육청에 예전 방식이 남아 있는 것을 비교하거나, 과거의 방학 때처럼 교사가 4~5주를 푹 쉬는 관행을 아쉬워하는 이들도 있다. 교사에게 방학은 휴식과 재충전의 기간인 것은 맞지만, 그 목적성이 불분명하다면 국민이나 학부모의 비판이 이어지고, 교직 전체의 신뢰 저하로 연결된다.

일부 시·도 교육청에서는 방학 중 교사 근무를 없애는 것에 대해서 고민하고 있는데, 여론은 따가운 눈총을 보내는 실정이다.[81] 이러한 논란이 참으로 안타깝다. 앞서 언급했던 것처럼 방학이 쉬는 기간으로만 인식되어서는 안 된다. 설사 지금까지 그랬다 하더라도 앞으로는 자성의 노력이 필요하다. 또한 앞으로 방학 중 연가 사용을 권장할 필요가 있다. 개인적 휴식의 시간에는 연가나 조퇴의 자유로운 사용이 더 적합하다고 본다.

41조 연수 논란의 핵심은 교사의 전문성에 대한 논란과 맥을 같이 한

---

81 동아일보(2019. 1. 15)

교사 불신

다. 교사로서의 전문성을 찾은 후에 권리에 대한 요구를 하는 것이 더 합리적이다. 교사들 사이에서도 누군가는 방학 때 다음 학기를 준비하고 자기계발을 하는 이가 있는 반면, 자기계발과는 거리가 먼 이들이 있음을 알고 있다. "대학 교수의 방학은 아무도 이야기하지 않는데 왜 교사에게만 그러는가?"라고 이야기하기 전에 교사도 교수처럼 전문가로 인식되는 것이 먼저이다. 어느 집단에나 예외는 있겠지만, 학생을 가르치는 일이라 비교를 자주 하는 교수 집단은 방학 때도 바쁘다. 그들은 논문으로 평가받기에 논문 실적을 내기 위해 노력하고, 전문성을 쌓기 위해 각종 학회에도 참석하며 계절학기 수업을 하기도 한다. 전문성을 유지하기 위해 치열하게 살고 있다. 교직도 그렇게 변화했으면 한다.

41조 연수 논란은 교사에 대한 신뢰가 회복되지 않는 이상 지속될 것이다. 눈치 보며 사용하느니 차라리 교사 집단에서 이것을 폐기하거나 완전히 성격을 바꾸는 것이 낫다고 본다. 41조 연수를 악용하는 교사들도 분명 존재한다. 그런 소수의 교사가 부끄러워지는 문화를 가진, 자정 작용이 작동하는 교직 문화가 자리 잡을 때 41조 연수 논란은 사라질 것이다.

10 /
스스로 설 자리를 좁히는
교사의 권리 포기와 책임 회피

　• 2018년 8월 역대 최대 피해가 우려됐던 제19호 태풍 '솔릭'이 기상청 예보와 달리 큰 피해 없이 수도권을 지나가자, 기상청이 태풍에 대해 과잉 대응을 했다는 비난이 청와대 국민청원 게시판에 쇄도했다. 기상청이 태풍의 예상 진로를 제대로 파악하지 못해 전국 어린이집·유치원과 초·중학교가 휴업에 들어가면서 맞벌이 가정이 곤란을 겪었다는 것이 주된 내용이다.

　기상청이 이와 같은 오보 논란에 휩싸인 이유는 전날 기상청이 태풍 솔릭이 충청남도 보령 해안 일대에 상륙, 서울과 경기 일대를 직접 타격해 큰 피해가 예상되며, 전국이 태풍의 영향권에 들어살 것이라 예보했기 때문이다. 기상청 예보에 따라 서울시교육청은 8월 23일 오전 교육감 주재 회의를 열어 24일 시내 유·초·중학교에 휴교령을 내렸다. 서울뿐만 아니라 전국 대부분 지역이 태풍 영향권에 들어간다는 예보에 따라 이날 전국 12개 시·도 교육청 내 7,835개 학교에 휴교 조치가 내려졌다. 역대급 태풍에 대비해 사전에 안전조치를 취한 것이다. 하지만 기상청 예보와 달리 태풍 솔릭은 예상보다 훨씬 남쪽인 전남 목포 인근 해안에 상륙했으며, 24일 오전 6시 충남 대전 일대를 통과하며 세력이 크게 약화됐다. 수도권과 경기 지역은 태풍 영향 없이 밤사이 5mm 내외의 약한 비가 내렸다. 중앙재난안전대책본부의 공식 집계 인명 피해도 우려보다 적게 나와 전국에서 실종 1명, 부상 2명을 기록했다.[82]

태풍이 지나가는 동안 교육청에서는…

　2018년 여름은 지독한 더위로 기억한다. 평생 손에 꼽을 만한 더위였다. 태풍도 많지 않았고 장마도 짧아 생각만큼 비가 내리지 않았다. 2018년 8월 기상청은 며칠 전부터 역대급 태풍을 예보하였다. 모든 학교와 교육청은 휴업을 해야 하나 고민하며 기상청의 예보에 귀를 기울였다. 참고로 휴교는 교사와 학생 모두 안 나오는 것이고, 휴업은 학생만 안 나오고 교사는 정상 출근이다. 휴업을 하면 학사일정을 맞추기 위해 방학 일수가 줄어들기도 한다. 학교 입장에서는 휴업으로 인한 행정업무가

82　아시아경제(2018. 8. 24)

발생하는 것이다.

태풍이나 비 피해 등 자연재해가 예견된다는 기상청의 예보가 있으면 교육청에는 민원 전화가 쇄도한다. '휴업을 할 것이냐', '대책은 있는 것이냐', '사고가 나면 어떻게 책임질 것이냐' 등의 우려 섞인 민원부터 '아이가 우산을 교실에 두고 왔는데 어쩌죠? 마트도 문 닫았는데⋯⋯.'라는 웃지 못할 내용까지 다양한 민원이 교육청에 쏟아진다. 학부모뿐 아니다. 교사들의 민원과 문의도 쇄도한다. 주된 내용은 '학교 휴업하나요?' '우리 학교 휴업하게 해 주세요.' 등 휴업과 관련된 내용이다. 교사 본인도 나이 어린 자녀가 있어 위험한 상황에 노출되고 싶지 않다는 이야기에서부터, '우리 교장선생님은 지진이나 전쟁이 나도 학교에 와야 해서 휴업을 안 한다고 말할 사람이니 꼭 교육청에서 강제 휴업을 해 주세요.' 등의 하소연까지 줄을 잇는다. 심지어 몇몇 교장·교감은 '교육감은 이 위급한 시기에 휴업이나 휴교령을 내리지 않고 뭐하느냐!'고 강하게 의견을 제시하며 전화한다. 위 보도대로 태풍 피해는 거의 없이 지나가 실무자들은 태풍 전의 문의 전화와 태풍 후의 분노의 전화만 받고 끝났다.

교사의 권리 포기가 불러온 현상들

—

법적으로 등하교 시간을 조정하거나 휴업·휴교를 결정하는 권한은 학교장에게 있다. 물론 교육청은 재해 등 긴급한 사유로 정상 수업이 불가능하다고 판단되면 학교장에게 휴업을 명령할 수 있다. 또 '특별히 긴급한 사유'가 있으면 휴교 처분도 가능하다. 휴업·휴교로 인해 최소 수업일수인 연간 190일(유치원 180일)이 확보되지 않는다면 원칙적으로 방학일수 등을 줄여 수업일수를 확보해야 하는데, 천재지변이 발생하는 경우에는 10% 범위에서 수업일수를 줄일 수 있다. 한번은 중앙부처 관계자가 말한 적이 있다.

"실제 학교장의 권한은 막강한데 이를 사용하지 않는다. 이들이 권한을 사용하지 않는 것은 책임 소재 때문이다. 만약 학교장이 책임지고 판단하는 리더로 자리매김한다면 교사는 신뢰받을 수 있다."

리더는 상황을 파악하고 판단하여 결정하는 자리이다. 직급이 올라갈수록 권한과 책임이 더 주어지는데, 그 대가로 직위와 그에 따른 수당이 부여된다. 그런데 학교에서는 권한이 있어도 사용하지 않는 경우가 많다. 학교나 교직 사회에 보신주의가 만연하다 보니 서로 책임지지 않으려 하고, 자신들의 권리를 포기하거나 남에게 위임해 버리는 현상이 비일비재하게 발생한다. 태풍으로 인한 휴업 여부 관련 혼란 사태에서도 모두가 책임을 피하려고 판단을 미루는 현상을 보았다. 주어진 권리도 제대로 행사하지 않고 남 탓만 하는 일들이 학교에도 만연되어 있다. 교사들은 교장·교감을 탓하고, 교장·교감은 교육감을 탓한다. 모두가 윗사람의 입만 바라보고 스스로 생각하고 판단하기를 회피한다. 이를 지켜보는 학생과 학부모는 당연히 교직 사회에 대한 신뢰를 잃게 된다. 자신이 판단할 일을 남에게 떠넘기는 교장·교감·교사의 모습에서 신뢰할 수 없는 사람이라고 인식하게 되는 것이다. 자신의 책임이 아니라고 떠넘기는 교사들의 모습을 보고 자란 학생들이 어떤 사회인으로 성장하기를 기대하는가? 배움은 수업 시간에만 일어나는 것이 아니다.

권리 포기의 또 다른 예 : 교원 성과급[83]

태풍으로 인한 학교 휴업 사태를 교사의 권리 포기로까지 연결시킨다니 억측이고, 과장이라고 생각하는 이들이 있을 것이다. 일부의 사례를 일반화하지 말라는 이야기도 할 수 있다. 다음에 이야기할 사례들을 보고 교사 집단이 가지고 있는 오판과 그로 인해 발생하는 일들을 생각해보는 계기가 되었으면 한다. 정답은 없다. 여기에 나온 의견이 전부가 아닐 수 있다. 다만, 교사라면 이에 대한 문제의식은 한 번쯤 가져 보았으면 한다.

교원 성과급 문제는 언제나 뜨거운 감자이다. 교원 단체 모두가 교원 성과급을 반대하고 있고, 그 부작용이 많은 것 또한 사실이다. 교원의 성과를 구분할 수 있는 기준이 없다는 것이 가장 큰 반대 이유이다. 그런데 이와 반대로 학부모는 교원 성과급의 등급을 더욱 세분화하고, 교원 평

---

83 정식 명칭은 교원 성과상여금이다.

교사 불신

가와 연계해야 한다고 생각하는 경향이 강하다. 학부모는 무능력한 교사는 퇴출하고, 유능한 교사의 급여를 올려 주어야 하기에 성과급에 차등을 두어야 한다고 말한다. 참고로 교수들의 성과급은 거의 상위 그룹 독식 체제로 등급 간 격차가 매우 크다.

교원 성과급은 교육부에서도 수차례 검토하였으나 폐기는 불가능하다고 결론을 내렸다. 공무원의 성과급에 관한 사항은 중앙부처인 인사혁신처에서 최종 판단을 하는데, 모든 공무원에게 성과급 제도가 있는데 교원만 없앨 수 없다는 판단에서이다. 여러 연구에서 이에 대해 논의하였는데, 없앨 수 없다면 교원 성과급을 부장수당, 담임수당, 농·어촌 수당의 확대로 전환하자는 제안도 있었다.

학부모들이 잘 모르는 것이 있는데, 외국의 경우 동료 간 평가와 학교 평가를 기준으로 교원을 평가하지 학부모가 교원을 평가하는 경우는 거의 없다. 우리나라처럼 학부모가 직접 평가하는 방식의 도입은 교사의 사기 저하에 상당한 영향을 주었다. 대학 교수도 학생들의 교수 평가가 있지만 학부모는 평가하지 않는다. 학부모에 의한 직접 평가는 사실 장점보다 단점이 많다. 학부모가 평가할 능력이 없어서가 아니라, 평가를 위한 연관성이 떨어져 타당하지 않다는 이유에서다. 학부모는 교원 평가가 아니라 학교를 평가하는 것이 맞다. 교원 평가는 동료 간 평가가 가능한데, 이것도 신뢰의 문제가 작동하여 반발하는 기류가 강하다.

주제에서 좀 벗어났는데, 여기서는 교원 성과급의 방법에 대해서 말하려는 것이 아니라 성과급 지급을 위한 단위학교의 등급 기준에 대해서 말하려 한다. 단위학교에서는 정해진 등급에 대해서만 지역교육청에 보고하게 되어 있다. 즉 S, A, B등급[84]을 어떤 교사가 받는지 등급만 통보하고, 등급 기준에 대해서는 지역교육청에서 전혀 관여하지 않는다. 물론 교육부에서 등급별 성과급 액수와 S, A, B등급별 비율, 예시 자료 등을 내려보낸 적은 있어도 누가 S, A, B등급을 받는지는 모두 단위학교의 결정이다. 특정 지역에서는 아직까지 교원 경력을 우대하기도 하고, 일부에서는 교장·교감의 판단이 들어가기도 하지만, 대개는 학교에서 대표성을 가진 교원을 뽑아 성과급위원회를 꾸려 정한다.

그런데 많은 교원들이 학교에서 자신의 의견을 피력하기보다는 뒤에서만 말하거나 침묵하고는, 교육청에 민원을 제기하는 등 우회적으로 불만을 표시한다. 아무래도 학교에서 목소리를 내면 교장·교감에게 좋지 않은 인상을 주어 불이익을 받거나 동료 관계가 불편해질 수 있다는 것을 우려하는 것 같다. 교육청에 교원 성과급에 대한 불만을 표출하면 학교 내에 역민원이 들어올 것을 기대하는 이들도 많다. 그러나 현실적으로 지역교육청이 단위학교에 성과급과 관련한 압력을 넣을 방법도 없고, 한다 해도 징계 사항이다. 그럼에도 많은 교사들이 지역교육청에 전화하여 학교에서 만든 규정이 문제가 있다면서 항의를 한다. 항의해 봐야 소용없고, 항의의 대상이 잘못되었다. 성과급위원회에서 구성원의 의견을 조율·반영하면서 공식적으로 논의해야 할 일이고, 본인의 의견

---

[84] 교원 성과급은 초기에는 A, B, C로 구분했는데, C등급의 부정적인 느낌 때문에 S, A, B로 바꾸었다.

교사 불신

이 관철되지 않았더라도 민주적인 절차와 결과를 존중하고 수용해야 하는 일이다. 만약 일부 교장·교감이 민주적인 결정 과정을 무시하고 직급에 의한 권한으로 자신의 의지만을 관철시켰다면(서류 조작 등) 그 사실을 문제 삼는 것이 맞다. 모든 것이 결정 난 후 뒤에서 말하거나, 전혀 관련 없는 지역교육청에 문제를 제기해 봐야 달라질 것은 없다.

성과급 제도를 옹호하는 것이 아니다. 하지만 제도가 바뀌지 않는다면 절차적 정당성이라도 지켜야 한다. 돈과 관련된 일이기도 하고, 교사로서의 자존심과도 관련된 일이라 모두가 예민한 사안에 공정성이 결여된다면 더욱 씁쓸한 일이다.

한 가지 더 언급하자면 많은 학교에서 논란이 생기는 이유 중 하나는 학교 일이나 학생 교육에 전혀 신경 쓰지 않다가 성과급 시기만 되면 자신이 낮은 등급을 받는 것에 불만을 표출하는 사람들 때문이다. 교사는 학생 교육이 최우선이긴 하지만, 현실적으로 교사가 수업만 해서는 학교가 제대로 돌아가기 어렵다. 그런데 교사는 수업이 중요한 것 아니냐며 학교 일은 나 몰라라 하거나 수업조차 태만하게 하여 학생·학부모에게 민원을 받는 교사가 간혹 있다. 그런 교사가 자신의 처사는 잊은 채 성과급 회의 때만 열심히 목소리를 내며 자신의 노력 이상의 등급을 받으려고 하는 것이 과연 정당한지 의구심이 생긴다. 성과급 제도도 문제가 있지만, 그와 얽혀 있는 교직 사회의 관계성과 문화에도 문제가 있다.

학교 내 정신질환을 가진 교사들에 대한 무관심

—

모든 교사가 알고 있지만 쉬쉬하는 내용이 있다. 학교 내 정신질환을 가진 교사들이다. 동료로서 안타깝지만 외면할 수 없는 문제이다. 가정 혹은 개인적인 문제로 정신적인 고충을 겪고 있는 교사들이 많다. 물론 원인이 학생이나 학부모와의 관계에서 기인하는 경우도 있다.

감정 노동자인 교사에게도 휴식이 있어야 한다는 목소리가 높아지고 있지만, 항상 학생·학부모와 마주칠 수밖에 없는 직업 특성상 대안을 찾기는 쉽지 않다. 그나마 2016년 1월 교육공무원법 개정으로 교원 자율연수휴직제(무급휴직제)가 운영되어 숨통이 트이고 있다. 이는 10년 이상 재직한 교원이 자기계발이나 신체적·정신적 재충전이 필요한 때 재직 기간 중 1회에 한해 최대 1년 동안 무급으로 휴직할 수 있는 제도이다. 그 이전에는 육체적·정신적으로 힘든 상황에서 휴직 사유가 없어 퇴직을 선택하는 경우도 많았다. 무급이고 경력으로 인정받지 못한다는 아쉬움은 있지만 그나마 다행이다.

전국적으로 40만 명이 넘는 교사가 있다. 이들 중 정신적으로 치료가 필요한 교사들이 있지만, 우리 사회 대부분이 그렇듯이 교사들도 정신적인 문제로 치료 받기를 꺼린다. 학생들을 상대해야 하는데 정신적으로 문제가 있다는 소문이라도 나면 교직 생활 자체가 어렵다고 판단해서이다.

지역교육청에서는 지속적으로 학부모 민원이 들어오는 경우가 있어, 어떤 교사가 정신질환이 있는지 대충 파악하고 있다. 하지만 대처할 수 있는 방안은 현재 제도 내에서는 딱히 없다. 현행법상 질병 휴직에 대한 권한은 학교장에게 있어 학교장의 판단하에 직권휴직이 가능하다. 그럼에도 정신질환으로 지속적인 문제를 일으키는 교원에게 직권휴직을 명하는 경우는 거의 없다. 안 그래도 힘든 사람이니 안타까워하거나, 원치 않는 직권휴직으로 보복을 당할 수도 있다는 걱정에 쉬쉬하면서 빨리 다른 학교로 보내려는 경우가 흔하다. 회피하고 폭탄 돌리기를 하듯 다른 학교로 내신을 내길 권유할 뿐이다. 1~2년 안에 비정기 전보로 어떻게든 우리 학교에서 내보내는 것이 최선이라고 생각하는 듯하다. 동료 교사들도 마찬가지다. 문제가 있는 것을 뻔히 알지만 해결하려 나서지는 못하고, 심지어 내가 그 반 학부모라면 전학 보냈을 것이라고 말하기도 한다. 문제가 있는 것은 충분히 인식하나 행동하지 않는 것이다.

정도가 심한 경우 뉴스에 나올 정도의 사례도 많았다. 말하기 참 부끄럽지만 수업 중 갑자기 기분 나쁘다며 계속 집에 가 버리는 교사, 외계인이 전파를 쏜다면서 머리에 포일을 감고 다니는 교사, 국정원이 자신을 도청한다고 믿어 수업 중 학생들에게 반복적으로 이야기하는 교사를 비롯하여 정도가 심한 경우가 많지만, 어떤 경우에도 학교 측에서 적극적으로 대처하는 경우는 없고, 대부분 지역 교육지원청에 민원을 넣고 말았다. 지역 교육지원청도 인사이동 시기에 고려하여 다른 학교로 배치하는 정도였다. 일부 시·도 교육청에서 질병심의위원회를 만들기도 하였으나 용두사미로 그치기도 하였다.

누가 봐도 업무를 수행하기에 심각한 문제를 가진 이들이라면 조직 내에서 적극적으로 대처할 필요가 있다. 그래야만 다른 교사들이 보호받고, 국민과 학부모로부터 신뢰받을 수 있다. 온정주의가 작동해서 문제 있는 사람을 봐주기 시작하면 조직 전체에 피해를 주어 모두가 불행해지는 결과를 초래하게 된다. 이러한 상황이 지속된다면 외부에서는 교사들을 자기 집단만 보호하는 문제 있는 집단이라고 여겨 신뢰도는 지속적으로 낮아질 것이다.

　누가 문제가 있는지 잘 알고 있지만 대처하지 않을 뿐이다. 속내는 누군가 대처하기를 바라지만 내 손으로는 못 하겠다는 심산이 깔려 있기도 하다. 개인적으로도 정말 안타깝지만 조직의 신뢰를 위해서는 이런 이들은 치료받을 수 있게 하고, 치료가 안 된다면 퇴직을 유도하는 것이 낫다. 몸이 아프면 병원에 가듯 마음이 아픈 사람도 치료가 필요하고, 너무 늦으면 더 큰 병이 된다. 모두들 아픈 사람이라는 것을 인정하면서도 밥그릇 얘기하면서 감싼다면 결국 그 교사에게 교육받는 학생들의 교육권을 빼앗는 것이다. 정신적인 문제가 있는 교사 한 명의 밥그릇과 수십, 수백 학생들의 수업권과 미래를 맞바꾸는 행위이다. 단순히 밥벌이 수단이 아닌 교육자로서의 판단이 필요하다.

　지금도 지역마다 유명한 일화를 만들어 내는 문제 있는 교사들이 있다. 그들은 치료를 받아야 하는 사람들이지 보통의 평범한 교사라 볼 수 없다. 그들로 인해 실추되고 있는 교직의 명예를 간과하고, 일부 극소수의 문제 있는 교사들을 무관심으로 대응한 결과는 교직 사회 전체의 불신으로 나타나게 된다.

교사의 책임 회피가 가져오는 결과

───

아픈 이야기이지만 교직 사회에는 책임 회피가 만연해 있다. 힘든 일을 피하는 것을 떠나서 자신의 권리마저 포기한다. 서술형 평가를 강화하라고 하니 '문제은행을 달라', '평가 매뉴얼을 달라'고 하는 교사들이 있다. 수학여행을 가더라도 안전 매뉴얼을 달라 하고, 학생 생활지도도 매뉴얼을 달라고 한다. 수업, 교육과정, 평가, 학생 생활지도 등 전반에 대해 책임지기 두렵고 방어하기 싫으니 교육청에 매뉴얼을 달라고 한다. 모든 것이 매뉴얼이며, 교육청과 장학사, 더 나아가서 교육부도 매뉴얼을 만들고 있다.

이 매뉴얼은 감사 자료가 되기도 하며, 교사의 재량권을 옭죄는 영향력을 가져온다. 학교 자율화(학교 자치)를 해야 한다고 외치면서도 책임지기 싫은 것은 교육청에서 해 주길 바란다. 이 논리라면 교사는 수업만 하고, 모든 기능은 외부로 이관하여 결국 교육청·교육부의 비대화를 초래할 것이다. 학교 일에 관여하는 외부 기관이 많아지면 학교는 더욱 힘들어진다. 마치 고식지계姑息之計[85]와 같다. 잠시 동안 면피하고 이익을 얻을 수 있으나 궁극적으로는 교직 사회 전체에 위기를 초래할 것이다. 교사가 교육 전문가로 인정받을 길이 요원해진다. 교육청이나 교육부로 책임을 넘기면 결국 기관의 역할이 커지고, 교사는 책임에서 벗어날 수는

───────

[85] 당장의 편한 것만을 택하는 일시적이며 임시변통의 계책을 이르는 말이다.

있겠지만 전문가가 아닌 수동적인 기능인의 역할만 하게 될 것이다. 권리와 책임이 줄어들면 잠시나마 편할지 모르지만, 그것이 더 큰 부메랑이 되어 날아올 수도 있다. 돌아올 비난 또한 커질 것이라 본다.

오히려 교사와 학교의 재량권을 강화해야 한다고 나서야 할 시기이다. 매뉴얼을 해석하는 일은 교사만이 할 수 있는 일이 아니다. 매뉴얼대로 움직이는 역할은 누구나 대체할 수 있다. 교사가 교육 전문가로 인정받지 못하는 것은 책임 회피 문화와 매뉴얼에 기대는 습관 탓이 크지 않나 되돌아보아야 할 시기이다. 전문가로서의 권리와 책임 그리고 그와 연결된 의무까지, 전문가라면 당연히 이 모든 것들이 있어야 하고, 그에 대한 판단은 교사 스스로 해야 한다. 하지만 교직 사회에서 권리에 대한 포기는 이미 만연되어 있다. 그러면서 이익은 놓지 않으려 하는, 불의는 참을 수 있으나 불리함은 못 참는 모습이 지금의 현실이다.

물론 매뉴얼을 찾게 된 것을 교사의 탓만으로 돌릴 순 없다. 최근 들어 순간의 판단 실수로도 직을 잃을 정도의 위기에 처하고, 추락하는 교권 속에 교사의 언행 하나하나를 지적하고 문제 삼는 사회적 분위기는 교사를 위축시키고 있다. 아무것도 안 해도 비난을 받고, 해도 이런저런 트집을 잡히는 일이 반복되면 교사는 의욕을 잃고 사기가 꺾인다. 그래서 매뉴얼대로만 하고, 기본만 하겠다는 속내를 모르는 바는 아니다. 하지만 흘러가는 분위기 따라 교사가 권리를 포기하는 것은 스스로 설 자리를 좁히는 것과 다름없다. 지켜야 할 최소한의 사항을 숙지하고 스스로 전문가가 되려는 노력을 하는 것이 학생들 앞에도 당당한 모습이 아닐까.

11

교사 공용폰 논란으로 본
감정 노동자의 말 못 할 슬픔

• 서울특별시 조희연 교육감은 2018년 12월 14일 한 신문사와의 인터뷰에서 "학교에서 직접 생활해 보니 전해 듣던 것보다 교권 침해가 심각했다."면서 보호 대책을 마련하겠다고 밝혔다. 학부모가 교실에 불쑥 찾아와 교사에게 폭언하는 건 외국에서는 있을 수 없다. 학부모가 공식적인 경로를 통해 약속해야만 교사를 면담할 수 있는 시스템을 만들려고 고민 중이다. 또 교사들은 늦은 밤까지 학부모의 전화나 문자 메시지를 받는 등 사생활 침해를 겪고 있다. 밤늦게 전화해 욕하는 일도 있다. 이에 교사에게 관용폰이나 공용 번호를 주는 방식으로 일과 뒤 급한 이유 없이 교사에 연락하는 일을 막는 방법도 고민 중이다.[86]

---

86 서울신문(2018. 12. 16)

이 내용이 알려지자 많은 교사 커뮤니티에서는 환영의 뜻을 밝혔지만, 일부 학부모의 반응은 시큰둥하거나 반발하기도 하였다. 실제 이 정책이 시행되기까지는 오랜 시일이 걸릴 것으로 예상되지만, 일부 시·도교육청에서는 신년 신규 사업으로 '공용폰 정책'을 추진하는 것을 계획하기도 하였다.

담임교사로 살아간다는 것

최근 초·중·고등학교에서 담임 기피 현상이 심해지고 있다. 초등학교에서는 소수의 비담임(대개는 교과 전담교사)을 제외하고 대부분의 교사가 담임을 하게 된다. 비담임은 보통 임산부나 군 입대 예정자, 개인 사정이 있는 경우 등을 배려하여 배정되므로 특별한 사유가 없으면 담임으로 배정된다. 중·고등학교의 경우는 약간 다른데, 전체 교원 중 담임교사의 비율이 40%가 채 안 되는 경우가 많다. 그렇다고 중·고등학교에서 담임교사를 선호하는 분위기는 아니다. 예를 들어 광주·전남 지역만 하더라도 초·중등 교사 중 기간제 교사가 담임을 맡은 비율이 최대 60%로 나타났다.[87] 전국적으로도 기간제 교사가 담임을 하는 비율이 해마다 상승하고 있어 기존 경력 교사들의 담임 기피 현상이 심화되고

---

[87] 국정감사 교육부 자료(2018. 10.)

교사 불신

있음을 알 수 있다.

학교에서 담임교사로 살아간다는 것은 학급 학생들의 모든 것을 책임진다는 것이나 마찬가지다. 학업, 생활지도, 교우 관계, 학생 상담, 학부모 상담, 가정환경 조사, 학교폭력 사안을 포함한 각종 사건·사고 해결, 성적 처리, 진로·진학 상담 등 수없이 많은 일을 해야 한다. 학년이 높아질수록 학생이 스스로 할 수 있는 일들이 늘어나지만, 그에 비례해 교우 관계나 학교폭력, 진로·진학 상담 등의 업무가 늘어나 초·중·고 모두 담임교사의 스트레스는 이만저만이 아니다.

담임수당은 월 11만 원의 금액이 20년 가까이 동결되다가 2016년에 와서야 13만 원이 되었다. 수당을 받으려고 담임을 하는 교사는 없다. 담임을 해 본 교사라면 담임 업무에 대한 보상이 되기에는 적절하지 않은 액수임을 알기 때문이다. 절대 다수의 교사는 연간 150만 원가량의 담임수당을 받으면서 스트레스를 받느니 비담임을 선호한다.

괴물 부모의 등장

———

담임을 하면서 겪게 되는 힘든 일은 업무와 관련된 것뿐만이 아니다. 담임교사를 가장 힘들게 하는 것은 수업이나 학생들이 아닌 학부모이다. 정확하게는 일부 소수 학부모의 교사 괴롭힘이다. 업무 스트레스로 사직하는 교사는 없어도 학부모가 원인이 되어 사직하는 경우는 흔하다.

'괴물 부모'라는 표현은 우리나라에서 만든 용어는 아니다. 이웃 나라 일본에서 사회문제가 되고 있는 현상을 지칭하는 말이다.

한 초등학생 학부모가 담임교사와 후쿠오카 시를 상대로 5,800만 엔의 손해배상을 청구한 민사 소송이다. 교사의 폭행과 폭언으로 아이에게 '외상 후 스트레스 장애PTSD'가 생겼다며 원고 측이 책임을 물은 사건이다. 교육 소송으로는 초유의 청구액으로 이목을 끈 사건의 발단은 교사의 가정방문이었다.

어머니는 아이의 학교생활, 성격 등을 화제로 이야기를 나누다가 느닷없이 아이의 증조부가 미국인이라고 자랑했다. 며칠 뒤 학교 측은 부모의 항의 방문을 받았다. 담임교사가 "더러운 피가 섞여 있다!"는 폭언과 동시에 체벌을 시작했다는 것이다. 아이에 대한 따돌림이 극에 달해 "너 같은 것은 죽어!"라고 자살을 암시하는 말까지 듣고는 아이에게 외상 후 스트레스 장애가 왔다며 소송을 제기했다.

소송 전부터 신문, 방송, 주간지 등 모든 언론에서 일제히 혼혈을 차별하는 '살인 교사'라는 보도가 잇달았다. 원고 측에 500명의 변호인이 붙었다. 그러나 공판이 진행되면서 원고의 주장은 거짓임이 드러났다. 사건의 단초가 된 미국인 혈통부터 새빨간 거짓말이었다. 교실에서의 체벌, 자살 강요도 원고 측이 지어냈다는 사실이 밝혀졌다. 외상 후 스트레스 장애도 실은 교사를 매도하는 사회적 분위기에 휩쓸린 의료진이 원고 측 주장만으로 판단해 내린 오진이었다. 교사는 명예를 회복했지만 이미 단죄를 받은 뒤였다.

일본에서 사회문제가 되고 있는 '괴물 부모' 현상을 상징하는 사건이다.[88] 이 사건이 모티브가 되어 동일한 이름의 드라마가 후지TV에서 제작되어 2008년에 방영된 바 있다.

이 사건을 보고 일본의 일이라 다행이라고 안도하기에는 우리나라 학교 현실도 만만치 않다. 이미 위와 유사한 일들이 벌어지고 있다. 우리나라는 사회·문화적으로 일본의 10~15년 전 일들이 거의 유사하게 나타난다. 쌍둥이라고 할 정도로 여러 현상이 닮아 있다. 우리나라도 일본과 마찬가지로 학교에서 벌어지는 여러 사건에 대해, 교사와 인과관계가 없는 일들까지 교사에게 책임을 묻는 일이 잦아지고 있다.

물론 대부분의 학부모는 그렇지 않다. 양 극단이 문제가 된다. 소수의 학부모는 자녀의 학교생활에 너무 무관심하다. 또 다른 소수의 학부모는 담임교사와 학교에 수시로 민원을 넣고, 그중 몇몇은 과도한 요구를 하며 집요하게 교사를 괴롭힌다. 다음은 실제 사례이다.

- 미혼 여교사가 SNS 프로필에 남자 친구와 다녀온 해외여행 사진을 올려놓으니 문란한 사생활 때문에 학생들에게 교육적이지 않다며 학부모가 항의하였다.

----

[88] 서울신문(2007. 12. 4)

- 밤 10시에 교사가 자신이 보낸 카톡을 확인 안 한다면서 빨리 확인하고 답변 달라고 문자로 독촉하였다.
- 아이가 학교에 공책을 놓고 왔다며 담임교사가 찾아서 집에 전달해 달라고 전화하였다.
- 사전 약속 없이 밤늦게 전화해서 아이 진로 상담을 요청하였다.
- 학교폭력 가해자로 판정 난 사안에 불만을 가진 가해 학생 부모가 담임교사에게 폭언을 하고 협박하였다.
- 자녀가 체험학습을 신청하고 학교에 가지 않은 날 담임교사가 계절과 관련한 야외 수업을 한 사진을 올리자 왜 우리 아이가 학교에 안 간 날 했느냐며 다시 수업해 달라고 요구하였다.
- 현장체험학습에서 학생들이 함께 도시락 먹는 사진을 보고 우리 아이 도시락 신경 쓰지 못했는데 왜 도시락 나오게 사진을 찍었느냐며 전화해 불평하였다.
- 아이가 자전거를 잃어버렸는데, 담임교사에게 CCTV 확인해서 경찰서에 신고해 달라고 요청하였다.
- 학교에서 휴대전화를 분실했다면서 담임교사가 보상하지 않으면 소송하겠다고 하였다.
- 아이들끼리 다투다가 옷이 찢어졌는데 학교에서 보상해 줄 수 있느냐고 전화하였다.
- 체육 시간에 인대를 다쳤다며 학교안전공제회에서 보상해 달라고 요청하였다(실제로는 학교가 아닌 학원에서 다쳤다고 친구들이 증

교사 불신

언하였다).

- 담임교사의 외모가 별로라 아이들이 공부에 집중하지 못한다면서 교감에게 담임 교체를 요구하였다.
- 학생의 아버지가 술에 취해 담임(20대 여교사)에게 전화해서 짜장면 사 줄 테니 같이 먹자고 하였다.

차마 싣지 못한 이야기는 훨씬 많다. 용건의 내용을 떠나 일단 담임교사에게 전화하는 시간이 퇴근 후 늦은 시간이나 휴일을 가리지 않는다. 자신이 보낸 메시지를 바로 확인하지 않는다고 화내는 학부모도 있고, 주말에 전화를 안 받는다며 담임 교체를 요구한 일도 있었다. 담임교사는 평균적으로 25~30명의 학생을 맡고 있는데, 그 학생들의 부모(때로는 조부모까지)를 포함하면 평균적으로 50명 내외의 성인을 상대한다. 그중 담임교사에게 불만을 품은 사람이 한 명이라도 있다면 그 한 명에게 최소 일 년 동안(가끔은 진급한 후에도 계속 이전 담임에게 연락을 하는 학부모도 있다) 시달리거나 심하면 담임 교체 요구까지 당하는 것이다.

모 항공사의 '땅콩 회항 사건'[89]을 기억하는 이들이 많을 텐데, 이와 비슷한 일을 빈번하게 당하는 교사들에 대해서는 언론이나 대중 모두 놀랍도록 침묵한다. 학교라는 특수성 탓에 제보하는 교사가 거의 없는 것

---

89 2014년 12월 5일 0시 50분 모 항공사의 뉴욕발 한국행 항공편이 공항 활주로로 이동하다가 특정인의 소란으로 후진한 사건. 해외 언론에도 대서특필되었다.

도 하나의 원인일 것이다. 실제 외부에 알려진 학부모 소송 건은 연간 100~200건에 불과하다. 40만 명의 교사 수에 비하면 매우 적은데, 현직 교사들은 왜 이런 수가 나오는지 잘 알고 있다. 대부분 쉬쉬하거나 사안에 대응하는 것을 포기하기 때문이다. 학부모의 행동에 발끈하거나 함께 대응했다가 어떤 결과가 생기는지 잘 아는 것이다.

교직 생활 중 교사가 학부모 앞에 무릎을 꿇고 사죄하는 모습을 여러 번 보았다. 대부분 객관적으로 봤을 때 교사가 무릎을 꿇을 만한 잘못을 하지 않았지만 학부모의 집요한 사과 요구에 항복한 것이다. 아마 학교 밖 사회였으면 학부모를 형사 처벌할 정도의 상황에도 교사들은 참고 또 참는다.[90] 더욱 슬픈 현실은 학교장이 학부모의 요구에 바로 순응하고 교사의 사과를 유도하는 경우가 종종 있다는 것이다. 문제가 되는 상황이 발생하면 사실관계 파악 이전에 학부모의 이야기만 듣고는 일방적으로 "일이 커지기 전에 사과하고 끝내는 것이 좋겠지요?"라고 유도하는 경향이 있다.

학부모와의 갈등은 학생 간 학교폭력이 발생하면 더욱 극에 달한다. 피해 학생과 가해 학생의 학부모 모두 교사 탓을 하면서 교사에게 사과를 요구한다. 2018년 실제 상담한 내용 중 피해 학생 입장에서 열심히 해결하려고 노력했던 교사가 있었는데, 피해 학생의 학부모가 결과가 마음에 들지 않는다면서 교사에게 매일 전화와 문자로 폭언을 한 사안

---

90 한 백화점에서 직원을 무릎 꿇게 하고 갑질하던 사람은 언론에 제보되어 형사 처벌을 받았다(2018. 7.).

교사 불신

이 있었다. 3개월 넘게 폭언에 시달리던 교사는 사표를 던질 각오로 소송을 이야기했더니 학부모가 행동을 멈추었다. 이렇게 교사는 학부모가 화가 날 때, 억울할 때, 하소연하고 싶을 때 등의 상황에서 쉽게 연락할 수 있고 접근하기 쉬운 만만한 '감정의 하수구'가 되곤 한다. 안타까운 것은 당시 학교장과 동료 교사, 교육청 어디에서도 도움을 주지 않았다고 한다. 사회에서는 관심을 가져 주는 내용은 아니지만 교사에게 흔하게 벌어지는 일이다.

과거에 학생을 체벌하고 촌지를 받는 권위적이고 폭압적인 교사들이 존재했을 것이다. 현재 학부모 나이쯤의 성인들은 학창 시절 빈번하게 그런 교사들을 만났고, 교사에 대한 강한 거부감과 불신은 그러한 경험에서 비롯되었을 것이다. 그러나 그들이 생각하는 교사에 대한 관점을 지금 적용시키기에는 시점時點이 다르다. 그들이 교육받았던 1970~80년대의 교사들과 2010년 이후의 교사들은 시기적으로 30~40년의 차이가 난다. 학부모를 괴롭혔던 그 교사들은 모두 은퇴하고 지금 교단에 없다. 학부모가 교사에 대한 불신의 시선을 갖게 된 원인은 이해하나, 그 대상은 반드시 구분되어야 한다. 2019년 현재 대한민국의 교사들에게서 체벌, 촌지, 권위는 찾아보기 힘들다. 어디에나 예외는 있듯 5월만 되면 불거져 나오는 촌지 교사를 만난다면 신고를 권한다. 그는 바로 교사직을 잃는다. 증거가 명확한데 고민하고 있는 학부모가 있다면 바로 교육청에 신고하여 학생 교육에 도움이 되는 현명한 선택을 하기 바란다.

변한 것은 교사만이 아니다. 시대가 변하고 문화가 변함에 따라 과거의 학부모와 지금의 학부모 또한 다르다. 스승의 그림자도 밟지 않는다는 말은 과거의 유물이 되었다. 지금 교사는 내 아이를 이끌어 주는 스승이라기보다는 여러 직업 중 하나로 인식된다. 그래서일까? 내 아이의 '선생님'에 대한 존중은커녕 사람과 사람 사이에 지켜야 할 최소한의 예의도 지키지 않는 '갑질 학부모'까지 등장하고 있다.

지금 대한민국 교사에게는 무한책임이 있을 뿐이다. 권리는 없고 의무만 존재하는 학교 선생이자 감정 노동자, 학부모가 감정의 하수구쯤으로 생각하는 이들이 우리나라의 미래인 아이들을 맡고 있다. 이런 부당한 대우를 받는 감정 노동자에게 정상적인 교육을 기대하는 것은 욕심이 아닐까?

때와 장소를 가리지 않고 울려 대는 학부모의 전화에 교사에게 공용폰을 지급하자는 아이디어가 언급되자 세금 낭비이지 무슨 공용폰이냐며 학생과 학부모의 권리를 말하는 이들이 있다. 미국·캐나다·호주 등의 나라에서는 학교를 통해서만 교사에게 학부모의 말을 전할 수 있다. 프랑스·독일에서도 잊힐 수 있는 권리를 말하면서 퇴근 시간 이후에는 SNS를 통한 회사 측의 지시를 거부할 수 있도록 법률로 제한하고 있다. 다른 선진국도 대부분 마찬가지다. 우리나라도 회사 차원에서 그런 제한을 만들고 있다. '워라밸Work and Life Balance'이 강조되면서 일과 삶의 균형이 중요하게 된 것이다. 고객의 폭언에 시달리던 전화 상담원들의 인권도 최근 들어 개선되고 있다. 모든 통화가 녹음되고, 첫 안내 멘트가 욕설·폭언 시 불이익을 당할 수 있다고 하거나 상담원이 우리 가족일

수 있다는 멘트가 나가는 경우도 있다.

또한 많은 어린이집과 사립 유치원의 경우 담임교사의 전화번호를 알려 주지 않고, 기관 대표번호를 알려 주는 경우가 많다. 대부분의 학부모는 어린이집에 보낼 때부터 그러한 시스템을 경험하며 별다른 불편함을 못 느낀다. 그런데 유독 학교는 이메일, 전화번호 등 교사의 지나친 개인정보를 학부모에게 공개하고 있고, 공개하기를 바란다. 이는 학부모의 요구도 있고, 학교장의 방침도 작동한다. 그래서 일부 교사들은 투 넘버 서비스[91]를 이용하거나, 아예 학교에 업무용 휴대전화를 별도로 두기도 한다. 사생활 보호 차원에서다. 24시간 대기하면서 학부모의 요구를 받아 주어야 하는 교사들의 입장을 한 번이라도 생각해 본다면 공용폰 논란 자체가 얼마나 이기적인 요구인지 알 수 있다.

한 예로 교육청에서도 취재를 원하는 언론 기자들은 대변인실을 거쳐야 한다. 장학사의 전화번호를 알려 주지 않고, 안심번호[92]를 알려 줘 번호가 공개되지 않는다. 일부 혁신학교에서는 학기 초에 안내장을 보내 교사의 개인정보를 알려 주지 않는다고 말하며, 교사의 휴대전화 번호를 공개하지 않기도 한다. 약간의 불편함에 익숙해지면 그게 원칙으로 통용될 수 있다.

교사도 퇴근 후에는 학부모와 똑같이 누군가의 부모이자 자식이고,

---

91 이동 3사가 하나의 전화기에 2개의 전화번호를 서비스하는 제도이다.
92 실제 전화번호가 아닌 이동통신사업자가 임의로 생성한 가상번호를 사용하는 서비스. 불필요한 개인정보 노출을 막기 위해 사용하는 취지이다.

남편과 아내이다. 역지사지의 입장으로 30명이 넘는 학생과 그 부모에게서 24시간 언제든 연락이 올 수 있다고 생각해 보라. 교사가 공무원이라는 이유로, 담임교사라는 이유로 인권을 침해당해서는 안 된다. 그런 예의 없고 막무가내인 부모의 모습을 보며 자란 학생들은 무엇을 배우겠는가.

그럼 어떻게 해야 하나?

—

일본에서는 5명의 학부모가 모이면 담임 교체에 성공한다고 한다. 우리나라에서도 그런 일들이 종종 벌어진다. 학부모의 마음에 들지 않으면 사소한 일로도 담임 교체를 요구하는 사태가 벌어진다. 담임 교체는 학교장의 권한인데, 이러한 학부모의 요구를 쉽게 수용하는 일들이 발생하고 있다. 교사의 사기는 바닥에 떨어지고, 학교장이 보호해 주지 않는다는 사실에 분노한다.

학부모 입장에서 담임교사가 마음에 들지 않아 바꾸고 싶을 수 있다. 실제로 교사로서의 자질이 의심되어 정말 교체가 필요한 경우도 있다. 하지만 많은 경우 담임교사에게 정말 담임을 할 수 없을 정도의 심각한 문제가 있는 것이 아니다. 또한 담임 교체가 반 전체 학부모의 의견이라기보다는 담임에게 불만을 품은 일부 학부모가 선동하고 그에 따르는 몇몇의 의견인 경우가 더 많다. 극단적인 방식을 매번 사용하다 보면 상대방은 무감각해지고 외면하게 된다. 지금 교사들이 그런 상황이다. 담임을 맡으면 비담임보다 힘든 것은 당연하고, 예상치 못한 갈등 상황까지 맞이할 수도 있으니 기피하는 것이다.

물론 교사들도 반성할 부분이 있다. 동료 교사가 학부모에게 말도 안되는 이유로 괴롭힘을 당한다면 힘이 되어 주고, 학교 차원에서도 대응책을 마련해야 하는데, 무조건적인 교사의 사과를 유도하거나 나 몰라라 하는 모습은 당사자에게 좌절감만 줄 뿐이다. 특히 교직 사회의 생리를 잘 아는 교장·교감의 역할이 중요하다. 사실관계를 정확히 파악해서 대응해야지, 무조건적으로 '담임교사가 알아서 해라.', '일 크게 만들지 말고 담임교사 선에서 해결해라.'라는 식의 대응이라면 교직 사회의 사기만 저하시킨다.

교육청에서도 빠른 판단과 지원이 있어야 한다. 무조건 학교 현장에서 해결할 일이라고만 하지 말고, 법적 자문과 대응책 그리고 학부모와 교사 간 타협을 볼 수 있도록 지원이 필요하다. 각종 분쟁에 조기 개입해서 서로의 피해를 최소화하는 것이 교육청의 중요한 역할이 아닐까? 사소한 일은 사소하게 끝나야 한다. 담임 교체와 법적 소송은 마지막 수단이 될 수 있기를 바란다.

학부모 사이에서도 이런 움직임이 감지되면 스스로 자정 능력을 발휘해야 한다. 담임교사는 반 전체 학생들의 담임이다. 몇몇 학부모가 담임 교체를 요구한다고 교체되어서도 안 된다. 같은 학부모로서 몇몇 학부모의 행동이 불합리하다고 생각되면 이에 대해 문제를 제기할 수 있어야 한다. 이런 자정 능력이 작동한다면 학부모와 교사는 갈등 관계라기보다 협력자의 관계가 될 것이다.

또한 학교도 안심번호를 도입할 필요가 있다. 공용폰이나 대표번호만 안내할 수 있도록 시스템을 만들고, 서로를 보호할 수 있도록 모든 통화가 녹음되는 시스템을 마련해야 한다. 그것이 교사의 인권을 위한 최소한의 장치라고 생각한다. 모든 통화 내용을 녹음하거나 안내 멘트가 나가도록 하는 것은 통신사와 협약할 때 논의하면 되는데, 그리 큰 비용이 들지 않는다. 예산이나 비용 문제 때문에 아무것도 할 수 없다는 핑계는 교육청이나 교육부에서 직무유기를 하는 셈이다.

학생 생활지도와 교과 지도, 학생·학부모 상담, 진로·진학 교육, 학교폭력, 교육과정 기획, 행정업무 등 모든 것을 담임교사가 하는 방식 또한 개선이 필요하다. 모든 것을 잘하는 슈퍼맨은 없다. 어느 한쪽이든 소홀해지는 부분이 생기기 마련이다. 이제 교사 업무도 분업화를 고민해야 한다. 교사도 역할을 나누어 수업, 기획·행정업무, 학생·학부모 상담 업무 등으로 역할을 세분화한다면 지금보다 훨씬 효율적인 성과가 나올 것이라 생각한다. 앞으로 학교는 수업만 하는 곳이 아닌 교육복지를 담당하는 곳으로 자리매김할 가능성이 크다. 그렇기에 이런 분화가 필수적으로 필요하다. 이와 관련된 자세한 내용은 2부에 제시하도록 하겠다.

교사 불신

12

학교폭력 사안에 대한 언론과 학부모의 인식

학교폭력 예방 및 대책에 관한 법률

—

학교 안 학생들의 다툼이 학교 밖 부모의 싸움으로까지 확산되는 경우가 점점 늘고 있다. 학생 선도와 교육을 목적으로 한 학교폭력위원회(이하 학폭위)의 결정이 어른들의 법정 싸움으로 번지면서 사건의 본질은 흐려지고, 그러는 동안 피해 학생의 고통은 깊어진다. 불복을 부르는 학폭위 구성, 학교의 현실이 따라가지 못할 정도의 촘촘한 법 규정, 교사의 재량권 부족 등 학폭위를 둘러싼 여러 문제들이 끝내 학교가 아닌 법원을 종착지로 만드는 것이다.

2018년 전국 법원에서 확정된 학폭위 처분 관련 행정소송 판결 108건을 분석한 결과 학폭위 결정[93]에 문제가 있다며 처분 결과를 취소·무효화하거나 위법이 있음을 인정한 판결이 45건으로 41.7%에 달했다. 학교에서 이루어진 학폭위 결정 10건 중 4건이 법원에서 뒤집힌 셈이다. 특히 학폭위 결정이 잘못됐다는 45건의 판결을 전수 분석한 결과 '절차상 하자'가 있어 처분이 위법하다는 판단이 20건(44.4%)으로 가장 많았다. 학교에서 이루어진 행정 절차에 오류가 있었던 점이 인정되면 가해 학생이 어떤 행동을 했는지는 따지지도 않고 그 처분은 잘못된 것이 된다. 45건 중 15건(33.3%)은 가해 학생의 행위를 학교폭력으로 보기 어렵거나 처분 사유가 인정되지 않아 위법한 처분이라고 판단됐다. 10건(22.2%)은 학교폭력은 맞지만 처분 수위가 지나치거나 형평에 맞지 않는다고 지적됐다. 재경법원의 행정재판부 재판장은 "학교에서 충분히 해결할 수 있을 만한 사건들도 법원으로 넘어와 오히려 분쟁이 커지는 경우가 많은데 정작 학폭위 과정에서 학교는 뒤로 빠져 있는 것 같다."고 지적했다.[94]

위 기사는 학교 현장의 현실을 여실히 드러내고 있다. 「학교폭력 예방 및 대책에 관한 법률」(이하 학폭법)은 학교폭력의 예방과 대책에 필요한 사항을 규정함으로써 피해 학생의 보호, 가해 학생의 선도·교육 및 피해 학생과 가해 학생 간의 분쟁 조정을 통하여 학생의 인권을 보호하고, 학

---

93 법원에서는 보통 사안에 대한 절차상 규정을 준수했는지 여부를 판단한다.
94 서울신문(2019. 1. 20)

생을 건전한 사회 구성원으로 육성함을 목적으로 한다. 이 법률의 내용은 모든 교사와 학부모가 한 번쯤은 들어 보았거나 관련 연수도 받아 보았을 것이다. 취지 자체는 참 좋다. 학교폭력도 예방하고, 피해 학생에게는 도움을 주고 가해 학생에게는 응당한 대가를 치르게 한다는 것이다.

그런데 학폭법이 학교교육을 저해하는 요인이 되고 있다. 여러 차례 언론과 시민 단체, 교원 단체에서 문제를 제기했지만 국회에서는 응답이 없다. 2011년 12월 22일 대구의 한 중학생이 또래의 괴롭힘에 고통을 받다 스스로 목숨을 끊는 일이 있자 중앙정부와 교육부에서 2012년 2월 처벌 위주로 강력하게 법을 개정했다. 학교 내에서 발생한 모든 폭력 행위에 대해 학폭위에서 심의 · 의결하도록 했으며, 가장 낮은 수준의 징계인 서면 사과를 받더라도 모든 내용을 학교생활기록부에 기록하도록 했다. 목적은 학교폭력 해결인데, 실제 학교 현장에서는 가해 학생과 피해 학생 모두가 불만인 상황이 연출되었다. 가해 학생은 가해 학생대로 억울하다면서 변호사를 선임해 대응하는 현상이 발생하고, 피해 학생은 가해 학생의 처벌 수위가 마음에 들지 않는다면서 법적 대응이나 학교와 교사에게 항의하는 사태가 발생한다. 학교에서는 거의 아수라장이 되어 버리는 사안들이 빈번하게 발생하고 있고, 교사들은 학폭법은 모두가 불행해지고 변호사만 배불리는 법이라는 조롱 섞인 불만을 제기하고 있는 상황이다. 교장 · 교감은 학교폭력 민원 스트레스로 작은 학교를 선호하는 기현상이 나타나고, 교사들 사이에서는 학교폭력 업무가 가장 힘든 기피 업무가 되었다.

교육부에서는 야심차게 이 법을 시행하면서 학교폭력 예방을 위해 힘쓴 교사에게 승진가산점을 주기 시작했다. 보통 승진가산점은 0.01점 단위로 부여되는데, 1년에 0.1점이라는 파격적인 점수를 주기로 했다. 게다가 한 학교에 40%의 교원이 받을 수 있도록 했다. 사실상 이 점수를 받지 못하면 승진이 어려운 상황이 된 것이다. 승진가삼점의 부작용을 모르고, 교원 승진가산점에 대한 이해도가 낮은 학부모와 국민들은 좋은 정책이라며 반색했다.

학교 현장은 두 부류로 나뉘었다. 승진에 무관심한 지역에서는 승진가산점을 거의 신청하지 않기도 했고, 승진 희망자가 많아 승진 점수 받기가 치열한 곳에서는 서로 학교폭력 승진가산점을 받으려 싸웠다. 정작 승진가산점 시행으로 학교폭력이 줄었다는 보고는 없다. 학교폭력 예방과 해결에 기여하는 이들이 승진가산점을 받아야 하는 본래 취지와는 달리, 승진을 앞둔 이들이 혈안이 되어 점수를 챙기다 보니 제도의 취지가 흐려졌다. 점수는 챙기고 업무는 학교폭력 담당부서에게 떠넘기는 현상이 심화되어, 학교 내분이 일어났다는 기사와 사소한 사안까지 모두 신고가 들어와서 학교폭력 사안이 늘어나고 있다는 언론 기사만 있다. 상황이 이렇다 보니 인천교육청에서는 2019년부터 일부 학교(초·중등 110개교)에 학교폭력 담당교사의 수업 시간을 줄여 주는 정책을 시행하려 한다.[95]

---

95 연합뉴스(2019. 1. 15)

중앙정부와 교육부의 계주생면

'계주생면契酒生面'이라는 말이 있다. 남의 것을 마치 자기의 것처럼 생색내는 것을 이르는 말이다. 중앙정부와 교육부가 딱 그 모습으로 보인다. 교사에게 모든 것을 떠넘기고는, 자신들은 학교폭력 승진가산점도 주고, 법·제도도 만들었으니 책임과 민원은 학교의 몫이라는 것이다. 현재의 학교 현장과 맞지 않는 법을 만들어 놓고서는 민원이 들어와도 끄떡 안 한다. 지금 많은 사람들이 학폭법을 개정 또는 폐기해야 한다고 하지만 교육부는 움직일 생각이 없다.

학폭법의 큰 문제는 교사들에게 재량권이 없는데 역할은 많다는 것이다. 교사는 판사·검사·경찰 역할은 물론 상담가·행정가 역할까지 해야 한다. 일인 다역을 맡는 것도 모자라 그 결과에 대한 항의를 가해 학생과 피해 학생 양쪽 모두에게 받는다. 진행 과정에서 사소한 실수라도 하면 아동복지법[96] 위반이 된다. 학폭위 심의 건수는 2015년 1만 9,968건에서 2017년 3만 1,240건으로 급증하는 추세이다. 그와 비례하여 교사들의 고충이 이만저만이 아니다. 학부모는 내 아이가 우선이기에 가해 학생 측은 처벌을 완화시켜 주거나 학교생활기록부에 기재되지 않게 해 달라고 항의가 빗발치고, 피해 학생은 가해 학생의 중한 처벌과 퇴

---

[96] 학생을 조사할 때 위협적으로 말했다든지, 소리를 질렀다는 민원이 제기되면 경찰서에서 아동복지법 위반(아동 대상 폭력)으로 조사받기도 한다. 피해자의 주장에 따라 벌금형을 받아 교사직을 잃을 수도 있다.

학 조치를 요구하는 상황이다. 학교폭력의 사안은 일반 형사사건과 달리 매우 복합적이다. 가해자와 피해자가 모호하거나 쌍방이 모두 피해를 받는 경우가 많다. 서로 피해자라고 주장하기 시작하면 이것을 구분하기가 애매하고, 인과관계에 대한 설명이 어렵다.

'회복적 생활교육'으로 문제를 해결할 수 있다고 말하는 이들도 있다. 교육청에서도 근본적 대책으로 '회복적 생활교육'을 말하기도 하는데, 사실 이 방식은 예방에 중점을 두거나 사소한 갈등 상황에서는 도움이 되겠지만 심각한 상황에 적용하기에는 무리가 있다. 그리고 오랜 기간이 소요되며, 학급당 학생 수가 30여 명에 이르는 현재의 상황에서는 시행하기 어려운 단점이 있다. 최근 학교폭력 사안 중 악질적인 수준으로 형사 처벌까지 고려해야 하는 상황이 발생하는데, '회복적 생활교육'만으로 대안을 제시하여 피해 학생 부모의 인내심을 요구하는 미온적 대처로 일관할 수는 없다.

학교는 교육하는 곳이지 처벌하는 곳이 아니라는 주장도 일리는 있다. 그런데 범죄에 가까운 심각한 수준의 일을 저지르는 학생도 간혹 있는데, 이들에게 솜방망이 처벌을 한다며 학교와 교사를 직무유기로 몰고 가는 경우도 많다. 교육도 중요하지만 법적으로 처벌받아야 할 아이를 감싸 주어야 하는 것인가에 대한 근본적인 고민이 필요하다. 과거, 학교에서 패싸움을 하거나 다른 학생의 눈을 실명시킬 정도로 심각한 일을 저질러도 양쪽 부모가 합의하면 형사 처벌까지 가지 않고 쉬쉬했던 경우가 있었다. 이는 과거의 일이고, 요즘은 이런 일이 발생하면 학생이라도 당연히 처벌을 받아야 한다는 여론이 많다. 문제는 이런 학생은 형사 처벌한 후 전학 조치를 하는데,[97] 전학을 받은 학교 입장에서는 폭탄 돌리기가 될 것이 뻔하다. 정작 가해 학생은 학교생활기록부에 학교폭력 사안 기재나 형사 처벌을 전혀 두려워하지 않는 경우가 있기 때문이다. 이때 교사에게는 취할 수 있는 방법이 없고[98] 학생들에게는 위협적인 요인이 되는데, 의무교육이라는 안전지대에서 감싸 주는 것 자체가 학교교육에 대한 불신을 조장하는 측면이 있다. 누구에게나 교육 받을 권리는 있지만, 의무교육이 범죄자를 감싸 주어 선량한 학생들이 피해를 받는 제도로 변질되어서는 안 된다.

전문가 집단과 비교해서 본 학교 현장

어떤 한 사건을 두고 판결은 판사마다 다를 수도 있다. 판사들은 법과 양심에 따라 정황을 참작하여 판결을 내린다. 물론 어떤 판결에는 여론이 분노하기도 하지만 판결 자체가 바뀌지는 않고, 판사 역시 자신의 결정에 따른 불이익을 보지 않는다. 전문가이기 때문에 그의 결정을 존중하는 것이다.

---

97 의무교육에서 퇴학은 불가능하다.
98 체벌을 부활하자는 의미는 아니다. 체벌로 훈육을 하던 시대는 끝났고, 체벌로 학생들이 달라지지도 않는다.

교사는 어떠한가? 모든 역할을 다 하는데, 결과에 대한 비난도 교사가 다 받고 있다. 어떤 결과가 나와도 양쪽에서 이의를 제기한다. 일 년 내내 크고 작은 일들로 인해 학폭위가 열리고 학교는 소란스럽기만 하다. 정작 수업이나 교육과정을 위한 위원회가 열리거나 전문성 신장을 위해서 교사들이 모였다는 소리는 들리지 않는다. 학교가 학교폭력으로 골머리를 썩을수록 교사 불신 현상 또한 심해진다. 학교 기능을 마비시키고, 동시에 교사를 기능인으로 전락시키는 법이 바로 학폭법이다. 중앙 정부의 어떠한 행정적 지원도 없다.

학교폭력 사안이 발생하면 자신의 제자들을 가해자와 피해자로 나눠서[99] 처분해야 하는 상황이 온다. 이때 교사는 심리적 상처를 입고, 때로는 수치심과 모욕감마저 든다. 교육자가 왜 범죄자를 취조하는 듯한 상황을 이끌어야 하는가? 학교폭력이 경미한 사안에 대해서는 학교 자체에서 종결할 수 있게 한다는 논의가 있다. 그 판단은 누가 할 것인가? 경미하다는 것의 범위는 어디까지인가? 과연 이것이 학교에서 효율적으로 작동할 수 있을지 생각해 보면, 학교는 절대 그럴 수 있는 공간이 아님을 깨닫게 된다. 교사의 재량권도 없고, 면책특권도 없고, 사실 학교폭력 사안에 대한 전문성도 떨어진다. 교사들은 교육학을 전공했지 법을 전공하지 않았다. 그런데 이러한 상황에서 생기는 작은 실수는 처벌 대상이 된다. 교사의 실수가 심사 절차에 있어 중대한 문제가 되어 법정으

---

[99] 처음부터 가해자, 피해자의 용어는 쓰지 않는다.

교사 불신

로 가고, 관련해서 교사가 징계를 받기도 한다. 이러한 상황이 지속된다면 어떤 현상이 발생할지는 불 보듯 뻔하다. 모두가 교육을 포기하는 것이다. 최선을 다하여도 돌아오는 것은 비난뿐이니 교사는 의욕을 잃게 된다. 그런 상황을 중앙정부와 교육부 그리고 국민들이 부채질하고 있는 상황이다.

일부에서는 학교폭력을 지역교육청에서 담당해야 한다고 말한다. 관련법도 국회에 계류繫留**100** 중이다. 그러나 이것도 근본적인 해결책은 아니다. 교육청에서는 가해자와 피해자를 능숙하게 처리해 줄 수 있을까? 현행법상 결국 학교에서 해야 할 일은 모두 그대로 해야 한다. 오히려 유관 부처가 늘어나고, 만들어야 할 서류만 늘어날 것이다. 교육청에서도 조목조목 매뉴얼을 만들어 학교에서 지켜야 할 사안과 체크해야 할 사안들을 수시로 보내올 것이다. 법이 그렇게 만들어져서 어쩔 수 없다고 말할 것이다. 다만 최종적인 책임을 교육청에서 지게 되어 법원에 불려 다니는 것이 교육청 직원(장학사, 주무관)이 된다는 것이 학교 입장에서 장점이라고 할 수 있겠다.

그런데 학교폭력에 있어 학교와 교사의 책임은 연신 물으면서 그 원인을 제공하거나 방조하는 가정의 책임은 언급되지 않는다. 그나마 학교폭력 가해 학생의 학부모 교육을 의무화한 법(시행령)이 2018년 12월 국회를 통과한 것이 다행이다. 학교폭력 가해 학생의 부모가 교육을 안

---

100 법안이 해결되지 않은 채로 머물러 있는 것을 말한다.

받으면 300만 원의 과태료를 부과할 수 있는 제도가 신설된 것이다. 그런데 실효성이 있을지는 의문이다. 몇 년 지나면 알 수 있겠지만 과태료를 부과하는 일은 거의 없을 것이고, 300만 원의 과태료쯤은 내고 만다고 생각하는 학부모도 여럿일 것이다. 변호사 비용도 최소 그 이상일 텐데 과태료 300만 원이 무섭다고 학교폭력을 저지르지 않거나 학부모 연수를 받으려 할지는 미지수이다. 그렇기 때문에 이것은 근본적인 대책이 될 수 없다.

학교폭력 예방을 위해서는 가정의 역할이 가장 중요한데, 현재는 가해 학생 측 가정에 법적으로 책임을 물을 수 없다. 견제와 균형의 원리에 의해 가정의 책임도 강하게 다루어야 하지만 여론의 눈치만 보느라 정치권에서는 움직이지 않는다. 결국 피해 학생의 부모가 가해 학생의 부모를 상대로 민사소송 정도의 수단만 활용할 뿐이다.

어떻게 바뀌어야 하는가?
—

학교폭력은 굉장히 복잡하다. 일단 교사가 법을 전공한 것이 아니라 전문성이 떨어지고, 교사의 주 업무가 아닌 일에 집중하다 보면 정작 수업은 소홀해질 수밖에 없는 본말전도 현상을 야기한다. 더군다나 교사의 권위와 전문성을 인정하지도 않고 신뢰하지도 않는 학부모가 많아 제대로 된 결론을 내릴 수도 없다.

사실 생활지도[101]는 가정의 책임이지 왜 학교의 책임인가 하는 의구심이 든다. 인성교육이 학교의 책임이라는 '인성교육법'도 시대 상황에 맞지 않다. 모든 것을 법으로 해결하고 학교에서 교육하라는 분위기는 학부모의 자녀 생활지도에 대한 책임 회피와 정치인들의 여론몰이가 만들어 온 결과이다. 물론 교사도 일부 책임이 있지만, 모든 책임을 학교와 교사에게 지운다고 해결될 일은 아니다.

학생들은 사소한 일로도 다투고 감정이 상한다. 심각한 것은 형사법으로 처벌하는 것이 맞고, 가벼운 사안은 학교 자체에서 해결할 수 있도록 해야 한다. 담임교사를 못 믿겠으면 학교 내에서 공신력 있는 사람들을 추대하여 자체적으로 해결할 수 있는 여건을 만들어야 한다. 이것이 학교 자치의 시작이다. 법과 매뉴얼로 학교에 강제하는 순간 부작용이 늘어난다. 매뉴얼에 대한 다양한 해석과, 피해를 보지 않으려는 학부모의 욕망으로 학교가 마비되는 상황을 수없이 봐 오지 않았는가. 교육부는 경미한 학교폭력은 학교생활기록부에 가해 사실을 기록하지 않는다고 밝혔다.[102] 이미 명문화된 법 조항 하나하나의 문구 가지고도 소송이 이어지는데, '경미한'의 의미가 얼마나 중의적으로 해석되는지 모르는 것 같다. 더 큰 혼란을 야기할 뿐이다.

학교 자율권을 훼손하는 학폭법은 폐지되어야 한다. 대신 특별법의

---

101 최근에는 생활교육이라는 용어를 쓰고 있다.
102 중앙일보(2019. 1. 30)

형태로 '학교자치법'을 만들고 학생과 학부모가 참여해서 의사결정하는 법을 만드는 것이 낫다. 그 안에서 외부인이 참여하는 조사위원회가 꾸려져야 한다.[103] 교사는 자문이나 참고인 정도의 역할을 하는 것이 바람직하고, 전문성을 인정받은 교사가 스스로 원한다면 조사위원회에 들어갈 수 있도록 한다. 외부에서 강제하는 형식적인 위원회보다 필요에 의해 자율적으로 구성되는 위원회가 필요하다. 학교폭력의 규모나 해결 방향 등 모든 것이 학교마다 다를 수 있기에 구성원에게 결정권을 주고, 교사의 책임은 일정 부분으로 제한하는 것이다. 학교생활기록부 기재 여부나 가해 학생과 그 학부모의 사과 여부 등을 매뉴얼이나 시행령으로 정하는 순간 논란의 여지가 생긴다. 정답이 없는 진흙탕 싸움이 될 것이다. 최근 흔히 보수적이라 평가를 받는 사법부에서도 '국민참여재판제'[104]를 열어 두었다.

절대 교사의 힘만으로 일부 문제 있는 학부모를 제어할 수 없다. 의식 있는 학생과 학부모들이 나서 준다면 학교폭력 문제도 쉽게 해결할 수 있을 것이라 본다. 내 아이가 지내야 하는 환경에 위협이 되는 요소를 없애려면 예방 교육이 필요하고, 사안이 발생했을 때 명확한 해결이 중요하다. 관련한 특별법 제정을 기대해 본다. '학교자치법'이 도입된다면 학교 내에서 결정한 것에 따르지 않는 학부모에게는 벌금이나 그 이상의

---

103 구성원이 정한 방침과 의견이 법적 효력을 갖게 하지 않으면 소송에서 자유로울 수 없다.
104 2008년 1월부터 실시된 배심원 재판제도이다. 만 20세 이상의 국민 중 무작위로 선정되어 형사재판에서 사실의 인정, 법령의 적용 및 형의 양정에 관한 의견을 판사에게 제시한다.

제재를 가할 수 있는 방법까지도 검토할 필요가 있다. 단순히 권유하는 정도의 법이 아니라 권리, 의무와 책임을 명확하게 제시하는 것이다. 교사의 힘든 일을 학부모에게 떠넘기는 것이 아니라, 가정과 학교가 학생의 교육을 공동 책임지자는 의미이다.

끝으로 학교 내 상주 경찰을 배치하는 것은 좋은 취지인 것은 맞지만, 전국 1만 개의 학교에 상주 경찰을 둔다는 것은 현실적으로도 어렵고, 학교에 위압감이 조성될 우려가 있다. 다만 학교폭력의 피해가 심각한 경우에는 무조건 신고를 원칙으로 하여 경찰의 도움을 받도록 하는 것은 도움이 될 것이다. 피해 학생의 부모는 은폐하는 것 없이 공정하고 투명하게 처리되는 것을 원하기 때문이다. 교육으로만 감싸면서 온정주의가 작동하는 것에 대한 불신이 있는데, 학부모들의 요구도 일면 타당성이 있다. 가해 학생이나 피해 학생 모두의 인권은 중요하지만, 교육의 범위를 넘어서 형사 처벌을 받아야 할 정도의 일을 벌인 이들에게 책임을 묻는 것은 무리가 아니다. 상황 고려 없이 교육과 인권만 내세우는 것은 지나치게 이상적인 생각이다.[105]

---

[105] 만 14세 이상은 형사 처벌이 가능하다(청소년 강력사건으로 인해 현재는 만 13세 이하로 조정 중이다).

2부

교사 불신을 해소할 수 있는
미래 교육정책

교/사/불/신

1

임용고사의 개혁을 통한
교원 양성과 임용의 일원화

• "어떤 사람이 교사가 되어야 하는가?"라는 질문은
임용고사의 단골 면접 문항이다. 면접관으로 몇 차례 참여했는데 예비
교사들의 답은 앵무새처럼 비슷하다. "학창 시절 만난 훌륭한 선생님을
롤모델로 열심히 노력하여서 이 자리에 오게 되었습니다. 저의 스승처
럼 아이들을 변화시키는 좋은 교사가 되고 싶습니다." 매번 비슷한 대답
에 면접관들은 어떤 점수를 주어야 하나 고민하기도 한다. 쉽지만 어려
운 질문이다. 교사는 어떻게 선발되고 있으며, 문제점은 무엇인지 살펴
보고자 한다.

우선 교사가 되려면 교사 자격증이 있어야 한다. 교사 자격증을 따려
면 초등은 10개 교대와 제주대 · 이화여대 · 교원대학교의 초등교육학과

를 졸업해야 한다. 중등 교사가 되려면 사대를 졸업하거나 비사대라면 교직이수를 하거나 대학원에서 교사 자격증을 따야 한다. 이러한 과정을 거쳐 교사 자격증이 있는 사람들이 17개 시·도 교육청에서 임용고사를 보고 공립학교 교사가 되는 것이다. 사립학교는 재단 이사회에서 공고를 거친 후 별도의 임용을 거치기도 하고, 최근 들어 공정성을 위해 임용 선발을 시·도 교육청에 위임하는 사학재단도 늘고 있는 추세이다.[106]

무엇이 문제일까?

교대에 입학하려면 전교에서 손꼽히는 최상위권 점수[107]여야 한다. 수능 점수 1.5등급 이내를 합격선으로 보면 된다.[108] 사대는 과목별·지역별로 차이가 있지만 고등학교 성적이 상위권이어야 한다. 비사대에서도 성적 상위 5~10% 이내에 드는 이들만 교직이수를 하게 되니 교대나 사대, 비사대 모두 많은 노력을 해서 교사 자격증을 획득하는 것만은 분명하다.

지금과 비교하면 과거 1980년대에는 교직은 큰 인기가 없었다. 성적이 높은 이들보다는 가정 형편이 어렵거나 교직에 소신이 있는 이들이

---

106 임용고사 문제는 공립 교원들과 같은데 사립에 지원한 이들만 순위를 정해 통보하는 형태이다.
107 학교마다 차이가 있지만, 2010년 이후 전교 1~2등도 떨어지는 사례가 늘고 있다고 한다.
108 물론 전형마다 약간의 차이가 있지만 정시와 일반전형을 기준으로 말한다.

교사 불신

많이 들어왔다. 물론 성적은 중상위권은 되어야 했다고 한다. 교사가 되기 위해 꼭 지금과 같이 최상위권의 성적이 필요하다고 생각하지 않는다. 현재 교직이 성적 중심으로 진입장벽이 높아지다 보니 이상한 현상과 문화가 생기고 있다. 아래는 교원, 학부모와 인터뷰한 내용이다.

최근 들어오는 신규 교사들은 자신은 특목고·자사고 출신이라면서 은연중에 다른 경력 교사들과 급이 다르다고 생각해요. 자신감은 좋은데, 그 자신감에 비해 자발성이나 교직 기여도는 거의 없는 게 문제입니다. 특정인이나 특정 학교만의 문제가 아니에요. 교감 모임에서도 다들 무서운 신규 교사 이야기를 해요. 이들이 10년 후에 교직에서 중추적인 역할을 할 때 교사를 바라보는 학부모와 학생들의 시선이 더욱 부정적으로 될 것 같은 우려가 듭니다.

— 광역시 교감

선생님들이 학생 때 공부를 잘해서인지 공부 못하는 아이들에 대한 이해도가 부족하다고 봐요. 한 번 가르쳐 주고 왜 이것을 이해 못 하는지 답답해 하는 선생님도 있다고 하는데, 저는 이게 교사들이 모두 공부 잘하는 학생이었기 때문이라고 봐요. 실패해 본 적이 없는 이들은 실패하는 이들을 이해하지 못하거든요. 전교 1~2등만 교사가 되니 전교 꼴찌의 마음을 이해하겠어요? 또 요즘 최상위권이 되려면 사교육이 뒷받침되어야 하잖아요. 부모의 경제력 없이는 힘들죠. 나이 어린 교사들이 외제차에 명품으로 치장하고 다니는 걸 보면 가정 환경이 넉넉하겠구나 하는 생각이 들어요. 잘사는 것이 문제는 아니 지만, 그런 사람들이 형편이 어려운 학생들을 이해할 수 있을까 하는 생각도 해요.

— 학부모운영위원회 회장

교·사대 등 예비 교사 대상 강의를 종종 하는데 질의응답 시간에 늘 나오는 질문이 있어요. "장학사는 어떻게 되나요?", "한국교육과정평 가원이나 한국교육개발원은 어떻게 들어가죠?", "교장이 빨리 되는 길은 뭔가요?" 이런 얘기를 하더라고요. 안타깝게도 어떻게 하면 좋 은 선생님이 되느냐고 묻는 이들은 드물어요. 이들의 꿈은 교사가 아 닌 거예요. 이런 사람들이 교사가 되면 남들보다 앞서려고만 하고 탈 출만을 꿈꾸겠죠. 이런 엘리트들이 승진하고 나면 교단에 남아 있는 사람들은 무능력한 사람으로 치부될 겁니다.

— 장학사

공부를 잘하는 것은 분명 장점이고 능력이다. 하지만 그 능력이 좋은 교사가 되기 위한 자질 중 얼마만큼을 차지하는지는 생각해 볼 일이다. 현재 교사가 되기 위한 양성 과정에 진입하려면 고등학교 내신 등급을 높게 유지하면서 수능 고득점을 얻고, 임용고사를 통과할 만큼 공부머 리가 좋아야 한다. 정말 교육에 뜻이 있는지, 아이들을 따뜻한 시선으로

교사 불신

보는지, 인성이 바른지를 측정하는 관문은 미약하다. 현재 임용고사 시스템은 크게 1차와 2차로 나누어지는데[109] 모두 하루 만에 보는 시험이다. 이러한 시험으로 좋은 교사를 걸러 내기는 힘들다. 더군다나 교·사대 과정(교원 양성 과정)과 교원 임용고사가 연계되지 않아 임용고사를 위해 사교육 시장에 의존하는 비율도 상당하여 천편일률적인 답변을 쏟아 낸다. 상황이 이러하니 현재의 교원 임용고사가 좋은 교사가 될 사람을 선별하는 시스템이라 보기 어렵다.

교원 양성 과정도 개선해야 할 부분이 많다. 학교 현장과 동떨어진 교육과정이라는 비판이 많다. 교생 실습의 경우 교대는 10~13주가량, 사대는 4주 정도에 그치고 있어 실제 학교 현장을 파악하고 적응력을 키우기에는 짧은 시간이다. 이러한 상황에서 유능한 교사의 양성을 기대하는 것은 무리이다.

교원 양성 과정을 담당하고 있는 교·사대 및 해당 교수들은 양성 과정 개혁에 대해서 극렬한 거부감을 가지고 있다. 자칫 자신들이 불이익을 당할 우려가 크다고 생각한다. 시·도 교육청 차원에서 지속적으로 문제를 제기하고 협력을 요청해도 늘 난색을 표명한다. 경기도교육청이 2015년에 임용고사 제도를 개혁한 뒤 지금은 7개가 넘는 시·도 교육청에서 임용고사 2차 시험을 자체 출제하고 있고 좋은 평가를 받았지만, 이에 대해서도 교·사대 교수들은 부정적인 평가를 한다. 한마디로 교사

---

109 중등 예·체능은 3차까지 있고, 초등 영어 면접은 3차에 해당한다.

들의 능력과 실력을 믿을 수 없으니 임용고사 문제를 출제할 자격이 안 된다는 것이다. 이것이 40만 교사를 보는 시선이다.

교사가 가지고 있는 권한

임용고사 2차 출제를 자체적으로 한 것이 어떤 의미를 가지는 걸까? 국가 교육과정을 가지고 있는 우리나라는 교수들이 교육과정을 만든다. 교육과정과 교과서 모두 교수들이 주도하고, 일부 박사학위를 가진 교사들이 소수 참여한다. 「학업성적관리지침」이라는 평가 매뉴얼은 교육부가 만든다. 임용고사마저 1차는 한국교육과정평가원에서 주로 교수들이 출제하고 있고, 2차도 그랬다. 교사에게 남는 것은 수업할 수 있는 권리 정도이다. 그 수업이라고 해 봐야 차시의 목표까지 국가가 정해 놓아 교사의 재량권은 없다. 이러한 상황에서 교사를 선발하는 과정에서 조차 교육청·학교·교사가 배제된다면 A기업 인사 작업을 B기업이 대신해 주는 것과 다르지 않다.

임용고사는 매우 중요하다. 제대로 된 인성과 역량을 가진 교사를 선발하는 일은 교육의 시작이라고 해도 과언이 아니다. 그리고 그 일은 학교 현장을 아는 교사들이 가장 잘할 수 있다. 솔직히 현재 한국교육과정평가원에서 출제하는 임용고사 문제는 현직 10년차 교사도 풀지 못한다. 10년차 현직 교사들도 풀 수 없는 문제가 정말 학교 현장에 필요한 문제일까? 줄 세우기를 위한 시험일 뿐이다.

교원 임용고사 수험생들의 착각
—

교원 임용고사 2차 시험을 개편하면서 제일 많이 들었던 소리는 '아무나 뽑는 시험', '수험생이 실험 대상인가?', '1차 시험이 제일 공정하다.' 등의 이야기였다. '아무나 뽑는 시험'이라는 것은 2차인 면접·토의토론의 변별력이 커져 1차 시험이 무력화된 걸 두고 하는 말이다. 1차 시험은 한국교육과정평가원(국책연구기관)에서 출제하고 있는데, 교사나 예비 교사 대부분이 암기력 측정이라고 생각한다. 교육학이나 교육과정을 바탕으로 출제하는, 실제 학교 현장과 연계성이 적은 단순 지식이다. 한 학술대회에 온 관계자가 "암기 문제도 한두 개 있지만 나머지 문제는 창의적인 요소들로 출제한다."고 하여 그 자리에 온 예비 교사들이 웃었던 기억이 난다. 임용고사를 치른 모든 예비 교사들은 한국교육과정평가원의 1차 시험은 "암기가 백퍼센트"라고 말한다.

그런데 재미있는 것은 임용고사생(예비 교사)들은 암기력이 좌우하는 기존의 시험 방식을 선호한다는 것이다. 암기력이 크게 좌우하는 정량적인 시험만이 객관적이고 타당한 평가 방법이라는 믿음이 있었다. 실제 설문 조사에서도 그러한 결과가 나왔고, 인터뷰 내용도 비슷했다. 이는 수능 정시와 수시 논란과 맥을 같이 한다. 우리 사회에서는 암기를 잘하면 인성도 좋고 역량도 있어 보인다. 무엇이든 잘할 수 있다는 믿음을 주어 합리적인 선발 기준으로 자리 잡았다. 그러나 암기 잘하고 공부 잘하는 이들이 좋은 교사라는 공식은 성립하지 않는다는 것이 경력자들의 공통된 생각이다. 수험생들의 이야기를 들어 보았다.

임용고사야말로 합리적인 시험이라고 생각해요. 최근 일부 시·도 교육청이 2차 시험을 개편해서 고사장별·고사실별 편차로 성적 좋은 많은 친구들이 불합격했어요. 면접관 한두 명이 그들이 노력한 결과를 뒤엎는 것은 인정할 수 없어요. 차라리 1차 시험만으로 모든 것을 결정했으면 해요. AI가 나오는 시대에 면접관이 왜 필요해요? AI로 대체하면 모를까.

— 임용고사 합격생, 기간제 교사

한국교육과정평가원에서 출제하는 1차 시험은 정말 지엽적인 내용이 나와요. 너무 지엽적이다 보니 우리끼리는 '지저분한 문제'라는 표현을 쓰죠. 학교 현장에 발령받아 보니 정말 무의미한 지식인 것은 맞더라고요. 그래도 경쟁을 통해 선발하는 시험이니 기준은 있어야 하니까요. 1차 시험이 없다면 공부를 못해도 교사가 되어 현장에 들어오게 될 거예요. 학생을 잘 가르치려면 똑똑해야 한다고 봐요.

— 신규 교사

교사 불신

관련 연구를 꾸준히 해 온 입장에서 안타깝다는 생각이 든다. 임용고사를 준비하는 학생들과 신규 교사들이 앞으로 교직에서 어떤 교훈을 얻을지 모르겠지만, 그동안의 시험 문화에 익숙해져 여러 능력 중 하나에 불과한 암기력을 인생의 모든 것을 결정할 수 있는 키워드로 생각하고 있다. 이들이 교단에 섰을 때 암기력이 좋지 않은 아이들을 어떻게 바라볼지는 미지수이다.

교사가 될 사람들은 뛰어난 머리보다 따뜻한 가슴을 가진 사람이어야 한다. 머리가 좋든 나쁘든, 암기를 잘하든 못 하든 정량평가로 줄 세울 것이 아니라 최소한의 기준을 통과한 모두에게 기회가 있으면 좋겠다. 네덜란드도 우리나라처럼 의예과나 법학과가 학생들의 선호 학과인데, 신입생을 추첨제로 선발한다고 한다.[110] 우리나라 사병들이 선호하는 카투사KATUSA 제도[111]도 일정 점수 이상이 되면 전산에 의해 공개 선발[112]하고 있다. 과거 가장 우수한 점수로 합격선을 정했던 시절도 있었는데, 사회적 합의를 통해 이렇게 변화한 것이다. 교직에도 이러한 바람이 불었으면 한다. 최상위 성적을 가진 사람만이 좋은 교사가 될 수 있는 것은 아니다. 다양한 학생들처럼 꼭 성적이 우선이 아니더라도 다양한 재능과 경험을 가진 교사들이 있는 학교를 바란다.

---

110 이경숙(2017), 시험국민의 탄생, 푸른역사.
111 한국에 주둔하고 있는 미 육군에 파견되어 근무하는 한국군.
112 어학 구분 점수대별 3개 그룹으로 분류하여 외부 전문가의 선발 프로그램 검증으로 선발한다.

논란의 중심, 기간제 교사

—

기간제 교사는 정교사가 출산이나 질병 등의 이유로 휴가나 휴직한 자리를 대신하는 '계약직 교사'를 말한다. 정교사와 동일한 업무를 하고 있는 기간제 교사를 교육공무원으로 봐야 할지에 대한 논란이 지금까지 이어지고 있다. 2014년 세월호 참사 당시 희생된 기간제 교사들이 순직을 인정받고도 사망보험금과 관련한 소송에서는 패소하면서 부당한 차별이라는 논란이 다시 제기되고 있다. 앞서 문재인 정부의 비정규직의 정규직 전환 과정에서 기간제 교사들은 고용 불안이 교육의 질 저하로 이어진다며 정규직 전환을 강하게 요구했다. 하지만 2017년 교육부에서는 기간제 교사는 무기 계약직에서 제외한다고 밝혔다. 그 뒤 현재까지 기간제 교사의 정규직화는 거의 중단된 상태이다. 예비 교사들의 엄청난 반발과 시·도 교육청에서도 난색을 표하고 있기 때문이다. 결정적으로는 기간제 교사가 전문직종으로 분류되어 무기 계약직에서 제외된 상태이고, 초·중등교육법 및 관련법의 제한을 받아 기간제 교사에게 특혜를 줄 수 있는 사안이 현재로서는 없다는 것이 중론이다.

세월호 참사 당시 단원고 2학년 3반과 7반의 담임이었던 김초원 교사와 이지혜 교사는 침몰하는 세월호에서 제자들에게 구명조끼를 입히는 등 구조에 힘쓰다가 희생되었다. 하지만 함께 목숨을 잃은 정교사 7명과는 달리 두 교사는 기간제 교사라는 이유로 사망보험금 지급 대상자가 되지 못했다. 이 사건 이후로 기간제 교사도 맞춤형 복지보험 가입을 할 수 있게 되었지만, 정작 당사자들은 보상을 받지 못했다.[113] 사망보험금 논란과는 별개로, 두 기간제 교사는 2017년 7월 공무원연금법 시행령 개정안이 마련되면서 순직 처리됐다.

복지보험 가입이 가능해진 것뿐만 아니라 14호봉으로 제한되던 기간제 교사의 승급 규정도 정교사와 다를 바 없도록 제한이 사라졌으며[114] 1급 정교사 자격증을 미부여하던 관행도 사라지게 되었다. 2018년 6월, 대법원에서는 기간제 교사들이 교육부 장관을 상대로 낸 정교사 1급 자격증 발급 신청 거부 처분 취소 소송 상고심에서 원고 측 손을 들어 준 원심 판결을 확정했다. 재판부는 "중·고교에서 근무하는 교원은 교육공무원에 해당하고, 교육공무원법의 적용을 받는 교원에는 기간제 교원도 포함된다. 관계법령을 고려했을 때 정교사 1급 자격은 정규 교원과 기간제 교원을 구별하지 않고 부여해야 한다는 것이 초·중등교육법의 취지로 봐야 한다."고 판단했다.

이렇게 기간제 교사의 복지 처우는 개선되고 있지만, 정작 전문직종이라는 이유로 무기 계약은 불가능하다. 임용고사를 준비하는 예비 교사와의 형평성 차원에서도 안타깝게도 무기 계약이나 정규직화는 힘들어 보인다. 차별은 시정되어야 하나 차이는 인정되어야 한다는 논리와 같다. 공정한 채용 절차가 별도로 존재하는데, 기간제 교사를 무기 계약

---

113 2019년 1월 법원 판결
114 연금을 받는 이들은 제외한다.

직으로 만든다면 아무도 임용고사를 준비하지 않을 것이기 때문이다.

그렇다고 기간제 교사를 교사들의 '대체제代替製' 정도로 여기고 학교 안에서 힘든 업무를 몰아 주는 관행은 바꿔야 한다.[115] 일부에서는 임용고사를 통과하지 않은 사람들이니 어쩔 수 없다는 논리이지만, 정교사들이 임용고사를 통과한 것을 꼭 그들보다 역량이 뛰어나서라고 생각할 수는 없다. 현재의 임용고사가 교사가 되기 위한 역량을 측정하기에 적절한 시험이라고 확언할 수도 없고, 시험에는 운도 크게 작용하기 때문이다. 한 번의 시험으로 인생을 보장받아야 한다는 생각보다는 같은 동료 교사로서 기간제 교사를 바라보았으면 한다.

초등은 자격증을 발급하는 곳 자체가 몇 안 되기에 발령 대기 기간에 기간제 교사를 짧게 경험하거나 명퇴한 이들이 기간제 교사로 오기도 한다. 기간제 교사를 홀대하는 문화는 거의 없고, 오히려 기간제 교사가 편한 학년이나 업무를 선택하는 상황이 연출되기도 한다. 그만큼 기간제 교사를 구하기 어렵기 때문이다.

중등의 경우는 초등과 반대로 교사 자격증 발급 기관이 많다 보니 자격증 소지자가 많아 기간제 교사로 채용되기가 어렵다. 수십 대 일의 경쟁률은 기본이다. 주요 교과는 그나마 나은 상황이고, 소수 교과(제2외국어, 전산 등) 자리는 더 채용되기 어렵다. 소수 교과의 경우는 임용고사 자체의 TO도 적고 경쟁률도 높아서 교사가 되는 과정이 무척 험난하다.

---

115 초등과 중등은 다르다. 중등의 상황을 말한 것이다.

교사 불신

그렇다고 임용고사 통과 여부로 대우가 달라져서는 안 된다. 사람 대 사람, 그리고 역량으로 평가받는 사회를 바라면서 사회의 축소판인 학교에서 정규직과 비정규직 논란으로 갈등 상황이 지속되는 것은 바람직하지 않다. 더군다나 학생들에게도 매우 비교육적이다. 기간제 교사의 처우 개선 요구에 '억울하면 임용고사 통과하라.'는 말은 참 잔인하다. 임용고사를 통과한 정규직 중에도 무능한 교사가 있고, 비정규직인 기간제 교사 중에서도 유능한 사람들이 있다. 교사들 모두가 경험하여 알고 있는데도 이분법적으로 임용고사 통과 여부로 사람을 판단하는 오류를 범하지 않았으면 한다.

임용고사 제도는 한계가 분명하다. 시험 한 문제 틀리고 맞고에 당락이 좌우되는 시험에서 임용고사를 통과한 이들과 통과하지 못한 이들의 차이는 백지 한 장 차이 아닐까.

어떻게 바꿀 것인가?

―

『삼국지』의 영웅 조조曹操[116]는 사회적 통념을 뒤집는 발상의 인재 등용 방식인 '유재시거唯才是擧'라는 말을 남겼다. 오직 능력과 재능만을 따

----

[116] 삼국시대의 걸출한 정치가이자 군사(軍師). 자(字)는 맹덕(孟德). 『삼국지연의』에는 간웅(奸雄)의 전형으로 묘사되었으나, 최근 그의 리더십을 재평가하여 중국에서 영웅으로 추앙받고 있다.

져 사람을 등용한다는 말이다. 능력과 재능에는 여러 가지가 있는데, 암기력만이 평가 대상이 된다면 교사로서의 역량에 있어 심각한 문제가 생길 가능성이 있다. 수능의 정시와 수시 논란도 결국 정량평가에 대한 신화적인 믿음이 문제의 핵심이다. 예비 교사들이 반발할 것이 자명하지만, 암기가 전부인 1차 시험을 개선하여 1차 시험에서 다양한 진입 통로를 마련하여 사람들의 구성을 정규분포[117]로 만들 필요가 있다고 본다. 예를 들면 기간제 교사 경력이 5~10년 이상인 이들에게 별도의 트랙을 10~15%가량 열어 줄 수 있다. 이들이 학교 현장에서 기간제 교사로 근무하는 동안의 경험치가 분명 있고, 우수한 역량과 인성을 가진 이들이 있기 때문이다. 사회적 합의만 있다면 분명 가능한 일인데, 단순히 예비 교사들의 반발만으로 정책 도입을 거부하는 것은 문제가 있다. 정책의 목표를 보아야 하는데 대상자의 반발로 시도하지 않는다면 세상에는 바꿀 수 있는 것이 아무것도 없을 것이다.

지금의 교사 자격증 제도나 교원 양성 과정은 현대사회와 미래교육의 방향에 맞지 않다. 고등학교 3학년 때 진로를 결정한 사람만 교사가 될 수 있는 지금의 구조가 최선인지 의문이다. 차라리 기간제 교사 경력이나 다른 사회생활 경력이 10년 이상인 이들을 대상으로 경력자 전형을 만들어 교직이수를 시키는 것이 더 합리적일 수 있다는 생각도 든다. 우리 사회가 자격증 공화국이지만 정작 그 자격증이 얼마나 가치 있는지,

---

117 도수분포곡선이 평균값을 중앙으로 하여 좌우대칭인 종 모양을 이루는 것.

교사 불신

역량을 보증하는지에 대해서는 심사숙고할 필요가 있다.

교사들은 잘 알고 있다. 기간제 교사 중에 정말 훌륭해서 꼭 교직에 들어왔으면 하는 이들도 있고, 정교사(동료 교사) 중에서도 너무 나태하고 무능하여 함께 근무하지 않았으면 하는 교사도 있다는 것을 말이다. 서로가 알고 있지만 공개적으로 말하지 않고, 그렇기에 극단적인 1~2명의 사례가 학생들이나 학부모에게 긍정적·부정적 평가를 받아 일반화되고는 한다. 대부분은 이를 방관한다.

신규 교원을 단 이틀의 임용고사 시험으로 선발하는 것은 한계가 있다. 일단 한국교육과정평가원이 가지고 있는 1차 시험의 권한을 시·도교육청에 가져와 분담 출제할 필요가 있다. 규모가 큰 몇몇 교육청에서 순환 출제하거나, 아예 공동으로 시·도 교육청 역량평가를 위한 기관을 설립할 수도 있다. 현직 교사와 교육전문직을 파견하여 순환 근무할 수 있는 임용전문기관을 만드는 것이다. 이 기관이 만들어진다면 교원 양성 과정(교·사대)을 관리할 수 있는 제도를 만들 수 있고, 만약 교·사대가 비협조적이라면 자체적으로 교원 양성 과정을 운영하거나 지역 대학과 MOU 체결을 통해 자체적으로 교원 자격증 발급 시스템을 운영하는 것이다.[118]

물론 법제화가 된다는 전제가 있어야겠지만 상상만으로도 가슴 벅찬

---

118 기존 교·사대와는 경쟁 체제가 될 수 있다.

일이다. 교원 양성-임용의 일원화가 이루어지고 현장 교사들에게 직접 후배들을 키워 낼 수 있는 역할을 주게 되는 것이다.

교사 재교육도 중요하다. 임용-선발-배치만으로 끝나는 것이 아니라 현장 교사들에게 재교육의 기회를 주어야 한다. 그런 관점에서 수습(인턴) 교사제[119]도 도입되었으면 한다. 신규 교사들도 발령받자마자 담임이 되기 때문에 학급 운영과 업무 처리에 대한 두려움이 있다. 신규 교사들에게 역량 있는 멘토 교사를 연결해 주고, 1~2년가량 수습 기간을 거치며 배울 수 있는 기회를 준다면 수련 과정을 거치며 훨씬 수월하게 유능한 교사로 거듭날 것이다. 교직에는 수습 과정이 없기에 알아서 고군분투해야 하고, 그 과정에서 상당수가 도태되기도 한다. 누구나 신규 시절을 거쳤기에 그 고충을 안다. 신규 교사들에게 기회를 주고 함께 성장할 수 있도록 이끌어 줘야 한다. 그들은 미래의 교직 사회를 이끌어 가고 교직의 신뢰를 회복할 주체들이다.

---

119 인턴 교사제는 다양한 형태가 제기되고 있다. 보통 임용 전과 임용 후의 인턴십 프로그램으로 구분된다. 현재는 법적 문제와 실행 기관, 인력의 문제가 있다. 탈락보다는 역량 성장이 목표가 되어야 한다.

2

교육 자치를 통한
학교교육과 평생교육의 연계[120]

평생교육의 실태 및 현황

—

평생교육법^{平生教育法}에서 평생교육이란 학교의 정규 교육과정을 제외한 학력 보완 교육, 성인 기초 및 문자 해득 교육, 직업 능력 향상 교육, 인문교양 교육, 문화예술 교육, 시민참여 교육 등을 포함하는 모든 형태의 조직적인 교육활동을 말한다.[121] 문재인 대통령의 공약과 국정과제에 제시되었던 것처럼 교육부는 2017년부터 초·중등교육은 시·도 교육청으로 이관하고, 교육부는 고등교육과 평생교육 담당 기관으로 전환

---

120 노웅래 의원실에서 주최한 한국 교육 재구조화 정책토론회(2017. 12. 23) 발제문 수정.
121 평생교육법 제2조

한다는 내용의 조직 개편을 발표하였다.[122] 이에 몇 가지 사례를 통해 현재의 평생교육 문제점에 대해 점검하려 한다.

　일단 시·도 교육청에서 평생교육은 거의 유명무실하다. 평생교육은 학교교육과 연계되어 있지 않다. 어쩌면 이것이 가장 큰 문제라 볼 수 있다. 분절적으로 작동하는 까닭에 평생교육은 존재감 자체가 미미하다. 일부 기능이 존재한다면 검정고시를 담당하고 있다는 정도이다. 이 사실도 관심 있는 소수 외에 대개의 경우는 모르고 있을 것이다. 대부분의 사람들은 시·도 교육청은 유·초·중등교육을 담당하고, 평생교육은 지방 자치 단체에서 담당한다고 생각한다.

　실제로 동마다 있는 주민자치센터에서 많은 프로그램을 운영하고 있다. 구청에서도 분기별로 이름난 강사들을 초대해 특강을 열고 있다. 이를 잘 이용하며 만족하는 사람도 많지만 그 범위나 대상이 매우 좁다. 시간 활용의 범위가 큰 은퇴한 노년층이나 전업주부 정도이다. 또한 수요자가 정말 원하는 수준의 프로그램이 미미하다. 교양, 인문, 예술, 문학, 생활스포츠 등 여러 분야를 다루고 있지만 대부분 취미생활 정도의 수준에 그친다. 프로그램을 다 이수했다고 해당 분야의 전문가가 되거나 직업을 얻을 수 있는 등의 체계적인 교육 시스템이 아니라는 것이다. 평생교육의 취지는 온데간데없이 말 그대로 행정 중심적 편의에 의한 프

122 교육부 보도자료(2017. 12)

　　　　　　　　　　　　　　　　　　　　　　　　　　교사 불신

로그램이라고 볼 수 있다. 지방 자치 단체의 이러한 백화점식 프로그램 운영은 처음부터 한계가 예상되었다.

문제점은 또 있다. 접근성이 좋은 도심이나 해당 기관과 가까운 지역은 이용이 용이하지만, 그렇지 못한 곳은 혜택을 받기 어렵다는 점이다. 한 예로 지방 자치 단체에서 운영하는 도서관에서는 종종 인문학 베스트셀러 작가를 초청해 강연을 마련하곤 한다. 적지 않은 예산을 들이는 것이다. 그런데 몇 회의 특강으로 평생교육의 효과를 봤다는 이들은 드물다. 또한 접근성의 한계로 인해 도서관은 수험생과 중·고등학생, 근처에 사는 주민 정도의 늘 이용하는 이들만 찾는다. 특정 연령과 특정 지역만 혜택을 받는 사례가 부지기수인 것이다. 지방 자치 단체는 도시와 농촌을 구분해서 정책을 펼치는 시늉만 할 뿐 제대로 된 접근을 하지 않는다. 막대한 비용에 비해 턱없이 부족한 인프라와 접근성으로 인한 문제는 매년 동일하다. 지역마다 조금씩 차이가 있지만, 크게 다르지 않다.

지방 자치 단체의 평생교육에 대한 진지한 고민이 부족해 보인다. 이들은 시설 투자를 통한 건설 경기 부양에 더 관심이 많은 것 같다. 학교에도 시설의 활용 방안이나 프로그램에 대한 고민 이전에 인조잔디, 급식실, 화장실, 강당 등을 일단 짓고 본다. 인조잔디 붐이었을 당시에는 한 학교당 10~20억 원을 투자해서 인조잔디를 설치했다. 평생교육 차원에서 적지 않은 금액을 투자했지만 그로 인해 교육의 질이 높아졌다는 인식은 찾기 힘들다. 질 좋은 교육을 위해 학교마다 인조잔디가 꼭 필요했는지 의문이다. 구청장이나 시장의 공약 사항이었고, 주민들이 원한다는 이유로 큰 예산을 배정한다. 지역 정치인들은 우후죽순 공약을 걸고, 당선되면 지방 자치 단체를 압박해 관련 예산을 이끌어 낸다.

인조잔디 붐이 지난 지 20년이 지났지만 인조잔디 대신 도서관, 체육관으로 바뀌었을 뿐 상황은 그대로이다. 평생교육 시설인 몇 백억짜리 체육 시설의 관리비 걱정을 하는 지역이 한두 곳이 아니다. 규제가 없고, 효과성을 검증하지도 못하고, 어느 누구도 책임지지 않은 결과이다. 다람쥐 쳇바퀴 돌 듯 과거의 관행에서 벗어나지 못한다면 상황은 늘 같을 것이다. 정치인들은 허황된 약속을 하고, 지방 자치 단체는 평생교육 예산을 프로그램이 아닌 시설에 투자하며 전시행정만 일삼는다. 국민들이 무엇을 원하는지에 대해 고민하지 않는다. 과거처럼 체육관·강당·도서관 등의 시설을 지어 준다고 하면 당선된다고 믿는 이들이 아직도 많다. 물론 뽑아 주는 국민이 있기에 가능하니 닭이 먼저냐, 달걀이 먼저냐의 논쟁이 될 수도 있지만 현 상황은 그렇다.

평생교육에서 국민들은 무엇을 원하는가?
—

무상급식은 전 국민이 환호한 교육적인 이슈였다. 반면 누리과정은 파급력은 컸지만 국민들이 만족하고 있지는 못하다. 차이점은 무엇일까? 무상급식으로는 초·중·고 학생들이 추가비용 없이 모두 급식을 먹고 있지만, 누리과정은 시행 후에도 국민(학부모)의 부담이 있다. 평균적으로 15~20만 원의 비용을 매달 특별활동, 체험학습 등의 명목으로 지불하고 있으니 말이다.[123] 정책을 펼칠 때는 정확한 목적과 수요자들의 요구, 그리고 환경을 봐야 한다. 그렇지 않으면 비용만 지불한 채 효과는 매우 떨어지게 된다. 따라서 국민들이 평생교육에 대해 무엇을 원하는가를 살펴봐야 한다. 문제의 출발선은 수요자에게 있다. 현장의 목소리를 제시하면 다음과 같다.

과거 원어민 교사 유치, 화장실·급식실·강당·인조잔디 설치에 몰두하던 지방 자치 단체가 지금은 고민을 많이 하고 있고, 발전하고는 있어요. 열심히 하고 있고, 더 잘하고 싶은데 딱히 방법을 모르겠어요. 정책적으로는 해결책이 있어도 정치적으로는 해결책이 없죠. 구청장이나 지방 자치 단체장이 시키는 것만 하다 보니 이상한 방향으로 가더군요. 보통 건설(강당, 체육관, 문화시설 등) 쪽의 투자 유치가 표가 된다는 인식을 하고 있어요. 보수·진보의 말도 안 되는 논리로 이념 싸움만 하다 보니 공무원들이 피해를 보기도 해요. 경기·서울 등 혁신교육지구 사업이 잘되고 있는데, 학교나 지역교육청이 오히려 방어적으로 나오죠. 예산을 준다고 해도 안 받는다고 하니 도대체 이유를 모르겠어요.

－지방 자치 단체 관계자

---

123 홍섭근(2016), 공교육은 왜?, 살림터.

지방 자치 단체의 교육복지 상황은 지역마다 차이가 큽니다. 대개의 경우는 공급자(공무원) 중심, 일시적·전시적 사업들이죠. 그나마 다행이랄까, 시장이나 지방 자치 단체장이 바뀌면 사업의 방향이 전환됩니다. 교육 예산을 특히 시설 투자에만 집중하는 경우가 많은데, 그 효과는 미미하죠. 정치인이나 지방 자치 단체장의 무분별한 공약과 전시행정 → 학교 밀어 넣기 → 무관심과 방치 현상 지속이 반복됩니다. 누리과정과 초등 돌봄교실, 방과후학교 사업이 대표적이죠. 지방 자치 단체(평생교육), 교육부(평생교육), 시·도 교육청(유·초·중등교육), 보건복지부, 문화체육관광부, 여성가족부 등의 중복 사업이 난무하나, 국민들이 인정하는 제대로 된 정책은 거의 없어요. 수많은 담당 공무원과 시설이 존재하지만 혜택을 받고 있다고 생각하는 국민들은 소수에 불과하거나 만족도가 현저하게 떨어지죠. 왜 정치인들은 표가 되는 평생교육에 신경을 쓰지 않는지 모르겠어요.

— 시민 단체 학부모

교육 자치와 일반 자치의 협력이 만든 성공 사례
: 마을교육공동체, 혁신교육지구

성공 사례가 없는 것은 아니다. 경기도교육청이 시작한 혁신교육지구 사업은 지방 자치 단체 평생교육과 시·도 교육청의 초·중등교육이 만

교사 불신

나 교육 프로그램의 개발과 보급이라는 목적에 거의 다가서고 있다. 현재 경기도 31개 시·군·구 12개 지방 자치 단체에서 혁신교육지구 사업을 하고 있고, 만족도가 좋다. 혁신교육지구와 맞물려 마을교육공동체라는 이념으로 지역과 학교가 함께하는 사업에도 주민들이 호응하고 있다. 기존 교육 예산을 주로 건설 사업에 투자했던 지방 자치 단체였지만 혁신교육지구 사업을 추진하면서 학생과 학부모의 만족도가 커지고, 그것이 지방 자치 단체에 대한 지지도 상승으로 이어졌다.

성남시의 경우에는 무상교복·성남형 교육을 추진하여 일약 전국에서 주목받는 지방 자치 단체가 되었다. 쉽게 생각하면 이렇다. 규모에 따라 다르지만 강당을 짓는 데 수십억에서 수백억까지의 비용이 든다. 그런데 성남에서 실시한 무상교복 사업은 불과 25억 원가량이 들었다. 적은 비용으로 성남시민의 만족은 물론 전국적인 인지도까지 얻게 되었다. 교육적이면서도 수요자가 원하는 것을 가장 잘 맞추었기 때문이다.

예산을 효과적으로 교육에 맞춰 사용하면 그 혜택을 누린 국민들의 목소리가 전국에 퍼진다. 혁신교육지구나 무상교복 모두 같은 원리로 전국에 확산되고 있다. 시·도 교육청의 교육에 대한 고민이 지방 자치 단체와 손을 맞잡고 학교 현장에 투입되고, 학교와 교직원·학생·학부모의 변화까지 이끌어 내고 있는 것이다. 혁신교육지구 사업은 초·중·고 학생과 학부모·교직원에게만 한정되어 있다는 아쉬움은 있지만, 많은 교훈을 남긴 사업임은 틀림없다.

2017년 이후 혁신교육지구 사업이 국정과제가 되어 전국에 전파되고 있다. 그런데 대부분의 지방 자치 단체는 혁신교육지구 사업에 별 의지가 없거나, 기존 사업을 '표지갈이'[124] 하여 진행하고 있다. 혁신교육지구의 취지나 이념도 모른 채 말이다. 오산·시흥·성남에서 봤듯 지역 교육지원청과 협업하여 교육 예산을 훌륭하게 사용하고 효과를 낼 수 있는 방안이 있음에도 하지 않고 있다. 물론 지역교육청도 시스템에 대한 개선이 필요하다. 전담 인력을 확충해야 하는데, 담당 장학사나 주무관 한 명이 1~2년 근무하다 근무지를 옮겨 버리는 현재의 상태로는 장기간의 노하우를 갖기 어렵다. 오산시청의 담당자들은 거의 10년을 함께 호흡을 맞춘 사람들이라 지방 자치 단체에서 평생교육과 초·중등교육을 모두 담당하며 연계가 매우 잘되고 있다. 학부모나 교사들은 이러한 것을 원하는 것이다.

일반 자치에 비해 교육 자치가 잘 이루어지지 않는다고 인식되는 것은 지역교육청 시스템의 한계에 대한 불신도 영향이 있다. 일반 자치의 문제만을 탓할 것이 아니라 교육 자치 내에서 평생교육과의 연계를 고민해서 국민들의 신뢰를 얻어 내야 한다. 영화 〈도가니〉에서 나온 유명한 대사가 있다. 수업 중 벌어진 일은 학교가 책임지고, 수업 이후(방과후)에 벌어진 일은 지방 자치 단체에서 책임진다는 말이다. 국민들에게는 학교든 지방 자치 단체든 모두가 공공기관이다. 누구의 책임이냐는 것보다는 어떤 지원을 받을 수 있을지가 관심 사항이다.

---

124 흔히 이름만 바꾸어서 기존 사업을 그대로 진행하는 일을 말한다.

교사 불신

어떻게 바뀌어야 하는가?

평생교육의 한계와 문제점을 직시하고, 향후 목적·관점·대상·성과를 공유하는 작업이 필요하다. 그와 관련한 정책 연구도 지속적으로 실시하여야 한다. 교육부와 각 지방 자치 단체도 한계를 인지하고 객관적인 상황과 대안에 대한 연구를 실시하여 국민이 원하는 것이 무엇인지를 파악해야 한다. 분기별 수요자 모니터링과 중장기 정책 연구(학부모·시민 단체·교원·교육청 등)가 꼭 필요하다. 추후에도 현장 여론 조사와 연구를 통한 시스템 개편 및 정책 반영의 선순환 구조를 마련하여 수요자가 원하는 정책이 시행되었으면 한다. 또한 중앙정부의 밀어붙이기식 정책이 아닌 지방 자치 단체와 시·도 교육청의 협력 모델을 만들어야 한다. 이를 위해 교육 자치와 일반 자치 연계를 위한 협의회나 위원회를 구성하도록 하는 법률 조항이 마련되는 것도 좋겠다.

전시행정과 비대해진 몸집을 줄여 나가는 노력도 필요하다. 쉽게 말해 수요자 중심의 기관과 프로그램이 되려면 상위기관인 교육부에서 평생교육의 예산·조직·인력·감사·행정을 일원화해야 한다. 앞으로 국가교육위원회가 설립되면 교육부는 평생교육을 담당하는 기관으로 남을 가능성이 크다. 현재와 같이 교육부-보건복지부-문화체육관광부-여성가족부-지방 자치 단체-시·도 교육청이 협업하지 않는 구조에서 각기 다른 목소리를 내며 중복되거나 전시행정이 이루어지는 상황을 개선해야 한다. 기관의 중복 역할을 제거하고, 명확하고 유기적인 고유 역할을 확립하는 것도 중요하다. 행정기구의 슬림화도 동시에 추진해야 한다. 행정기구의 크기와 좋은 평생교육 시스템, 교육복지가 비례하는 것은 아니다.

또한 지방 자치 단체장이나 정치인이 어떤 공약을 했는지 한눈에 볼 수 있고, 흔히 말하는 지방 자치 단체의 낙하산 인사가 전시행정을 하고 이른바 '먹튀'하는 일을 막을 수 있도록 평생교육 정책에 대한 평가제, 정책실명제를 추진해야 한다. 특히 강당·체육관·도서관 등 시설 공사에 대해서는 이러한 방식이 꼭 필요하다.

그리고 평생교육에서만큼은 정책 수요자 의견 반영 의무화가 필요하다. 평생교육 각 대상자들의 목소리를 정책에 반영하는 것이 실효성이 있기 때문이다. 정책을 수용해야 하는 국민들의 입장에서 적극적으로 의견을 피력하여 수요자들이 요구하는 평생교육 프로그램으로의 전환이 이루어져야 한다. 더불어 연령별·성별·세대별·지역별로 수요자들의 생애 주기별 요구를 받아들일 수 있는 시스템도 필요하다.

마지막으로 예산의 투명한 사용에 대한 법적 근거를 마련하여 시설 투자를 제한하고 외부에서 감시할 수 있는 기구가 설립되었으면 한다. 강당·체육관·도서관·센터 등의 과도한 시설(건설) 투자를 제한하려면 시민 단체, 학부모, 국민들의 힘이 필요하다. 중앙정부 차원에서 일정 규모 이상 되는 지방 자치 단체의 건설 관련 공사는 신고제에서 허가제로 바꿀 필요도 있다. 그래야만 교육 예산을 시설 예산으로 무분별하게 쓰는 현상이 완화될 것이다.

3 /
시·도 교육청의 교육 혁신 움직임
그리고 혁신학교[125]

• 2009년 이후 민선 교육감 시대가 열렸다. 이명박 정부 당시 만들어진 진보 교육감[126]이라는 프레임 아래 교육부와 시·도 교육감 간 치열한 공방이 이어졌다. 민선 교육감(직선제 교육감)의 정착 이전에 법·제도가 관선제 때와 다를 바 없었기 때문에 충돌은 불가피했다는 생각이다. 문재인 정부 이전까지 약 9년간 교육부와 시·도 교육청 간 많은 충돌이 일어났는데 대표적인 권한 쟁의에 관한 사례를 정리하자면 다음과 같다.

---

125 대통령 직속 자문기구 '국가교육회의' 유·초·중등 미래교육 비전 정책연구 보고서(2018)에 탑재된 내용 수정(연구책임 이영희, 연구진 김영순·이수광·백병부·윤지현·임재일·홍섭근).
126 당시 '진보 교육감'이라는 명칭은 보수 성향의 메이저 신문에서 유래되었으며, 무상급식 정책의 찬성과 반대로 성향을 구분하였다.

사안	시기	내용	쟁점
학생인권조례 관련	2010년	경기도, 광주, 서울, 전북의 학생인권 조례 제정과 관련하여 교육부는 내용을 문제 삼아 대법원에 권한쟁의심판 청구.	• 조례의 상위 법령 위배 논란 • 장관의 조례 재의 요구 요청 권한
교육공무원 특별채용 임용 취소 관련	2012년	2012년 사립학교 비리 고발자에 대한 공립 특채를 서울시교육청에서 추진하자 교육부가 임용 취소를 통보함.	• 특별채용 절차와 규정
학교폭력 가해 사실 학생부 기재 관련	2012년	교육과학기술부가 학교폭력 가해 사실을 학생부에 기재하도록 했는데 전북교육청에서 이를 거부하여 장관이 직권으로 취소한 사건. 이후 전북 교육감과 법적 다툼을 벌임.	• 교육감의 징계 의결 요구권 • 국가 위임 사무에 대한 교육감의 권리
자율형 사립고 지정·취소 관련	2010년	시·도 교육청에서 자사고의 평가 결과를 통해 지정·취소를 하려 했으나 교육부가 이를 제동하여 시행령을 개정함.	• 자사고의 지정·취소에 대한 권한 • 시·도 교육감의 협의가 동의 여부인지에 대한 논란
누리과정 예산 편성 관련	2012년	대통령 공약 사안에 대한 누리과정 예산을 시·도 교육감에게 예산 분담 요구. 특히 어린이집에 대한 관할권은 시·도 교육감에 존재하지 않음.	• 법률적 소관 부서 논쟁 • 법률적 위계 논쟁
교장공모제 확대 관련	2010년 이후	교장공모제법이 여야 합의로 통과되었으나 시행령으로 내부형 교장공모제의 비율을 제한함. 2014년 국회 입법조사처도 시행령이 상위법 위배됨을 밝힘.	• 교장공모제의 상위 법률과 시행령의 충돌 • 시·도 교육감의 인사 권한 문제

현재는 위 사안 중 상당 부분이 정착되었거나 개선되었다. 시행 초기의 논쟁들은 주로 실효성에 대한 문제 제기와 무리한 정책의 도입(또는

---

127 교육 분야 국가 및 자치 사무에 관한 연구 발췌(2016, 경기도교육청).

교사 불신

제동)이 가져오는 부작용이 주 초점이었다. 어떻게 보면 교육 자치 이후에 교육감의 당연한 권리임에도 불구하고, 중앙정부나 정치권에서 색깔 논쟁을 꺼내 든 것이다. 관련하여 중앙정부에서 무리하게 시행령을 마련하거나 개정함으로써 부작용을 야기했고, 국론을 분열시키는 데 일조했다고 본다. 과거에는 있었지만, 현재 일반 자치에서는 이러한 충돌 현상이 거의 일어나지 않는다는 점에서 문제의 원인을 구체적으로 살펴볼 필요가 있다.

교육부나 중앙정부에 의한
교육 획일화와 통제 수단화
—

그동안 여러 쟁점 사안들을 살펴보면 사안이 발생할 때마다 중앙정부가 국가 주도형으로 교육과정과 교육정책을 모두 맡아야 한다는 인식이 바탕에 있음을 알 수 있다. 시·도 교육청이나 단위학교의 자율성을 인정할 수 없다는 의도가 드러난다. 이는 과거 산업화 시대의 산물인 획일화에 대한 향수가 아직도 존재함을 의미한다.

교육 자치 시대에 맞게 교육과정과 교육정책 모두 지역사회와 유기적으로 결합하여 특화된 형태가 나타나야 한다. 2008년 이전까지 임명직 교육감과 간선제 교육감을 유지하고 있었다. 그런데 그때와 직선제 교육감 시대인 현재에 운영되는 법·제도가 크게 다르지 않다. 선거에 의해 뽑힌 교육감에 대한 권한을 인정하는, 교육 자치에 맞는 제도와 시행령 개정이 필요하다. 지역 유권자가 선택한 교육 자치를 존중해야 한다. 유·초·중·고교의 정책에 있어서 중앙정부-교육부-시·도 교육감의 권한과 역할을 명확하게 제시하지 않고서는 지속적으로 문제가 발생할 수 있다. 현재 이를 정리한다고는 하지만, 일시적인 방법으로는 해결되지 않는다. 문재인 정권 내내 해야 할 일이고, 추후에도 문제 사안 발생 시 긴밀하게 협의할 수 있도록 교육부-시·도교육감협의회와 법·제도 권한을 다룰 수 있는 상설 협의기구를 만들어야 한다.

중앙정부와 교육부의 누리과정, 교장공모제는 대표적으로 상위법에 맞지 않거나 위배되는 시행령으로 시·도 교육청이 부담을 갖게 하였다. 교육의 본질이나 대의가 아닌 정부의 입맛과 판단에 따라 손바닥 뒤집기처럼 대응하였다. 교육의 본질이나 철학에 대한 고민 없이 이해관계에 따라 손익분기점을 따지는 전략을 세운 것도 잘못일뿐더러, 결과적으로 국민들이 교육 쟁점별로 이해관계에 따라 의견이 첨예하게 갈리는 등 국론 분열 현상을 초래하였다. 학교 현장에 적용되는 시행령을 만들 때에는 시·도 교육감과 협의하고, 교원·학생·학부모의 의견을 듣는 절차가 필요하다. 그렇지 않다면 정권의 입맛에 따라 제2, 제3의 국정교과서 정책이 탄생할 수 있다.

정부가 5년마다 국민의 선택을 받아서 교육정책을 추진하다 보니 중·장기적인 정책이 아닌 단기 대응책 위주의 정책을 일삼았다. 특히 과거 추진했던 정책들을 뒤집거나 새로 만들기를 반복하였다. 현재 국

교사 불신

가교육회의가 국가교육위원회로 남아 중·장기적인 교육정책을 결정하고, 그에 따른 단기·중기 정책을 수행해야 하는 이유가 바로 이것이다. 국가교육위원회가 설립되더라도 초법적인 일을 해서는 안 되며, 현장 여론을 무시해서도 안 된다. 2017년 탈원전을 선언할 때의 숙의 민주주의 과정처럼 교육계의 중대사를 결정할 때도 그러한 대타협의 방식을 사용했으면 하는 바람이다.

과거에는 시·도교육감협의회의 위상 자체가 미미하였다. 문재인 정부 들어 유·초·중·고 정책은 모두 시·도 교육감에게 위임한다는 국정과제로 시·도교육감협의회를 교육정책의 파트너로 인식하는 경향이 생겼다. 다만, 만장일치제로 운영되어야 하는 것과 의결기구가 아닌 단순 의견을 개진하는 현재의 형태는 한계가 있어 새로운 형태의 의사결정 방식으로의 개편이 필요하다.

교육 자치의 대표적 성공 사례
: 혁신학교의 확산
—

2018년 3월 1일자 시·도별 혁신학교 지정 현황을 살펴보면 다음과 같다.

시·도별 혁신학교 지정 현황

구분	전체 학교 (개)	2017년 3월 혁신학교 (개)	2018년 3월 혁신학교 (개)	혁신학교 이름
전북	761	158	158	전북혁신학교
경기	2,338	435	541	혁신학교
광주	311	49	57	빛고을혁신학교
제주	187	21	28	다흔디배움학교
서울	1,307	154	190	서울형혁신학교
세종	81	10	10	세종혁신학교
전남	822	87	87	무지개학교
강원	632	41	55	행복더하기학교
충남	711	45	54	행복공감학교
충북	470	9	40	행복씨앗학교
인천	508	30	30	행복배움학교
부산	626	29	29	부산다행복학교
경남	960	21	49	행복학교
대전	297	5	14	창의인재씨앗학교
합계	11,613	1,090	1,342	

출처 : 한국교육개발원(2018)

2009년도 13개에서 시작한 경기도 혁신학교가 2018년 현재 전국 1,342개교로 확산되었다. 2018년 기준으로 전국에서 14개 시·도 교육 청이 혁신학교를 운영하고 있다. 경기도와 서울의 혁신학교, 강원도의 행복더하기학교, 광주의 빛고을혁신학교, 충남의 행복공감학교, 경남의 행복학교, 전남의 무지개학교, 제주의 다혼디배움학교 등의 명칭이 존재한다. 진보 교육감 13개 교육청 외에 보수 교육감으로 분류되는 대전 교육청에서도 창의인재씨앗학교라는 혁신학교를 운영하고 있다는 점이 특징이다. 이와 함께 다른 교육청도 혁신학교를 검토 중이라고 알려져 있다.

혁신학교와 일반학교는 여러 면에서 차이가 있다. 물론 현재 혁신학교 모두가 이러한 특성을 갖추었다고 보기는 어렵지만 추구하는 면에서 일반학교와 분명 다른 가치를 가지고 있다. 형태는 시·도 교육청마다 약간씩 다르지만, 2009년에 시작한 경기도 혁신학교의 교육철학과 가치를 토대로 하고 있다. 혁신학교가 교육부나 중앙부처에서 하고 있는 연구·시범학교와 어떠한 차이가 있는지 극명하게 대조되는 면이 있다. 지금까지 교육부나 일부 시·도 교육청에서 시행한 연구·시범학교는 막대한 예산을 투입했지만 이렇다 할 성과를 보여 주지 못했거나 일시적이었으며, 전국적으로 이름을 떨친 학교는 극히 미미한 수준이다. 사실 성과가 있는 학교는 교원 개개인의 역량에 의존하는 편이 많았다.

경기도교육청에서 시작한 혁신학교가 9년 만에 13개 학교에서 1,342개로 100배 증가하였다는 것은 국민들의 높은 호응도를 보여 준다. 물론 혁신학교가 완벽하거나 만능이라고 보기는 어렵다. 보수 언론이나 일부에서 주장하는 특정 교원 단체 학교라는 지적과 학력이 낮다는 점에 대해서는 아직까지 논란이 있다. 그런데 특정 교원 단체 회원이 많은 여러 일반학교는 논란이 되지 않는 것이 아이러니하다. 성적(학력)에 대한 논쟁이 있는데, 혁신학교는 시작 단계에서 열악한 농·산·어촌 등의 벽지를 우선적으로 선정했다는 점에서 일반학교와 혁신학교를 성적으로 단순 비교하는 것에는 한계가 있다. 마지막으로 혁신학교가 일반학교와 다르게 특혜를 받는다는 논란도 있다. 특혜로 따진다면 연구·시범학교가 더 많은 특혜를 누려 왔다고 볼 수 있다. 한 학교마다 1억 원에서 많게는 20억 원까지 투입한 사례가 있는데, 특혜 시비는 본질을 호도하고 있는 것이다. 종합하자면 혁신학교는 시·도 교육청의 교육철학을 담은 정책 사업이라고 정의하는 것이 옳다. 다음 내용을 참고하면 혁신학교와 일반학교의 특성을 대략적으로 비교할 수 있다.

혁신학교와 일반학교 대략적인 특성 비교[128]

	혁신학교 (시·도 교육청 선정 자율학교)	일반학교	연구·시범학교 (교육부 외)
학급당 인원	25명 내외 (교육청 마다 차이)	지역별 차이가 존재하나 30명 내외	일반학교와 동일.
교장과 교직 문화	교직 문화가 수평적 (자율학교이며 공모제 학교 중심)	지역에 따라 차이가 존재 하나 교장에게 권한이 쏠 려 있음.	승진 점수가 주어지므로 일반적으로 더욱 수직적 인 교직 문화 발생.
교사의 전문성	교사 전문성 신장을 위한 전문적 학습공동체(교사 연수)가 활성화되어 있음.	교사의 역량에 따라 천차 만별(일반화하기 어려움).	일반학교와 동일.
교육과정, 수업 형태	다양화·특성화·맞춤형 학생 중심형 프로젝트 운 영, 진로교육과 생태교육	교사의 역량에 따라 천차 만별(일반화하기 어려움).	특색 사업 중심으로 전시 적인 요소 발생(일시적).

---

128 김성천·서용선·홍섭근(2015), 혁신학교의 거의 모든 것, 맘에드림.

교사 불신

교육 내용 초점	학생 개개인의 행복과 관심도 중심.	일반적으로 성적 중심(우수 학생 중심).	일반학교와 동일.
교원 행정업무	행정 전담 실무사 투입과 행정업무 전담팀 운영으로 교원 행정업무 경감 후 수업과 교육과정에 더욱 많은 시간 할애.	일부 과도한 행정업무 발생.	보고서 작성과 행사 기획으로 일반학교보다 더욱 과도한 행정업무 발생.
교육청 지원(예산)	지속적 · 안정적 지원	예산이 거의 없거나 획일적인 기준으로 예산 지원(예측 불가).	과도한 예산(특교금)이 1~2년간 투입되므로, 장기간에 걸쳐 교육에 투자 불가능.
학부모 관계	학부모 아카데미, 학부모 교육을 지속적으로 추진(교육과정에 반영).	학교나 교사마다 차이가 존재(일반화하기 어려움).	일반학교와 동일.
유-초-중-고 연계	혁신학교 클러스터로 묶어 연계작업을 활발히 진행(공동 교육과정 등).	특별한 연계 작업 없음(지역마다 일부 차이).	일반학교와 동일.
지역사회 네트워크	지역과 함께하는 마을 축제 등 지역사회 네트워크와 유기적인 연결고리 존재.	학교나 교사마다 차이가 존재(일반화하기 어려움).	일반학교와 동일.
평가	중간평가, 최종평가를 하며 실적 위주의 평가보다는 성찰과 반성 위주의 평가를 실시.	감사 이외의 평가 기능은 거의 없거나 획일적인 교육청 평가가 존재.	중간평가나 최종평가를 하지만 전시적 사업 위주의 평가를 성대하게 개최. 실제 추진 내용보다 보고서 작성에 심혈을 기울여야 함.

그동안 교육부와 중앙정부에서 많은 교육정책 사업을 추진하였다. 교육부의 2019년 한 해 예산[129]도 70조 원을 넘어서, 다른 중앙정부 기관이나 부서보다 압도적으로 많은 예산을 가지고 있다. 앞서 언급한 것처

---

129 2019년 예산은 75조 원이다.

럼 한 학교에 수십억 원을 넘게 투자한 사업도 과거부터 지속적으로 있어 왔다. 대표적으로 인조잔디 사업, 원어민 교사 사업, 각종 IT 사업 등이 있지만 국민들과 학부모·교원의 기억에 남는 정책 사업은 거의 없고, 성과 또한 한계가 있었다는 것을 여러 시민 단체나 교원 단체가 지속적으로 언급하고 있다. 그럼에도 교육부는 중앙집권적으로 획일적인 시설 사업이나 인프라 투자 사업을 강행하였다. 교육 프로그램에 투자하는 사업은 기껏해야 연구·시범학교 지원이었는데, 그마저도 형평성 논란을 초래하였다.

혁신학교 정책은 교육부가 아닌 시·도 교육청이 성공시킨 가장 대표적인 정책이며, 국민들로부터 긍정적인 평가를 받았다. 혁신학교 유치를 위한 경쟁률과 혁신학교의 확산 속도를 보면 그것을 알 수 있다. 연구·시범학교는 교사에게 승진가산점을 주기 때문에 일부 교사들이 강력하게 원하지만, 학부모는 그리 긍정적으로 평가하지 않는 점에 비춰 보면 상반된 차이점이 있다.

어떤 면에서 정책이 성공했는지 그 원인을 면밀하게 분석할 필요가 있다. 교육부의 사업 진행 방식에 문제가 있다는 것은 많은 곳에서 지적되어 왔다. 그들은 예산을 쓰기 위해 조직을 확장하였고, 조직이 확장되었기 때문에 많은 예산이 필요했다. 꼬리가 몸통을 흔드는 현상Wag The Dog이 나타나는 것이다. 과거 정부에서 교육부는 거대 공룡이라고 불리는 큰 기관이었지만, 학교 현장의 목소리를 철저하게 외면하였다. 성공한 정책이 없어도 학교 현장에 군림하는 기관이었고, 학부모나 교사 그리고 학생들의 목소리를 정책에 담아내는 역할도 하지 않았다.

민선 교육감 이후 시·도 교육청은 달랐다. 선거로 뽑힌 시·도 교육감들은 교육 자치 시대에 맞게 학부모의 목소리를 경청하였고, 학생 중심의 교육철학을 담아 혁신학교 정책을 앞다투어 추진하였다. 혁신학교를 추진하는 시·도 교육청이라고 혁신학교 정책이 동일하지 않았다. 교육철학은 같아도 형태와 방식은 시·도 교육청의 상황에 맞게 개편하여 추진하였다. 혁신학교 선정·평가에 있어 구성원들의 의견을 듣고, 연수를 하고 지원하였다. 모니터링을 통해 정책 피드백을 지속적으로 하여 매년 다른 혁신학교 정책이 되었다. 정책의 '완성'이 아닌 '진화'의 방식을 택한 것이다. 이 점이 기존 교육부의 중앙집권적인 교육정책과 가장 큰 차이라고 볼 수 있다.

시·도 교육청에서 혁신학교 정책 이외에 성공한 정책을 꼽는다면 혁신교육지구 사업이 있다. 많은 곳에서 확산되고 긍정적인 평가를 받다 보니 이 내용도 문재인 대통령의 공약 사항과 국정과제에 제시되어 있다. 내용을 간단히 요약하면 지방 자치 단체에서 학교에 투자하는 기존의 하드웨어적 교육 투자 방식에서 교육 프로그램에 투자하자는 움직임이라고 볼 수 있다. 사실 혁신교육지구 사업의 모태는 혁신학교라고 할 수 있다.[130] 한 학교를 변화시키는 것이 아니라, 해당 지역 모두를 변화시키자는 움직임이었기에 그렇다.

---

[130] 혁신교육지구 사업 비교 연구(2015, 경기도교육연구원)

혁신학교 정책의 성공 원인

혁신학교는 거창한 목표를 갖기보다는 교육의 본질로 돌아가자는 운동성의 관점이다. 교사는 초심으로 돌아가자는 것이고, 학생이 학교의 주인이 되며, 학부모의 참여 보장이 핵심이다. 혁신학교는 학교가 스스로 움직일 수 있도록 자발성을 만들어 주어 학교 생태를 복원한 것이다. 미래 사회의 교육은 소수의 학생만을 위한 것이 아님을 알아야 한다. 강남 모 지역의 혁신학교 지정 논란[131]은 구성원이 동의하지 않는데 혁신학교로 지정하려 해서 문제가 되었다. 이는 혁신학교 초기 운동성 관점과는 거리가 멀다. 혁신학교는 구성원 동의가 기본 요건이었다.[132]

혁신학교의 학력이 낮다는 오해가 많은데, 2018년도 한국교육과정평가원이 발표한 연구자료에 따르면 혁신학교 학생은 국어·수학·영어 등 3과목을 기준으로 초등학교에서 중학교 진학 이후 성적 상승폭이 일반학교 출신보다 큰 것으로 나타났다. 혁신학교가 학생 성적 향상에 오히려 도움이 된다는 분석이다.[133]

중앙집권적인 교육부나 중앙정부의 교육정책과 대조적으로 시·도 교육청의 자율적인 움직임으로 지역화에 안착하고 성공했다고 평가받는 혁신학교의 성공 원인을 꼽자면 다음과 같은 특징들을 말할 수 있다.[134]

---

[131] 서울신문(2019. 1. 8)
[132] 2009년 경기도교육청 초기 혁신학교는 구성원 동의가 90%가 넘어야 했다.
[133] 혁신학교 성과분석 정책연구(한국교육과정평가원, 2018.12).

교원의 자율성 인정

미국의 NCLB[135]의 경우에도 과도한 교원 평가와 지역 상황을 고려하지 않은 중앙정부의 개입으로 긍정적인 평가를 받지 못하였다. 도입 당시에는 획기적인 것처럼 포장되었지만, 기업 경영과 마찬가지의 방식으로 학교를 성적 중심으로 평가하였던 것이 화근이었다. 미국식 교육 방식을 선호하는 대한민국의 여러 정책들은 교원의 자율성을 인정하기보다는 줄 세우기에 급급하다. 교원 성과급 제도가 그렇고, 교원 승진 제도도 크게 다르지 않다. 학교폭력자치위원회에 있어서도 교원의 자율성은 거의 인정되지 못한다. 교원의 자율성을 인정하지 않은 까닭에 그들은 쌓여 가는 정책 피로감 속에서 점점 더 수동적이고 무기력하게 변화한다. 최근 들어 학부모 민원으로 몸살을 앓고 있는 학교가 늘고 있는데, 과거와는 달리 교사의 권리는 없이 의무만 존재하는 데서 원인을 찾는 이들이 있다. 매 맞는 교사들이 늘고 있는 현 상황에서도 대다수 국민들은 과거 자신들이 경험한 권위적인 교사를 떠올리는 현실이 상충한다. 이러한 현실이 학교 현장과 제도 그리고 여론의 격차를 보여 준다. 이러한 영향으로 여론에 편승해 국가주도형 교육정책에서는 신자유주의 정책을 펼쳐 교사 불신의 분위기에 일조하였다.

....

134 경기도교육청 혁신학교 평가 및 내부문건 참고(2011-2017).
135 No Child Left Behind, 아동 낙오 방지법.

기존 정권의 신자유주의적 정책과 대비되는 시·도 교육청의 혁신학교 정책에서는 승진가산점을 주지 않고도 교사의 자발성을 이끌어 냈고, 교육과정과 평가 혁신도 만들어 내고 있다. 당연히 혁신학교와 교사들에 대한 학생과 학부모의 평가는 긍정적이다.[136] 교사들이 스스로 공부하는 모임인 전문적 학습공동체도 활성화되고 있고, 학교를 넘어서 지역사회와 함께하는 축제와 지역 교육과정까지 만들어 내고 있다. 시·도 교육청에서도 개입은 하지 않고 지원만 한다는 원칙을 내세우고 있다.

혁신학교는 교원의 자율성을 인정하는 것이 어떤 변화를 이끌어 내는지 가장 명확하게 보여 주는 정책이라 볼 수 있다. 이미 고교 자율화 정책과 국가수준 학업성취도 평가[137] 등 신자유주의 정책은 획일화와 서열화를 조장하여 실패하였다고 많은 학계와 현장에서 말하고 있다. 교원을 존중하고 자율성을 극대화하였던 시·도 교육청의 혁신학교 정책에서 우리는 많은 시사점을 얻을 수 있다. 40만이나 되는 교원을 학생과 학부모의 적으로 돌리고 줄 세우기 하여 일부 소수의 그룹만을 움직이게 할 것인가, 아니면 대다수 교원들을 믿고 신뢰하여 성과를 낼 것인가는 앞으로의 교육정책이 나아갈 방향에 달려 있다.

---

136 경기도교육청 혁신학교 만족도 평가(2011-2015)

137 두 정책 모두 이명박 정부 때 시작된 것이다. 현장의 여러 부작용으로 몸살을 앓다가, 10여 년이 경과한 문재인 정부 들어 일반고를 살리기 위해 자율형 사립고의 선발권 축소를 예고한 상태이며, 국가수준 학업성취도 평가는 표집방식으로 전환되었다.

학생·학부모 참여의 활성화를 유도

지금까지 교육정책에서 학생과 학부모의 참여는 원천적으로 배제되어 있었다고 볼 수 있다. 교육에 있어 그들의 권리는 보장받지 못했다. 학생은 교육을 받아야 하는 수동적인 존재로 인식되었고, 학부모는 더욱 그러했다. 상징적으로 학교운영위원회에 학부모 위원이 존재하지만, 대다수 학부모의 입장을 대변하지는 못했다. 많은 학부모의 의견은 형식적으로 조사되거나 의견을 개진할 수 있는 기회조차 주어지지 않았다. 학부모가 사교육에 의존하는 원인 중 하나가 교육 정보를 얻을 수 있는 창구가 없고, 학교의 담장이 높기 때문이라는 시각도 있다.

이와 다르게 혁신학교는 학부모의 참여를 보장한다. 학부모 아카데미, 학부모 상담, 학부모와 함께하는 동아리 활동 등 학부모의 학교 참여를 활성화하는 노력을 지속적으로 추진하고 있다. 혁신학교 학부모 네트워크도 활발하게 진행되어서 지역 단위, 전국 단위로 움직이고 있다. 일반학교의 고립된 학부모의 상황과 사뭇 다르다.

학생의 학교 정책 참여도 다양하게 이루어지고 있다. 일반학교에서는 표면화되지 않았지만 성적이 우수한 학생 중심이라는 것을 무시할 수 없다. 성적이 낮은 학생들은 학교생활에 적응하지 못하거나 교사들에게 외면받기도 한다. 혁신학교에서는 모든 학생이 주인공이다. 수업 설계나 프로젝트 학습 등에 있어서도 학생들의 의견을 존중하고, 토론과 논술 수업도 활발하게 이루어지고 있다. 학생 동아리도 활성화되어 있고,

학생들의 호기심을 충족시키기 위한 체험활동도 다양하게 이루어지고 있다. 물론 일반학교에서 이런 것이 없었던 것은 아니다. 하지만 일반학교는 학교 간 격차가 크고, 교사의 개인적 역량에 의존하는 한계가 있다.

교사의 전문성(교육과정·수업) 신장을 위해 노력

—

일반학교는 교사 간 역량 차이로 많은 어려움을 겪고 있다. 아무리 뛰어난 교사가 있더라도 이를 학교 차원에서 일반화하기 어려운 측면이 존재하기에 그렇다. 현재 구조에서는 뛰어난 한 교사의 역량이 학교의 역량으로 발전할 수 없다. 교장·교감의 역량도 교사들에게 이어지지 않는다. 오히려 역량이 뛰어난 교장·교감의 열정이 지나치면 교육 성과를 강요하는 부작용도 나온다. 지나친 주입식 이론 중심의 연수는 교사들의 자존감을 떨어뜨리는 원인이 되기도 한다. 교사 연수는 자율적인 부분이라 학교장이나 교육감도 어쩔 수 없다. 일반학교 교사는 임용 후 3년 이상 되면 1급 정교사 자격연수를 받고, 그 이후에는 자율적인 연수만 받는다.[138]

혁신학교는 소속 교사들의 전문성 신장을 위해 지속적인 노력을 하고

---

[138] 교감·교장으로 승진 시에는 별도의 자격연수를 받는다. 그 외에는 모두 본인의 의사에 의한 자율 연수라 볼 수 있다.

교사 불신

있다. 교사 간 역량 차이를 해소하기 위하여 전문적 학습공동체와 혁신학교 아카데미(직무 연수, 기초-심화-전문가 과정)를 운영한다. 신규 교원 직무연수도 실시하며, 전입 교원의 전문성 신장을 위한 노력도 하고 있다. 혁신학교의 교육철학과 방향성을 공유하며, 동료 간 관계성까지 신경 쓰고 있는 것이다. 이에 혁신학교 교사들은 자신의 역량에 자부심을 가지며, 본인의 학급과 학교에 맞는 교육과정을 자유롭게 재구성할 수 있다. 국가수준 교육과정보다 본인과 지역, 학교에 맞는 교육과정을 만들고, 그것을 기본으로 수업을 만들어 나간다. 이렇듯 혁신학교 교사의 고른 수준의 상향된 역량이 교육과정과 수업을 통해 학생에게 전달되는 긍정적인 효과를 이끌어 내고 있다.

지역사회에 대한 고려

—

국가주도형 교육과정은 지역에 대한 애정을 가진 학생들을 만들어 내지 못한다. 내가 사는 지역에 어떠한 사건과 위인이 있는지, 지역 내 어떤 유적 · 유물이 있는지 알지 못한다. 지역 주민들과 친해질 계기도 없다. 학생들은 관심이 없는 국가수준 교육과정을 외워야 하고, 경쟁 속에서 더욱 치열하고 삭막하게 살아간다.

반면 혁신학교는 철저하게 지역 중심이다. 지역 내 환경과 주민들과의 관계성을 중시한다. 내 고장에 대해 탐구하고, 지역 주민을 만나고 체험하며, 그러한 관계 속에서 진로교육까지 자연스럽게 이어지기도 한다. 지역 어르신과의 만남을 통해 얻는 인성교육은 덤이다. 마을 축제를 학생들이 기획하는 과정을 통해 창의성도 배양된다.

지금까지 학교는 지역의 중심에 있었지만 지역 내 역할을 하지 못하고 이질적인 존재로 남아 있었다. 혁신학교는 지역 단위 교육과정과 교과서를 만들며 앞으로 국가 중심이 아닌 교육과정의 다양화, 즉 교육 자치가 나아가야 할 상을 보여 주고 있다.

예산의 지속적이고 안정적인 지원
—

교육부에서 학교 현장으로 내려보내는 예산은 주로 특별교부금(이하 특교금)으로 이루어진다. 특교금은 한시적인 예산을 과다하게 투입하고, 점진적으로 예산을 줄여 나가되 부족분은 시·도 교육청에서 충원하는 방식으로 이루어진다. 이는 학교 현장에 일시적인 과다 예산의 투입으로 전시행정을 부추기는 부작용도 있으며, 언제 끊길지 모르는 특교금 사업의 한계로 성과가 일시적이거나 미미하다는 단점이 존재한다.

혁신학교는 선정 후 4년 동안 소액이지만 지속적으로 예산이 투입된다. 혁신학교가 연장되면 지원 금액도 지속적으로 연장된다는 점에서 안정적으로 운영할 수 있다는 장점이 있다. 지원 금액에 대한 세부 사안들도 교육 프로그램에 투입될 수 있도록 가이드라인과 매뉴얼이 보급된다. 연구부장이나 혁신부장에게는 예산 관련 내용을 별도로 교육한다. 과다한 금액을 한두 개의 사업으로 모두 소진해 버리는 방식에서 완전히 탈피한 것이다. 학부모나 학생 교육을 위한 예산도 별도로 책정되어서 건설·인프라·시설 확충·기기 구입의 방식과는 거리가 멀다. 이렇듯 세밀한 예산 정책과 관심이 혁신학교 성과의 바탕이 되었다.

평가의 부담 완화

교육부나 중앙정부에서 추진한 연구·시범학교는 적게는 몇 천에서부터 많게는 수십억 원까지 다양한 금액이 투입되었으나 보통 2년 이하의 기간 동안 운영한다. 1년차에서는 중간 보고회를 하며, 2년차 때 최종 보고회를 한다. 보고회는 단위학교에서 추진하기에 벅찰 정도의 큰 규모와 화려한 보고서를 자랑한다. 그것을 준비하는 별도의 인력은 없고, 모두 교사의 몫이다. 어떤 교사는 프레젠테이션 자료를 100여 장 만들기도 하고, 어떤 교사는 CD를 대량 제작하기도 한다. 그 외에도 과다한 행정업무로 담당자들은 수업에 소홀해지고 야간 작업을 하는 경우가 허다하다. 지원된 예산 중 많은 비용이 홍보와 인쇄, 보고서 작성에 투입된다. 모두가 학생 교육과는 관련 없는 행정업무이다. 연구·시범학교를 해서 학생이 바뀌었다고 생각하는 교사는 드물다. 그럼에도 교육부나 중앙정부는 늘 성공적이라는 보도자료를 내고 있다.

반면 혁신학교는 성과에 집착하지 않는다. 2년차 중간 평가 때는 성장과 나눔의 평가회를 연다. 규모도 작고, 구성원 간의 대화가 중심이다. 오로지 학생들의 변화가 초점이다. 듣고 말하고, 나누며 성장하는 자리이다. 전시적인 보고서는 존재하지 않는다. 보고 형식도 제한되어 있으며, 컬러 인쇄도 금지되어 있다. 소박하지만 내실 있는 평가 방식이다. 최종 평가 때에도 방식은 크게 다르지 않다. 혁신학교에서 하고 있는 것들을 보여 주면 되는 방식이기에 교사들은 별도의 준비가 필요 없다. 지금까지 정책 사업이 늘어날 때마다 교사의 업무 부담이 가중되었다. 그리고 한 번도 업무가 줄어든 적은 없었다. 그러나 혁신학교는 처음부터 교사의 부담을 줄이기 위해 노력하였고, 그 여력으로 학교 교육력을 신장시켰다.

시·도 교육청 간 경쟁과 협업

—

교육부의 구조상 정책을 만들어 낼 수 있는 단위나 인력은 거의 없다. 6개월에서 1년마다 담당자가 바뀌고, 학교 현장 경험이 없는 인력이 대부분이기에 그렇다. 시·도 교육청에는 경험이 풍부한 장학사들이 많고, 학교 현장의 목소리를 담을 수 있는 모니터링 제도나 TF 및 학교 현장 지원단도 존재한다. 이러한 협력을 통해 시·도 교육청에서는 좋은 정책들을 만들고 공유하며, 지역 상황에 맞게 심화·발전시키고 있다. 그동안 교육부나 중앙정부에서 보여 주었던 중앙집권적 정책의 한계를 극복함과 동시에, 다양한 교육정책 아이디어가 17개 시·도 교육청에서 나오고 있는 것이다. 물론 인력과 인프라가 풍부한 서울과 경기도가 주가 된다는 한계도 있지만, 모두가 평등한 입장에서 교육만을 바라보고 정책을 생산해 낸다. 독과점 체제보다는 경쟁과 협업 속에 교육정책이 발전할 수 있는 여건이 마련될 수 있다. 혁신학교 정책을 보더라도 민선 교육감 이후 성과를 내라고 압박했던 과거와 달리 지원센터 신설, 관련 정책 지원(인사·예산·정책·네트워크) 등을 만들고 지속적으로 관심을 가지고 지원하고 있다.

학교 상황을 고려한 교육행정 지원
—

혁신학교가 처음 시작될 당시 학급당 학생 수를 25명 이하로 줄였다. 그리고 행정업무 경감 정책을 동시에 펼치면서 행정실무사를 혁신학교에 추가적으로 배치하였다. 물론 이에 대한 논란은 있다. 행정실 개편이 아니라 행정실무사를 배치한 것에 대한 논란과, 일반학교와 혁신학교의 형평성에 대한 논란이 그것이다. 그럼에도 혁신학교만큼은 학교 교육력이 신장될 수 있는 환경 조성을 우선으로 추구하였다.

교사는 수업과 교육과정 전문가이다. 그런데 현실을 살펴보면 교사는 행정업무를 더 많이 하고 있다. 그 근원은 교육부나 중앙정부의 정책 사업에서 기인한다. 이러한 현상을 완화하지 않는다면 구호에 그치는 교원 행정업무 경감이 될 것이다. 혁신학교에서는 행정 전담팀을 두고, 행정업무 전체를 교무실에서 담당하도록 하였다. 교사는 오로지 수업과 교육과정에만 신경 쓸 수 있는 구조를 만들기 위해 노력하였다. 실제로 그것은 많은 효과를 보았다.

앞으로 교육부나 중앙정부에서 새로운 사업을 만들지 않고 기존 사업만 없애도 학교 교육력은 극대화될 수 있다고 본다. 그리고 혁신학교의 체제를 감안하여 일반학교에 더욱 진화한 시스템을 도입하여야 한다. 단순 행정업무만 지원하고 있는 학교 행정실을 개편하여 행정업무 전반을 맡도록 하고, 교사 중 일부를 교무기획 전담교사[139]로 교무실에서 상주할 수 있도록 한다.

당연히 지역교육청이나 시·도 교육청의 슬림화도 필요하다. 가급적 정책 생산 기능보다는 정책의 방향성만 제시할 수 있는 기관으로 만들어야 한다. 기관이 많아지면 지시 기능만 강화되고, 행정업무와 문서가 늘어난다. 모든 것은 단위학교에 이양하여서 단위학교 자율경영 체제가 될 수 있도록 해야 한다. 이 모든 것은 목표를 세우고 접근해야만 가능하며, 그렇지 않으면 단기 현안 대응 수준으로 전락할 가능성이 크다. 과거 모든 정권에서 교원 행정업무 경감을 내세웠지만 경감은 되지 않고 늘

---

139 일부 부장교사가 수업시수를 줄여서 교감과 교무기획 전담교사가 한 팀이 되어 행정업무 전반을 지원하는 체제이다.

교사 불신

어만 갔다. 그것은 국가주도형 정책 사업과 현재 시스템의 한계를 개선하지 않고는 불가능하다.

학교 자치를 꿈꾸며

혁신학교의 성과 여부를 떠나 그러한 움직임 자체로도 가치가 있다고 생각한다. 혁신학교는 거창한 것이 아니라 교육의 기본으로 돌아가자Back to the Basic는 학교 자치의 관점으로 보아야 한다. 교사가 행정이 아닌 교육을 할 때 학생들이 행복해질 것이라는 단순한 이치로 접근했으면 한다. 혁신학교는 철학적 접근이기에 모든 혁신학교가 유사하지 않고 다양하게 분화해야 하는 것이 정상이다. 지역적 · 주체별 특성을 가지는 것도 당연하다.

혁신학교를 이끌어 가고 운영하는 것은 교사의 몫이다. 교사의 역량으로 교육을 바꾸어 나가야 하는데, 이를 위해서는 행정적 · 재정적 지원과 정책적 · 법률적 지원이 뒷받침되어야 한다. 다만 혁신학교와 비혁신학교를 구분해서 지원하고 차별하는 우를 범해서는 안 된다. 물론 일부 혁신학교 교사들이 혁신학교를 포장하고 흠잡을 데 없는 것처럼 말하는 것도 잘못이다. 내가 하는 것은 혁신이고, 네가 하는 것은 비혁신이라는 흑백논리는 교직 사회 문화에 도움될 리 없다.

연구 과정에서 보면 학교 내 정치적인 지향성의 문제로 학부모가 교사나 혁신학교에 대해 오해를 하기도 한다. 혁신학교 중에서도 무늬만 혁신학교가 분명히 있고, 일반학교 중에서도 혁신학교보다 나은 학교가 있다. 교육자 간 이분화하여 지원했던 정책[140]은 모두 실패로 끝났다. 혁신학교의 확산도 좋지만 학교 내 구성원 간에 이해의 폭을 넓혀 가는 과정을 꼭 거쳐야 한다. 그리고 교사의 혁신이 학생·학부모·지역사회로부터 인정받지 못한다면 그들만의 리그라고 오해받을 수 있다. '왜 학교를 공개해야 하는가?', '왜 수업을 공개해야 하는가?'에 대한 질문을 교사들이 많이 하는데, 학교는 지역사회의 중심이 되는 공간이기에 그렇다. 누구나 동질집단끼리 있는 것이 익숙하고 편하지만 교육자로서 다른 주체들을 포용하는 관점을 가졌으면 한다.

학교 자치는 이미 시작되었다고 생각한다. 혁신학교는 원래 학교 자치[141]의 관점에서 시작했다. 단순하게 생각하여 모든 간섭을 배제하고 구성원이 합의하여 학교를 운영하는 원리이다. 예산·정책·교육과정·학교 운영을 모두 학교 내에서 논의하고 운영하는 학교는 기대해 볼 만하다. 이런 학교 시스템이 멀지 않았다고 본다. 학교마다 차이는 있을 수 있지만, 결국 시행착오를 거쳐 상향 평준화되리라 본다. 그런 날은 분명히 올 것이다. 교사를 포함한 교육 주체들이 준비해야 한다. 그런 학교를 만들 수 있다니 벌써부터 마음이 벅차오른다.

---

140 대표적으로 연구·시범학교, 사업·정책 공모 등이다.
141 초기에는 학교 자율화의 관점에서 이야기했지만, 최근 학교 자치의 논의와 맥을 같이 한다.

교사 불신

4 /
교사의 행정업무 경감과
교무기획 전담교사제의 필요성[142]

교원 행정업무 경감 정책의 현황 및 문제점
—

　교원 행정업무 경감이란 말은 과거 1970~80년대부터 등장하였고, 대부분의 교육부 장관이나 교육감도 제시한 의제이다. 그러나 이를 본격화하고 체계화한 시기는 2009년 경기도교육청 직선제 민선 1기로 당선된 김상곤 전 경기도교육감(전 교육부 장관) 시기이다. 이 시기에 교원 행정업무 경감 정책이 체계화되었다는 것에 대해 현장의 많은 이들이 공감하고 있다. 이명박 정부 시절에는 정치 논리로 접근하여 시·도 교육감 평가에 있어 진보 교육감을 인색하게 평가하던 시절이었다. 경기도

---

142 교원 행정업무 경감 정책 추진 현황 및 발전 방향(경기도교육연구원 정책진단연구, 2015) 글 수정.

는 전체 학생 수의 4분의 1, 전체 교원 수의 5분의 1이 있는 곳이라 모든 사안에 대해서 불리하게 평가 요소를 만들어 전국 17개 시·도 교육청 중 15위 내외의 평가만 받았다. 그럼에도 교원 행정업무 경감 영역에서 는 경기도에 전국에서 최우수 평가를 주기도 하였다.

어떤 정책보다 우선순위에 있던 교원 행정업무 경감 정책은 전시행 정을 일삼던 시·도 교육청의 일하는 방식에 획기적인 변화를 가져왔다. 현재 17개 시·도 교육청의 교원 행정업무 경감 정책은 당시 경기도교육 청의 정책을 가져다 심화·발전시킨 체제이다. 교원 행정업무 경감 정책 이 성과는 분명 있었지만 한편으로는 여러 가지 문제가 있었고, 그러한 문제로 인한 불협화음이 지속되었다. 이는 사람의 문제가 아니라 시스템 의 문제라고 생각한다. 일반행정직과 교육전문직 간의 갈등, 행정실무사 문제, 타 부서와의 업무 추진 문제, 교사들의 민원, 교장·교감과의 충돌, 교원 단체와의 충돌 등 많은 부수적인 문제가 있었다. 정작 지역 교육지 원청의 교육전문직(장학사·장학관)은 교원 행정업무 경감 정책에 대해 잘 모르거나 교육청의 방침과 반대로 이해하는 경우가 많아 정책을 시행 하는 시·도의 본청과 지역 교육지원청의 정책 괴리도 있었다.

교원 행정업무 경감이 워낙 포괄적인 용어이다 보니 교사는 단순 민 원도 지역 교육지원청이나 본청에만 의존하려 한다. 민원 업무를 전담 하는 팀이 별도로 존재하지 않았기 때문에 본청의 담당 장학사는 근무 시간에 업무를 못 할 정도의 민원에 시달려야 했다.

타 부서의 공문이 불필요한 행정업무를 유발하는 경우에는 사전·사후 모니터링을 통해 공문 수정을 요구하여 주무부서와 타 부서 간에 갈등이 생기는 부작용도 발생한다. 교육전문직(장학사·장학관)이 바뀔 때마다 공문 보내는 방식이 달라지고 가이드라인도 없기 때문에 처음부터 다시 시작하고, 같은 문제를 지속적으로 제기해야 하는 어려움도 있다. 즉, 본청의 각 부서나 교육전문직마다 중요하게 생각하는 사안이 달라 통일성을 갖기 힘든 구조이다. 그로 인해 발생하는 행정업무 유발 사안을 모두 제어할 수 있는 시스템이 존재하지 않는다. 학교를 지원하거나 컨설팅하는 방식에 대해서도 현장의 불만은 있다. 민원이 지속되는 학교에 컨설팅을 나가기도 하였으나, 교장·교감의 권한을 건드릴 수 없는 사안이 존재하여 무의미한 컨설팅이라는 비판도 있다.

교원 행정업무 경감 정책은 장학사 1인이 담당했는데, 혼자서는 교원 행정업무 경감 사업을 지속하기 힘든 구조이다. 교원 행정업무를 유발하는 핵심은 교육부의 업무 방식에서 비롯되는 경우가 많다. 공문의 많은 부분이 교육부의 사업이기 때문이다.[143] 교육부가 사업을 펼치지 않으면 교육청에서 공문을 시행하지 않을 것이고, 교원들은 공문 처리에 시달리지 않아도 된다. 총량 자체가 줄어들지 않는 이상 교원의 행정업무는 지속적으로 늘어나고, 그 업무분장으로 인해 갈등이 시작되는 악순환이 반복된다. 총량을 20~30% 줄인다고 일이 해결되는 것이 아니라 교육 자치권을 확보할 수 있도록, 교육부나 외부의 사업을 아예 거부할

---

143 교육청 사업의 90%는 교육부에서 기인한다.

수 있는 권리가 시·도 교육청에 있어야 한다. 이렇듯 교육청에서 아무리 교원 행정업무를 경감하고자 하여도 근본은 건드릴 수 없다는 약점을 안고 있다.

교원 행정업무 경감 정책으로 천문학적인 액수를 들여 수만 명의 행정실무사144를 고용하였지만, 이는 비정규직을 양산하였다는 비판과 역할이 모호하다는 현장 교사들의 지적을 받고 있다. 업무 총량을 줄이고 행정실이 움직여 주어야 교원 행정업무 경감이 가능한데, 행정실은 그대로 있는 상태에서 교사와 행정실무사 중심의 교원 행정업무 경감을 추진한 반쪽짜리 정책이라는 비판도 있다. 일부에서는 머리만 큰 구조인 교육청 내 일반행정직을 줄여 학교 행정실의 인력을 충원하는 정책을 추진하려 하지만, 시·도 교육감은 선출직145이라는 약점을 갖고 있어 공무원 노조의 강한 저항에 늘 좌초되고 있다.

학교 교직 문화의 관행도 문제
—

교원 행정업무 경감을 방해하는 요소는 믿기 힘들지만 학교 안의 관성적인 요인도 있다. 바로 학교 교직 문화와 관행으로 대표되는 것들이

144 지역마다 명칭이 다르다. 과거에는 교무보조라고 불리기도 했다.
145 4년 임기 선출보직제.

교사 불신

다. 교육청에서 추진하는 정책도 학교 관행 속에 묻혀 버리는 경우가 많았다. 더욱 힘든 것은 교장·교감이나 교사들의 교원 행정업무 경감 정책에 대한 부정적인 인식이나 오인, 오해였다. 관리자[146]가 의지를 가지고 바꿀 수 있는 것들은 많다. 대표적으로 학교 내에서 하고 있는 관행적인 행정, 보안이나 감사를 대비한 행정, 특별한 근거 없이 시행되고 있는 사안들이다. 관리자의 교원 행정업무 경감에 대한 오해 또는 거부로 인해서 각종 민원이 교육청으로 쏟아졌다.

세월호 참사와 같이 안전사고가 나면 여지없이 감사에 대비하는 자료들이 폭증하는 것이 현실이다. 안전을 위한 조치나 지원 체계 등 인프라 구축 및 제도 개선을 위해 노력하는 것이 아니라, 책임 면피를 위한 근거 및 증빙 서류 갖추기에 급급하다. 교육 목적과 효과는 뒤로한 채 불필요한 행정업무만 증가시켜 교육에 전념할 수 있는 여건을 더욱 악화시키는 사례가 여러 부서에 나타나고 있어 학교 현장의 어려움이 가중되고 있음을 알 수 있다.

교사 스스로가 교원 행정업무 경감에 대해 부정적으로 인식하는 사례도 찾아볼 수 있다. 행정실무사가 공문을 기안한다 해도 책임은 지지 않는다는 판단으로, 교사들이 스스로 행정실무사의 지원을 거부하기도 하였다. '문제가 생기면 행정실무사가 아니라, 담당자인 내가 징계를 받을

---

[146] 교장·교감을 말한다. 관리자라는 표현 자체에 강한 거부감을 갖는 교사들도 있으나 행정용어로 대부분 쓰이고 있다.

수도 있다.'는 두려움이 작용하는 것이다.

일부이지만 학교에서 5년 이상 장기 근무한 행정실무사들의 텃세가 교원 행정업무 경감을 방해하는 요인이 되기도 했다. 학교에서 가장 오랫동안 근무한 터줏대감으로 관리자와 부장교사들 사이에서 인정을 받았지만, 학교 내 발언권이 적은 새로 전입한 교사나 신규 교사의 행정 지원을 거부하는 등 곳곳에서 충돌이 일어난다. 이들로 인해서 행정실무사가 한 학교에 장기 근무하는 것을 막아 달라는 민원이 지속적으로 있다.[147] 일부 혁신학교에서 유능한 행정실무사들의 활약으로 변화에 큰 도움을 준 경우도 있지만, 일반화되기 힘든 현실이다.

교육정책에 대한 이해 부족
—

교원 행정업무 경감 연수는 행정실무사의 업무 기능 강화 연수, 관리자에 대한 정책 이해 연수, 부장교사나 일반교사를 대상으로 한 연수 등이 지속적으로 있었으나 분절적으로 이루어졌다. 교원 행정업무 경감의 중심에는 학교 구성원의 유기적인 결합이 있어야 하는데, 분절적인 그룹별 연수만 이루어지다 보니 성공 사례 중심의 연수가 될 뿐이었다. 혁신학교의 성공 사례 중심의 연수에 대한 반감도 만만치 않았다. '혁신학

---

147 경기도교육청을 포함한 일부 시·도 교육청에서는 행정실무사 순환근무제를 시행하고 있다.

교이기 때문에 가능하니 우리 학교는 불가능하다.'는 인식이 생기는 등의 부작용도 생겼다. 혁신학교에서 교원 행정업무 경감이 성공한 이유는 교직원 간의 유대감 강화 때문이라는 것을 인식하지 못한 점은 아쉬움이 크다.

또한 교장·교감의 정책에 대한 이해가 부족했다. 교원 행정업무 경감 자체를 자신들의 권리를 침해하는 것으로 받아들이는 이들도 있다. 교장·교감이 행정실과 교원 사이에서 행정업무를 적절히 조정하는 역할을 해야 함에도, 이의를 제기하지 않고 지시에 잘 따르는 교사들에게 몰아주는 경우가 종종 있다. 교장·교감 중에는 본인이 행정을 잘 모르기 때문에 행정실과 갈등을 빚어서 좋을 것이 없다고 판단하는 경우도 있다고 한다. 이러한 구조가 교원 행정업무 경감 정책을 방해하는 요소로 작용하였다.

행정실무사가 무기 계약직이 된 후 행정실무사 노조가 또 하나의 벽으로 작용하기도 하였다. 이들이 생겨나게 된 이유가 교원 행정업무 경감 때문이었지만, 무기 계약직이 되니 곳곳에서 교사와 마찰을 빚었다.

또한 교원 행정업무 경감 정책이 정확하게 무엇인지 그 정의를 모르는 교원도 많다. 교원 행정업무 경감이 단위학교의 행정업무 경감인지, 단위학교의 민원을 받아들이는 통로를 만들고자 한 것인지, 소통이 안 되는 교장·교감에 대한 제재인지, 교육청의 구조 개혁과 업무 슬림화인지(전시행정 등 업무 총량 축소), 행정실의 지원 강화인지, 행정실과의 협업인지 등 혼란스러운 상황에 노출되고, 초점이 제대로 잡히지 않아 서로에 대한 이해도도 다르다. 일부 교원은 교원 행정업무 경감을 행정실로의 업무 이관으로만 생각하는 경향이 있어, 행정실(또는 행정직 노조)과의 불필요한 갈등을 야기하기도 한다. 일부 교사들의 정책에 대한 이해 부족은 교원 행정업무 경감 정책을 학습할 통로가 없었기 때문이라는 목소리도 있다. 아직까지도 전국 40만 교원 중에 교원 행정업무 경감 정책 전문가는 손가락에 꼽을 정도로 소수에 불과하다. 거시적인 정책을 보고 주변 학교의 상황을 포괄해서 생각해야 함에도 우리 학교 일만 해결하면 된다는 관점에서 오는 문제도 일부 있다. 이를 교사(교원) 탓을 하기보다는 민원을 해결할 수 없는 교육청 시스템의 한계에서 찾는 이들도 있다.

구조적인 문제에서 오는 정책 온도 차
—

교사들은 단위학교의 사례를 주로 이야기한다. 그도 그럴 것이 교사 개인이 근무하는 학교가 본인이 아는 교원 행정업무의 전부이기 때문이다. 전국 1만여 개의 학교가 있지만, 이 많은 학교를 모두 경험한 교사는 없다. 보통 정년까지 10개가 채 안 되는 학교를 경험하기에 본인이 경험한 대로 좁은 의미에서 정책을 평가하고 받아들인다. 교사들은 학교 행정실의 지원이 미비하고, 행정실무사나 행정실의 업무는 여유 있는 편이라는 선입견을 가지고 의견을 피력하는 경우가 많다. 행정실과 교원의 업무를 정확하게 구분해서 제시해 줘야 한다는 의견도 지속적으로 피력하고 있다. 전국 1만여 개의 학교 가운데 동일한 구조를 가지고 있는 학교는 하나도 없다. 1인 행정실장도 많으며, 행정실 상주 인력 및 지원 인력이 충분하지 못한 곳도 많아 획일적으로 행정 사무인지 교무 업무인지 구분하기는 어려움이 있다. 이에 대한 교사들의 오인을 바로잡아 불필요한 갈등을 줄일 필요가 있다.

교원 행정업무 경감은 업무 총량을 줄이고, 서로 간 협업 능력을 향상시키며, 교육청의 구조적인 문제를 해결해야 하는 사안이다. 앞서 언급한 교육청과 행정실 간의 인력 배분 문제뿐 아니라, 초등학교와 중·고등학교의 형평성 문제도 존재한다. 고등학교 행정실은 관행적으로 5급 사무관이 주로 배치되고, 상주 인력도 많다. 비정규직까지 포함하면 많은 인원이 행정 지원을 하고 있다. 그러나 초등학교에는 1인 행정실장도 존재하고, 정규직이라고 해야 2~3명이 대부분이다. 사실 중·고등학교에서는 입시 업무가 많기는 하지만, 전시행정이나 잡무가 초등학교보다 덜하다는 의견이 많다. 그래서 초등학교에 행정 지원 인력을 더 배치해야 한다는 의견이 있다. 이는 교원 행정업무 경감을 바라보는 시각이 초·중등 급별로 다름에도 정책 담당자가 조정의 필요성을 느끼지 않고 있다는 것을 반증한다고 하겠다.

지역 교육지원청의 교육전문직(장학사·장학관)의 수준을 문제 삼는 경우도 있다. 지역 교육지원청은 주로 신규 장학사들이 배치되는데, 이들은 교원 행정업무 경감 정책에 대한 지식이 거의 없다. 때문에 신규 장학사가 오히려 현장에 업무 폭탄을 안겨 주는 사례가 상당수 보고된다.

본인은 열의를 가지고 일한다고 하지만 피해만 양산하게 되는 형국이다. 교육전문직의 수준에서 오는 정책의 격차는 심각한 파장을 일으킬 수 있다.

행정실무사의 개인 역량 차이가 학교별 교원 행정업무 경감 정책의 성공 여부를 평가하는 요소로 작용하는 것도 문제라 보는 이도 있다. 헌신적으로 일을 하거나 우수한 역량을 가진 행정실무사가 있는 학교는 다른 학교보다 우수하게 평가되기도 한다. 반대인 경우는 교원들이 열심히 하더라도 만족도가 현저히 떨어져 정반대의 상황이 된다. 행정실무사 개인의 역량 차이가 정책의 성패로 평가되는 현상이 나타나는 것이다.

일반행정직과 교사 간의 갈등

—

초기 교원 행정업무 경감 정책을 추진할 때 가장 크게 저항한 곳은 행정실이었다. 교사 업무를 행정실로 넘긴다는 항의를 곳곳에서 하였고, 행정실 노조에서 별도의 설문을 만들어 시행하기도 하였다. 행정직만의 설문조사 결과는 당연히 교원 행정업무 경감 정책을 폐지해야 한다는 의견이 많았다. 공청회, 토론회를 할 때에도 행정실 노조에서는 집단적으로 항의하는 등 강력한 저항이 있었다. 이런 저항의 근원에는 교육과정과 관련된 행정업무는 교사가 해야 한다는 인식이 강하게 깔려 있기 때문이다.

행정직의 이러한 저항은 교사들로서는 이해할 수 없는 행동이었다. 학교의 행정업무를 지원해야 하는 행정실에서 행정업무를 모두 가져가는 것은 당연한 일이 아닌가 하는 생각 때문이었다. 반면 행정실 입장에서는 학교 규모에 따라 일이 다르기 때문에 행정실과 교사의 업무를 구분하기가 쉽지 않고, 인력에 한계가 있기 때문에 교사들이 지원해 주어야 한다는 입장이었다. 교사와 행정실의 갈등은 업무 총량이 줄지 않고 수시로 늘어나기 때문에, 새로 생기는 업무를 누가 맡을 것인지에 대한 충돌이 많았기 때문이다. 대표적으로 보건교사의 정수기 관리 문제, CCTV 관리, 배움터 지킴이 담당, 안심 알리미 업무 등이었다. 한쪽에서는 행정업무로 해석하고, 다른 쪽에서는 생활지도로 해석하기 때문이다.

　교사와 행정실 간 갈등의 중심에는 지역교육청이나 본청과의 관계도 있다. 본청에서 장학사가 보내는 공문은 대부분 지역 교육지원청 장학사가 담당하게 된다. 장학사가 보내온 공문은 모두 교사들이 맡게 되는데, 여기에서 해석의 차이가 있는 것이다. 행정실에서는 교육전문직이 발송한 공문은 교사(부장)들의 업무로 배분할 것을 요구하기 때문이다.

　그런데 지역교육청이나 본청에서 장학사가 공문을 보내는 것도 일반행정직과 경쟁할 힘이 없기 때문이다. 교육청의 구조상 일반행정직의 수가 교육전문직(장학사·장학관)보다 4배 많기 때문에 장학사는 가장 힘이 없는 구조이다. 더군다나 2~3년이면 부서 이동이나 전직을 하기 때문에 주인의식을 가질 수 있는 구조도 아니다. 국·과장(장학관)들도 일반행정직 사무관이나 서기관과 싸워서 문제를 일으키기보다는 비교적 대하기 수월한 장학사에게 업무를 지시하는 경향이 있다. 때문에 장학사가 공문을 보내게 되었고, 주로 교사들이 담당하게 된 것이다.

이러한 교육청의 구조적인 문제가 결국 학교 내 분란의 원인이 된다. 업무분장에 없는, 중간에 떨어지는 애매한 영역에 대해서도 교사가 담당하고는 한다. 국회의원이나 시·도의원의 요구 자료도 마찬가지다. 업무분장이 되어 있지 않은 것들은 대부분 교육과정과 연관시켜 교사에게 맡긴다. 사실 학교 행정업무라는 것이 교육과정과 연관되어 있지 않은 것이 없음에도 이러한 상황이 연출되고 있는 것이다.

교원 행정업무 경감 정책,
다른 방식으로 생각해 보자
—

교원 행정업무 경감 정책이 시행되는 모습을 보면 교육청의 일하는 방식에 대해서는 건드리지 않고 있다. 즉 공문량을 줄인다든지, 사업 수를 줄이기는 했으나 결국 다른 사업에 결합시켜 유지하거나 공문 1개에 2개의 사업을 넣는 등의 관행을 이어 가며 근본적인 원인은 해결하지 않고 있다. 교육부나 유관기관의 사업은 매년 새로 생겨나고 있어 행정업무를 매년 10%씩 감축하더라도 업무 총량은 줄어들지 않는다.

더군다나 교육부의 일하는 방식은 사업을 만들기는 하나 사업 기간을 정해 놓지 않은 경우가 많았다. 대표적으로 사이버가정학습을 들 수 있

다. 교육부나 중앙정부에서 시작해 놓고 없앤 사업은 지금까지 거의 존재하지 않았다.[148]

특별교부금을 주어 시작하나 일정 기간이 지나면 특별교부금이 없어진다. 그렇게 되면 이후에는 교육청에서 모든 사업 예산과 인력을 지원해야 하는 방식이다. 한 번 시작하면 시·도 교육청은 자체적으로 없앨수 없어 이에 대응할 만한 특별한 법령이 있어야 한다는 주장도 있다. 사실 시·도 교육감이 의지만 있으면 없앨 수 있으나 공무원의 시각에서는 중앙부처에서 시작한 사업을 없앴을 경우 감사나 징계를 받을 수 있다는 두려움이 앞서는 것이다. 또한 부서의 사업이 없어지면 권한도 사라진다고 인식하여 관행적으로 줄이지 않은 경우도 있다.

교육청의 일하는 방식이나 조직 문화에 문제가 있다는 지적도 있다. 유능한 담당자는 스스로 일을 줄여 나가지만, 담당자가 바뀔 경우 다시 원점으로 회귀하는 경우가 많다. 일반행정직과 교육전문직의 칸막이 문화로 인하여 비슷한 공문을 부서나 과별로 지속적으로 발송하는 경우도 적지 않다. 도교육청 과별 컨트롤타워 내지 체계적인 모니터링 체제가 존재하기 않기 때문인 것으로 해석할 수 있다.

교원 행정업무 경감 정책을 추진하는 과정에서 교사의 개인적인 민원이나 불만 요소를 쏟아 내는 경우가 많았다. 내용을 들여다보면 학교장

---

148 100대 교육과정 정도가 유일하게 없어진 사례이다. 이를 없애는 데 엄청난 내부 저항이 있었다고 전해진다.

의 권한인 사례가 많아 사실 해결해 줄 수 없는 민원이 대부분이었다. 학교 문화와 교원 행정업무 경감 정책을 연관시켜야 하는 것이 이런 이유 때문이다. 결국 교장·교감이나 행정실이 스스로 행정업무 총량을 줄이고, 교원 행정업무 경감을 위해 노력할 수 있는 구조를 만들어야 한다.

행정업무를 유발하는 교육부에 대한 제재를 할 수 있는 통로가 없는 것도 아쉽다. 교육부나 중앙부처에 압력을 넣을 수 있는 것은 언론의 힘을 빌리거나, 국정감사라는 방식을 이용해야 하는 사안인데, 시·도 교육청의 힘으로는 불가능하다. 시·도교육감협의회와 교원 단체, 시민 단체의 힘이 결합되어야 할 필요가 있다.

교원 행정업무 경감 정책의 진화가 필요하다
—

교원 행정업무 경감 정책은 교사들이 만족할 정책이라는 것에는 큰 이견이 없다. 다만 교원 행정업무 경감 정책의 큰 부분을 행정실무사 고용 증가에 기대어 추진했다는 측면에서 미완의 정책이라는 비판은 있다.[149] 일부 교장이나 권한을 가진 교육청 내 간부급 사이에서는 교원 행정업무 경감으로 인해 교육과정과 수업의 질이 나아졌냐는 질문에는 반대 의견을 던지는 이들도 있다. 교사들이 교원 행정업무 경감으로 인해

---

[149] 시·도교육청마다 상황은 다르나 접근 기조는 비슷하다.

교사 불신

여유가 생겼지만 수업에 충실하지 않는 등 도덕적 해이가 발생했다고 믿는 것이다.

교사들의 행정업무를 경감해 주어 수업 연구와 교육과정에 대해 고민할 수 있는 여유가 생길 때 비로소 교사는 발전할 수 있고, 이는 정책의 일관성으로 연결된다. 성과를 거둔 혁신학교는 교사들이 행정업무에 신경 쓰지 않도록 해 주었기 때문이고, 무늬만 혁신학교가 성공하지 못하는 이유는 전시행정을 일삼아 교사가 발전할 시간을 주지 않기 때문이다. 교사에게는 창의적인 생각을 할 수 있는 여유로운 시간이 필요하다. 창의적인 생각은 일하다 나오는 것이 아니라 여유 있는 시간에, 흔히 말하는 '잡담'하다 나오는 경우가 많다. 그들이 시간을 낭비하고 있다고 보는 조급함이 교사와 학교 발전의 계기를 빼앗는 것이다.

마지막으로 근본적인 행정실 개편이 논의되지 못했다는 아쉬운 측면이 있다. 행정실 및 행정실의 일하는 방식도 개혁이 필요하고, 교사와 함께 어울릴 수 있는 문화적인 환경도 조성해야 한다. 교사들은 잘 알지 못하지만 행정실도 업무가 증가하는 총량에 비해 인원이 적은 것은 사실이다. 이 구조적 모순을 개혁하기 위해서는 학교 현장에 근무하는 행정실 인력도 순차적으로 늘리고, 학교 현장에 근무하는 행정실장에게 사무관 승진의 우선권을 주어야 한다는 목소리도 나오고 있다. 외국의 경우 행정실과 교사직의 비율이 5 대 5나 7 대 3인 곳도 있다. 우리나라의 경우, 특히 초등학교에서는 1인 행정실이 많아 상황이 열악한 곳이 많다. 표준화된 모델과 대학교 사무처 수준의 명확한 역할 분담도 필요하다.

교무기획 전담교사제 도입의 필요성

—

　교원 행정업무 경감 정책을 지속적으로 펼치고 있으나 예산과 노력에 비해 큰 효과가 없는 상황이다. 여러 정책을 도입해 봤지만 교원의 업무와 행정을 완벽하게 분리한다는 것은 사실상 불가능에 가깝다. 특히 행정실무사와 행정실 인력을 늘려 봤지만, 교무행정에 대한 이해도가 낮아 전적으로 업무를 맡기기 힘든 상황이 지속되고 있다. 동질 집단이 아니라 오히려 갈등만 유발하고, 결국 다시 교사에게 업무가 넘어오는 기현상도 연출된다. 총 사업을 줄이고 또 줄이더라도 결국 학교 내에서는 행정업무가 발생하지 않을 수 없다.

　또한 행정실·행정실무사를 늘리면 예산에 대한 부담이 증가하고 향후에 발생할 학교(급) 감축에 탄력적으로 대응하기 어렵다. 학교 입장에서는 교무·연구부장의 업무 과부하가 심각하여, 해당 반이나 과목은 학생 교육에 문제가 발생한다.

　외국에서는 행정과 교육을 이원화하고, 군인·소방·경찰은 같은 직렬 내에서 본업과 행정을 분리하여 효율적으로 운영하고 있는 것을 참고해야 한다. 일부이지만 다년간 학생 지도에서 피로도를 느끼는 이들도 있고, 학교폭력을 대처하다 악성 민원으로 인해 수업을 기피하는 교원도 생겨나고 있다. 또한 앞으로 학령인구 감소로 인해 과원교사에 대해 고민해야 하는 상황이 10년 내로 올 것이라 점도 고려해야 한다.

　교직 사회의 여러 상황을 고려하고 활력을 불어넣기 위해 행정만을 전담하는 '교무기획 전담 교사제'를 실시할 필요가 있다. 시·도 교육청에서 한 학교당 1명씩 교무행정 전담교사를 배치하여 교무행정 전담팀을 이끌도록 한다. 각 학교별 1명씩만 TO를 늘려 주고, 학교 내 구성원들의 판단으로 순환보직 형태로 1~2년간 맡도록 하며, 수업 이외의 행정에 전념하도록 하는 것이다. 해당 교사는 교무행정 전담교사로 수업을 하지 않고 오로지 교무기획·행정만 할 수 있도록 하고, 학교 내의 다른 교사들은 수업과 교육과정에 전념할 수 있는 분위기를 만든다. 소규모 학교에 정원 외로 우선 배치하고, 일정 규모 이하인 곳부터 순차적으로 배치해 본다. 규모가 있는 학교에서는 행정업무 부담이 크지 않기 때문이다.

더불어 지역교육청별로 별도의 규정을 둘 수 있게 한다. 학교 측의 책임으로 교무행정 전담교사를 순환 배치할 수 있게 하되, 특혜 시비가 있을 수 있으므로 해당 교사에게는 근평·승진점수를 부여하지는 않는 제도적 장치 마련도 필요하다.[150] 반응이 좋다면 교무기획 전담교사를 순차적으로 늘려 나갈 수 있다. 행정실·행정실무사와의 갈등도 줄어들고, 순환보직 형태이며 동질집단이기에 이들이 행정업무를 전담하여도 교사와의 갈등이 생기지는 않을 것이다. 물론 이들의 역할을 명확하게 해야 할 필요는 있으나, 학교 특색에 따른 업무분장의 재량권을 주면 학교자치의 측면에서 도움이 될 것으로 본다.

---

150 일부 승진을 앞둔 이들이 악용할 가능성이 있어 대안 마련이 필요하다.

장기적으로 교사들도 분업화할 필요가 있다. 수업하는 교사와 교무기획을 하는 교사로 이원화하는 것이다. 비율은 대략 7 대 3 정도가 좋을 것 같다. 단순 행정이 아닌 교무기획으로 바라봤으면 한다. 나머지 교사들은 오로지 수업에만 전념할 수 있는 분위기가 조성되고, 수업이나 민원에 지친 교사에게는 잠시 쉬어 갈 수 있는 제도로 정착될 것이다. 교사가 왜 행정을 하느냐고 반대하는 이들도 많겠지만, 여러 가지 상황을 고려했을 때 시행되면 오히려 교사들이 더욱 환영할 만한 제도라고 본다.

여러 교사들을 인터뷰해 보니 수업에 태만한 교사 한 명이 다른 교사에게 미치는 악영향이 크다. 여러 원인이 있겠지만, 체력적인 한계나 승진에 대한 포기가 이들에게 영향을 주었을 것이다. 수업에 열정은 없지만 행정은 잘하는 교사도 있다. 모두를 퇴출시키는 극단적인 상황보다는 잘할 수 있는 부분에서 능력을 발휘하도록 새로운 역할을 부여하는 것도 나쁘지 않다고 본다. 그들에게도 새로운 기회를 열어 주는 제도가 될 것이다.

교사의 전문성 신장과
교육과정 자치

미래교육을 바라보는 연구 보고서의 한계[151]

—

개인적으로 미래교육에 대해서 부정적이고 회의적이다. 이 분야에 대해서 많은 연구를 해 봤지만 지금 흘러가는 방향은 학교 현장과는 너무 동떨어져 있는 황당한 미래를 말하고 있다. 학교 현장에 있는 교원은 모두 공감할 것이다. 현재의 고충도 해결하기 어려운데 갑자기 '미래교육'이나 '4차 산업혁명'[152]이 전면에 등장하고 있다. 교육 관련 4차 산업혁

---

151 대통령 직속 자문기구 '국가교육회의' 「유·초·중등 미래교육 비전 정책연구 보고서(2018)」에 탑재된 내용 수정(연구책임 이영희, 연구진 김영순·이수광·백병부·윤지현·임재일·홍섭근).

152 세계경제포럼(WEF) 회장인 클라우스 슈밥(Klaus Schwab)은 4차 산업혁명을 '3차 산업혁명을 기반으로 한 디지털과 바이오 산업, 물리학 등 3개 분야의 융합된 기술이 경제 체제와 사회 구조를 급격히 변화시키는 기술 혁명'으로 정의하였다.

명이나 미래교육 관련 연구회나 토론회는 거의 다 찾아보고 다녔다. 가면 갈수록 공허함과 미래교육에 대한 막연한 환상만 느껴졌다. 때로는 주최하는 이들이나 참여자들의 '욕망'이나 '밥그릇 투쟁'의 성격을 체험하고 왔다. 신기루에 가까운 내용을 교육에 인위적으로 가져다 붙이면서 시설 개선을 해야 한다느니, 인프라 확충에 수조 원이 든다느니 하며 경제적인 투자처로서 교육을 바라보고 있었다.[153]

일부이지만 교수 그룹은 본인이 전공한 학문과 4차 산업혁명을 연결하여 공학이나 시설로 모든 것이 다 이루어지는 것처럼 이야기했다. 인공지능을 전공한 교수는 인공지능으로 모든 것이 다 대체될 것처럼 설명하고, 교육과정을 전공한 교수는 전통적인 교육과정은 무시될 수 없다면서 으르렁거렸다. 어떤 공대 교수는 실업을 걱정하고 있는 제자들을 위해 전산교사 1만 명 양성을 국정과제에 넣어야 한다고 주장하기도 하였다. 모두가 틀렸다고 볼 수는 없지만 초점이 맞지 않았다. 현재 교육의 문제를 직시하지 않고 장밋빛 미래만 그리는 모습이 안타까웠다.

다음 내용은 국가교육회의에 참여한 정책연구에서 미래교육에 대한 국책연구기관의 보고서를 정리한 내용이다.

---

153 일부 시·도 교육청에서는 조 단위에 가까운 예산을 시설 투자에 쓰면서 미래교육이라고 말하고 있는 실정이다.

연구보고서 명 (출판기관)	현 교육 한계(문제점) 인식 및 교육개혁 장애 요소
교육개혁 전망과 과제(Ⅰ): 초·중등교육 영역 (한국교육개발원) 교육개혁 전망과 과제(Ⅱ): 초·중등교육 영역 (한국교육개발원)	1. 사회 변화 및 학습자의 요구에 부응하지 못하는 교육 2. 학교 구성원 누구도 행복하지 않은 교육 3. 교육체제·교육제도의 획일성과 경직성 4. 공교육에 대한 국가와 지방의 역할과 책임 분담의 모호성
글로벌 교육 동향 연구(Ⅴ): 지능정보사회의 교육 혁신 동 향 (한국교육개발원)	1. 지능정보사회의 도래에 따라 주요국의 교육 혁신 동향과 실천 사 례를 분석한 결과, 교육 환경의 변화에 대응하기 위한 각국의 노 력이 다양한 형태로 광범위한 영역에서 이루어지고 있음을 확인. 2. 독일의 Industry 4.0, 일본의 일본재흥전략 2016, 싱가포르의 Singapore i4.0, Infocomm 2025 등 국가 차원의 정책과 전략 을 제시.
2035 미래교육 시나리오: 초·중등교육을 중심으로 (한국교육개발원)	1. 원리 : 공공성 강화 vs 시장 원리 반영 2. 목표 : 수월성 교육 vs 평등 교육 3. 형태 : 네트워크형 학교 형태 vs 집합형 학교 형태 4. 재정 투자 : 확대 vs 감소
미래 사회 대비 교육과정, 교 수학습, 교육평가 비전 연구(Ⅰ): 초·중등학교 교과 교육의 방 향 (한국교육과정평가원) 미래 사회 대비 교육과정, 교수 학습, 교육평가 비전 연구(Ⅱ): 유치원 및 초·중등학교의 교 수학습 방향을 중심으로 (한국교육과정평가원)	1. 인구 구조의 변화, 지식 기반 사회의 심화, 과학정보기술의 발달, 경제 및 사회 구조의 변화, 환경 및 자원 문제 해결을 위한 지속 가능한 발전 추구, 생활 방식 및 가치관의 다양화 등 여섯 부분 에 있어서 변화 추세가 예측. 2. 현재까지 우리나라 초·중등 학교교육에 있어서 추구하는 인간 상과 교육목표는 7차 교육과정기부터 2015 개정 교육과정기까 지 변화가 거의 없었음.
지능정보사회 대비 학교교육 의 방향 탐색 (한국교육과정평가원)	1. 2차 산업혁명이 가져온 현 학교교육 : 보편 교육과 교육의 표준 화로 인한 부작용

미래 환경 변화 및 청소년정 책 전망 연구(Ⅱ): 미래 청소년정책 비전, 전략, 과제에 대한 전망 (한국청소년정책연구원)	1. 인구 구조 : 고령화 사회와 가족 구조의 다양화 2. 개인 의식 : 고립 사회와 개인주의의 강화 3. 사회 관계 : 감정 사회와 현재주의의 강화 4. 사회 인식 : 저신뢰 사회와 갈등 증가 5. 사회 구조 : 양극화 사회와 위험 증가 6. 기술 환경 : 네트워크 사회와 위험 증가
미래 사회 대비 초등교육 과 제와 전망 연구 (교육부)	1. 새로운 시대의 도래 2. 인공지능 시대 3. 4차 산업혁명의 특징 4. 4차 산업혁명에 따른 직업 키워드 5. 2025년 발생할 티핑 포인트 6. 고용의 미래 예측 7. 현재 직업 702가지 중 미래에도 견딜 수 있는 직업 리스트 8. 새로운 학교교육 접근 9. 새로운 지능정보시대의 명암 10. 학교교육의 변화 방향 11. 교사들을 위한 교사 교육 필요성 대두 12. 수업 방법의 변화 필요
4차 산업혁명 대응 미래교육 을 말하다 (한국교육학술정보원)	1. 우수 인재(엘리트)를 위한 교육 초점에 대한 우려 2. 교사의 행정업무와 교사의 전문성 신장을 위한 연수 3. 학부모의 부정적 인식으로 인한 교육정책에 대한 반발
4차 산업혁명 시대 IT 융합 신 기술의 교육적 활용 방안 연구 (한국교육학술정보원)	1. 새로운 기술이 교육에 처음 도입되기 위해서는 제반 비용, 시간 노력 측면에서의 적절한 여건과 효율성이 충족되어야 하며, 역 기능 등 부작용에 대한 검토 필요.

위 내용에 대해서 시사점을 정리하자면 다음과 같다.

미래교육 및 교육개혁 관련 보고서에 현 교육의 한계(문제점) 및 교육
개혁의 장애 요인 등에 대한 분석은 미비하다. 일부 보고서 등에서 현 교
육의 현안 및 추상적인 문제 제시 수준 정도가 다루어졌으며, 교육개혁
의 필요성에 대한 당위적 전제에서 연구가 진행되어진 것으로 파악되

교사 불신

었다. 특히 인구 구조의 변화, 과학기술의 발달, 경제 및 사회 구조의 변화 등과 같은 일반적인 사회 구조와 환경에 대한 변화를 전제로 교육개혁의 필요성을 제안하는 단순한 맥락으로 썼다. 현 교육에 대한 한계 진단 및 검토 등이 제시되지 않았으며, 현 교육에 대한 진단 정도를 제시한 보고 서 또한 문제점에 대한 진단이나 분석이 어떻게 이루어졌는지 제시되지 않았다. 주요 전략 및 정책 제안의 영역은 미래 과학기술 사회 대비의 역 량 강화 중심의 교육과정 내용 및 융합 및 과학기술 교육 강조, 학습자 중 심의 교수학습 방법의 개선, 과학기술 활용의 교수학습 방안 제시, 공교 육의 자율성 및 유연성 강화, 교원 연수 및 교원 양성기관의 체제 변화, 인 성교육의 강조, 교육정책 및 행정 구조의 개선 등을 제안하고 있는 정도 로 보인다. 공통적으로 다루고 있는 내용은 아래와 같다.

- 공교육의 정상화 : 학교교육의 유연화 및 신뢰 회복, 공교육 운영 체제 개편 필요, 미래 학교교육의 역할 및 환경 변화 제시, 지역사 회와 학교의 연계 필요성 등
- 교육과정 : 역량 교육, 개별화 교육, 학교급 간별 교육과정 유연화, 과학기술 교육 강조(소프트웨어 교육, 신기술에 대한 강조) 등
- 교수학습 : 학습자 중심, 과학기술 기반의 교수학습 방법 필요 등
- 교원 교육 : 교사 연수 개선, 교원 양성 체제 개편 필요 등
- 교육 체제 : 교육정책에 대한 진단 필요(연구 등), 교육부의 역할 검 토, 교육에 대한 민간 참여 필요 등

분석된 보고서에서 제시하는 교육개혁 실현을 위한 전략 및 정책 제안이 주로 교육과정 제안이나 교수학습 방법 등에 국한된 제한된 측면에서의 정책 제안이었다. 교육개혁을 위한 전략이나 정책 제안의 근거 및 기초가 되는 교육개혁의 방향 및 목표가 제안되었는지를 확인할 수 없었다. 이와 함께 목표와 방향, 정책 제안과의 일관성을 확인할 수 없고, 제안된 전략이나 정책 제안들이 교육개혁의 방향 및 목표에 맞는 핵심 전략 및 정책 제안 제시가 아닌 백화점식 나열로 보인다. 즉 어떤 정책이 상위와 하위인지에 대한 구분이나 우선순위에 대한 제안 없이 흔히 '아는 것 다 나오는 식'으로 제시되고 있다. 이런 상황이라면 누구나 교육개혁을 할 수 있을 것 같지만, 누구도 할 수 없는 뜬구름 잡는 결론이 되고 만다. 미래교육이 무엇인지도 모호하고, 미래교육을 어떻게 실현하겠다는 것인지에 대한 답이 나오지 않는다. 결국 이 모든 것이 학교 현장을 더욱 혼란스럽게 하고, 전시적인 업무와 정책이 교사에게 쏟아지는 데 중요한 기여를 할 만한 연구들이라 걱정된다.

개인적으로 바라보는 미래교육, 그리고 미래교육의 방향성

—

10년간 정부가 출산율 증가를 위해 128조 원의 예산을 쏟아부었지만 2018년 기준 출산율은 1.0이 무너졌다. 가장 큰 이유는 일자리, 주거 문제(아파트 가격), 사교육비 문제이다. 일자리와 주거 문제는 교육계가 해결할 수 없는 문제이지만, 사교육비 문제는 교육계에도 해결의 실마리가 있다. 간단하다. 학교에 재량권을 주면 된다. 즉 학교 자치가 잘 이루어지면 사교육 문제도 사라지고, 교사들의 열정도 다시 살아날 수 있다. 현재는 교사를 다그치고, 책임을 지우고, 닦달하면서도 권한은 전혀 주지 않는다. 국가 교육과정이라는 체제로 평준화를 말하고 있지만, 그 이면에는 교사를 교육과정 개발·편성·운영에 있어 완전히 배제한 채 교사 배제 교육과정을 운영한다. 평가에 있어서도 교사는 배제되어 있고 매뉴얼만 따라야 하는 상황이다. 그 매뉴얼에 대한 해석도 교사가 스스로 할 수 없다.

교사를 신뢰할 수도 없고, 평가에 대한 질 차이가 있으니 이제는 인터내셔널 바칼로레아(일명 IB, International Baccalaureat)[154]를 도입하자고 한다. 일부 초선 국회의원들조차 "IB 프로그램이 평가의 공정성을 담보하면서도 선진적 교육과정 및 평가가 이뤄질 수 있는 유력한 대체안"이라고 밝혔다. 이에 편승해 일부 시·도 교육청에서도 이를 적극 검토하고 있다고 한다. 논란의 여지는 있지만 IB 프로그램이 도입되면 공교육은 무너지고 시장경제 체제로 편입될 것이라고 본다. 또한 천문학적인 도입 비용에 대해서는 아무도 이야기기하지 않는다. 핀란드 교육 전문

---

154 스위스 비영리 교육재단에서 운영하는 교육과정 및 자격시험 제도. 전 세계 146개국 3,700여 학교에서 일부 운영되는 교육 제도 형태이다.

가로 유명한 정도상 박사는 한 언론과의 인터뷰에서 "IB 도입을 추진하는 취지에는 전적으로 공감합니다. 하지만 공교육의 IB 도입에는 반대합니다. IB는 태생부터 외교관, 상사원 자녀들이 모인 국제학교에서 사용하는 교육 제도거든요. 교육은 한 국가의 문화와 정체성이 반영되어야 합니다. IB를 만든 스위스에서도 공교육에서 이것을 사용하지 않아요. 50년이 넘는 역사와 그 우수성이 국제적으로 인증된 IB라고 하지만, 이것을 공교육에 활용하는 국가는 미국을 제외하면 전 세계에 없지요."라고 말했다.[155]

IB가 도입되면 교사들은 편해질 수 있다. 학원 강사처럼 표준화된 기능만 수행하면 된다. 열정적인 교사들은 매뉴얼이나 표준보다 자신의 전문성을 믿는다. 대학 교수들에게 표준화된 매뉴얼이나 채점 기준이 있는가? 그 자체로서 교과서이고 교육과정이다. 전문가로 자리매김하고 신뢰받는 것은 그런 것이다. 대학 교수에게 표준화와 공정성 시비를 걸지 않는 것은 그들의 전문성을 인정하기 때문이다.

공정성이라는 이유로 미래교육을 위해 표준화된 논술 체제를 말하는 이들은 교사와 학교를 불신하고 공교육보다 사교육을 믿는다. 과거 표준화된 논술의 열풍으로 노량진 사교육 시장이 얼마나 규모가 커졌는지를 생각해 보자. 노량진 사교육 시장의 목적이 교육일까? 학생의 미래일까? 창의성일까? 논술 열풍 과정 속 사교육 시장에서 주로 '스킬skill'을 배웠

---

155 오마이뉴스(2019. 1. 30)

던 이들이 글을 쓰는 직업을 가졌다는 얘기는 들어 보지 못했다. 오히려 그때 스킬을 배웠던 학생들은 글을 쓰는 데 방해되는 요소가 더 많다고 후회한다. 대학 입학 이외에는 전혀 도움이 되지 못했던 것이다. 논술 표준화 열풍이 학교교육에 가져올 긍정적인 영향을 기대하기는 힘들다.

IB로 교육과정·평가 표준화 열풍이 불면 학교에 대한 신뢰는 바닥에 떨어질 것이 자명하다. 온갖 사교육이 난무하고, 교사의 발언권도 힘을 잃고 전문가로 자리매김할 기회조차 없을 것이다. 어쩌다가 이 정도로 교사에 대한 신뢰가 바닥을 쳤을까.

교육과정의 주체권 회복

—

여러 원인이 있지만 학부모의 욕망과 사교육 시장의 합작품에 정부가 방향성 없이 흔들리다 주도권을 잃었다고 본다. 그 안에서 교사는 신뢰받지 못하고 이익집단화되고 있는 중이다. 교사가 전문가로 자리매김하지 못한 현상적 불만을 이야기하기 전에 교육과정과 제도, 환경의 문제를 먼저 고민해 보는 것이 옳다.

지금의 환경은 교사가 교육 전문가가 될 수 없는 구조적 한계를 가지고 있다. 현재 구조에서 만약 교육과정·수업 전문가인 교사가 있다면 그것은 제도와 시스템의 한계를 뛰어넘은 치열한 노력에 의한 개인적인 역량으로 보아야 한다. 교직 내에서는 성장할 수 있는 기회가 좀처럼 없어 성장한 이들의 사례를 일반화할 수 없다는 현실을 말하고 싶은 것이다.

지방정부를 말하고, 검·경 수사권 조정을 논의하고 있는 시점에서도 교사는 어떠한 목소리도 낼 수 없는 현실이 아쉽다. 교육과정·교과서를 개발할 때 교수 그룹의 전문성은 인정하면서 학교 현장에서 오랜 기간 전문성을 쌓아 온 교사 그룹을 고려하는 균형적인 시각이 없다. 실제 지방정부 논의 속에서는 교육 자치 활성화와 지역 교육과정에 대한 논의가 우선적으로 있어야 한다. 그것이 교사의 주체권 회복과도 연결되어 있기 때문이다.

국가 교육과정을 포기하지 못하고, 중앙정부의 집권적인 방식을 놓지 않는다면 학교는 절대 살아날 수 없다. 10년간 128조 원을 쏟아부어도 출산율이 오르지 않는 것은 돈이 문제가 아니라 돈을 쓰는 주체의 문제, 프로그램의 문제, 돈을 받는 대상자의 인식을 고려하지 않았기 때문이다. 더 이상 중앙집권적으로 고위 공무원 몇 명이 무엇을 바꾼다는 것은 불가능하다. 교사들이 수능 감독관에 동원되고, 사정이 있어도 거부할 수 없는 현실이 지금까지 지속되고 있다는 사실은 놀랍다. 사실 수능이 어렵고 현실을 반영하지 못한다고 비판 받는 이유도 교사가 출제를 주도(전체 40% 이하)하지 못하기 때문이다.[156]

학교 내에서 구성원 스스로가 교육과정과 학교 운영을 결정할 수 있고, 교사가 주체가 되어 교육할 수 있는 제도적 풍토를 만들면 문화의 변

---

156 뉴시스(2018. 12. 5)

화도 이끌어 낼 수 있다. 교육과정 편성권·재량권, 평가의 권한을 교사에게 준다면 초기 시행착오도 있겠지만 결과적으로 모두가 바라는 좋은 학교가 만들어질 것이다. 학교 자치는 '교육과정 자치'와도 맥을 같이 한다. 교육과정에 있어 주인의식이 없는 교사들은 아무것도 하지 않는다. 자율적인 의지 자체를 제거해 버리는 기능인으로 전락시키는 국가 전략의 결과이다.

미래교육은 대체 누가 하는가?
—

지금 논의되고 있는 미래 사회의 고교학점제, 초·중등 통합학교와 같은 것들을 현재 제도 내에서 실현하기란 불가능에 가깝다. 지금 필요한 것은 바로 교사에 대한 투자와 신뢰 회복이다. 일부에서는 문제 있는 교사들이 많으니 다 퇴출시키고 새로 뽑으라고 쉽게 이야기한다. 새로 뽑힌 교사들은 잘할까? 그들이 전문성을 쌓을 시간적 여유가 있을까? 아니면 진정성을 가지고 이끌어 주는 선배들이 있을까? 앞서 말하였다시피 임용고사 1등이라고 훌륭한 교육자가 되는 것은 아니다. 교사로서의 최소한의 요건을 갖추었을 뿐이다. 적어도 그 분야에서 10~20년은 지나

---

157 모든 경력 교사가 역량이 있다는 말은 아니지만, 역량이 길러지려면 최소한 10년의 경력은 있어야 한다는 뜻이다.

야 빛날 수 있다.[157]

중요한 것은 자격증이 아닌 역량이다. 교사의 전문성은 자격증으로 보여 줄 수 없는 역량인데, 그것은 표준화할 수 있거나 눈에 보이는 것이 아니다. 그러나 동료 교사나 학생들은 알고 있다. 누가 최고의 교육 전문가이고 능력 있는 교사인지를. 교사의 전문성 신장을 위해서는 현직 교사에게 최소한 대학 수준 이상의 재교육을 해야 하며, 스스로의 의지에 의해서 선택하고 발전할 수 있도록 해야 한다.[158] 현재의 교사 자격증제는 복수 자격증제나 통합 자격증제로 바꾸고, 전문성 신장에 대해서는 중앙부처가 아닌 교사 집단에서 스스로 점검힐 수 있는 체제가 되어야 한다. 교원 양성 과정도 한계선은 필요하겠지만 교·사대 독과점 체제를 깨고 개방 형태의 수용도 어느 정도 필요해 보인다. 다양한 트랙을 열어 놔서 그 안에 최소한의 경쟁과 각성이 이루어질 수 있도록 해야 한다. 가령 교·사대의 트랙 이외에 편입제도나 로스쿨[159]처럼 전문대학원 형태도 열어 놓아야 한다. 현행 체제라면 언제까지나 철밥통 논란에서 벗어나기 어려울 것이다.

분명 교사들이 잘못한 점도 있겠지만 어느 직종, 어느 집단이나 잘못한 몇몇 때문에 그 집단 자체를 부정하고 불신하지 않는다. 잘하고 있는 이들에게는 많은 기회를 열어 둔다. 문제가 있으면 공론화하여 법·제도

---

158 핀란드나 유럽의 교사들에게는 재교육의 기회가 많으며, 연수 시간이나 대학원을 형식적으로 이수하는 데 그치지 않고 있다.
159 법학전문대학원

부터 바꾸어 가면 된다. 미래교육을 말하면서 교사에게 더욱 가혹한 잣대를 들이대고, 기능인으로 살라고 하는 것이 맞는지 의문이다. 특히 AI와 경쟁해야 하고, 창의성을 가장 중요한 가치로 두어야 하는 학생 교육 차원에서도 전혀 도움이 되지 않는다. 교사의 사기를 올릴 수 있는 제도적 환경을 만들고, 무엇이 문제인지 들여다볼 때가 되었다.

국가교육위원회의 방향

—

막연한 미래를 듣기 좋게 이야기하는 사람들을 경계해야 한다. 실체가 무엇인지 모르는 이들의 말은 달콤하고 현혹되기 쉽다. 일단 평범한 사람들이 이해하기 어려운 말은 허황된 말들이다. 그들에게 교육철학이나 교육정책에 대한 세부사항을 물어 보면 그와 관련해서는 알아서 하라든가, 교사들의 무능력을 탓한다. 'OECD에서 가장 우수한 교사 집단', '엘리트들이 교사가 되는 나라'라고 자랑할 때는 언제고, 무능력한 교사 때문에 교육이 흔들리고 있다는 것은 논리적인 모순이다. 왜 유능했던 이들이 무기력해지고 흔들리는지 분석해 보는 것이 합리적인 해결책이다.

핀란드는 교사에 대한 신뢰가 높다고 한다. 왜 핀란드 교육이 국제적으로 높게 인식되는지 알 수 있는 대목이다. 사교육을 잡고 싶으면 공교육 때리기가 아니라 공교육에 대한 신뢰 회복, 즉 교사에 대한 투자를 해야 한다. 단순한 연수 시간 늘리기가 아닌, 교사 스스로가 선택하여 발전할 수 있는 재교육이 이루어져야 하고, 교사 업무의 분업화·특성화도 필요하다. 그리고 유능하고 열정적인 교사들이 학교 안에서 재량권을 발휘할 수 있도록 학교 자치의 개념으로 승진제도·수당·정책 등을 학교와 지역사회 중심으로 바꾼다면 10년 후에는 많은 변화와 발전의 모습을 보게 될 것이다.

정치권과 일부 학부모가 여론을 부추겨 교사를 '적폐積弊'로 몰아가는 방법이 가장 쉽고 이목이 집중된다. 정치권이나 중앙정부는 그것을 잘 알고 있고, 적당히 미래교육을 포장하면서 임기응변하고 있다. 지금도 진행 중이지만, 앞으로 교사들이 교육을 포기하기 시작하면 학생 교육은 더욱 엉망이 될 것을 모르는, 한 치 앞을 내다보지 못하는 대처이다. 이미 여러 부정적 시선으로 인해 유능한 교사들은 중간에 명퇴[160]하거나, 승진해 버리거나, 현실과 타협한 월급쟁이로 남고 있다. 유능한 교사들이 다 떠나고 난 후 공교육에는 더 이상 기대할 것이 없게 될 것이고, 학부모는 더욱더 사교육에 의존하거나 명문 사립학교를 찾게 될 것이다.

다시 말하지만 미래교육은 교사에 대한 재투자와 신뢰 회복 개념으로 나아가야 한다. 실체도 없는 4차 산업혁명과 시설 투자로 국민을 현혹시키지 않았으면 한다. 교육계의 진영 논리를 벗어나 미래교육 체제 수립을 위해 힘쓴다는 대통령 직속의 국가교육회의(추후 국가교육위원회로 격

---

[160] 2019년 1월 6,039명으로 2018년 대비 30%가 증가했다(교육부, 2019. 1).

교사 불신

상)에 대해 시작부터 말이 많았다. 현재의 문제점을 피해 가며 추상적인 담론과 전문성이 떨어지는 학자들만의 논쟁으로 교육계의 미래를 바꾸기는 어렵다. 명망가名望家가 교육을 바꾸고 학교 현장을 바꿨다는 이야기는 듣지 못했다. 안타깝지만 지금까지 교육부나 중앙정부가 운영해서 성공한 정책이 없다.

교육부 장관이나 대통령이 교육을 바꾸는 것이 아니라 이름 없는 교사들이 교육을 바꾸고 유능한 제자들을 길러 내는 것이다. 지금 전국적으로 확산된 혁신학교의 시작도 교육부 정책이 아니다.[161] 교사들의 노력으로 만들어진 학교에 이름만 붙였던 것이다. 교육정책으로 모든 것이 해결될 것이라는 환상에서 벗어났으면 한다. 국가에서는 교육철학이나 방향성을 만드는 것이고, 나머지는 시·도 교육청이 아닌 학교와 교사에게 권한을 넘겨주었으면 한다. 교사들의 열정을 이끌어 내어 긍정적인 미래 사회를 열기 위해, 국가교육회의(국가교육위원회)에서 쓸 수 있는 카드는 딱 하나이다. 국가교육회의에서 '학교자치법'을 만들어 단위학교에서 운영할 수 있는 교육 생태계를 만드는 것이다. 이 법에 의해 중앙정부나 시·도 교육청이 학교에 정책사업을 투척하고 교사와 학생을 괴롭히는 일을 하지 못하게 되길 바란다. 전국 40만 교사 모두가 열정을 갖고 진정한 교육자로 자리매김할 것이다.

---

161 혁신학교, 혁신교육지구, 마을교육공동체 등 모든 것이 시·도교육청에서 개발한 정책이다.

　강의를 위해 참석한 연수 자리에서 간혹 발언 내용과 사상[162]에 대해 항의를 받을 때가 있다. 색깔론을 갑자기 꺼내거나, 왜 남들과 다른 말을 하냐며 PPT나 자료에 있는 내용만 말하라고 하거나, 쓸데없는 이야기는 하지 말라며 경고성 멘트를 날리는 분도 있다. 이들의 의도를 해석하자면 '대충 쉬다 가고 싶고, 어렵고 복잡하고 쓴소리는 듣기 싫으니 다른 사람들처럼 좋은 이야기나 하다 끝내라.'는 뜻이다. 학부모·시민 단체·교사를 대상으로 한 자리에서는 적극적으로 호응해 주는 분들이 많은데, 교장·교감·교육전문직(장학사·장학관)과 만나는 자리에서는 일부 그런 분들이 있다.

　이해는 한다. 30년이 넘게 고정화된 시각으로 체제에 순응하며 살아온 분들이다. 최대한 부드럽게 돌려서 이야기해도 완강하게 '젊은 사람이 교육을 몰라서 그런다.'고 말한다. 이분들의 논리는 '우리가 살아온 교직 인생이 잘못되었거나 적폐는 아니지 않는가?'라는 생각이다. 맞는

---

162 특정 주제를 말하면 색깔론을 펼치는 이들이 아직도 존재한다.

말이다. 아무도 그들에게 적폐라고 말할 수 없다. 그들도 피해자이다. 국가와 사회가 기능인으로서만 살아가도록 모든 정보를 차단하고 성장할 수 있는 기회를 박탈하였다. 제도가 잘못된 것이지, 거기에 순응해서 살아온 사람들을 비난할 수는 없다. 그렇다고 순응해서 살아온 것이 남들에게 좋은 본보기가 되어서는 안 된다. 이러한 관행이 교육개혁을 어렵게 하는 것이다.

사회의 변화를 말하고, 연구 결과를 설명하는 것인데도 아예 듣지 않으려 하는 모습이 정말 아쉽다. 시대는 변화하고 있는데 과거에만 집착하는 모습이 안타깝다. 변화에 대해서 이야기하고, 다른 시각에도 귀 기울이며 문화적 다양성을 인정하는 움직임이 필요하다. 그러한 문화를 만들지 못한 교직의 풍토를 바꿀 때이다. 그 기준은 교직 사회 스스로가 만들어야겠지만, 국민의 눈높이와 미래 사회를 살아갈 학생의 시각을 반영할 필요가 있다.

사회는 우리가 생각하는 것 이상으로 급변하고 있다. 2018년 한 해 동안만 하더라도 기존의 상식을 뛰어넘는 판결이나 변화가 많았다. 보수적이라고 여겨지는 군대에도 양심적 병역거부자[163]에 대한 헌법재판소의 판결로 군 대체복무가 도입되었다. 2019년부터는 사병의 외출도 자유로워졌고, 군대 내 휴대전화 사용도 허용되었다. 그동안 '주적主敵'이라 여겼던 북한과도 평화의 시대가 오고 있다. 모두가 맞다고 여겼던 사

---

163 종교적 신앙이나 개인 신념으로 군복무를 거부하는 사람을 말한다.

실과 철학도 시대가 지나면 변화한다. 교직도 변화를 피할 수 없다. 문제는 그것이 내부의 성찰에서 비롯되느냐, 외부의 개혁·개방 논의로부터 시작되느냐이다.

이 책에서는 교사 불신에 대해 현상적으로 접근하면서 2015년 이후 벌어진 사건들을 주로 다루었다. 그리고 혼자 갖고 있기 아까웠던, 30여 개 이상의 교육정책 연구를 통해 얻은 데이터를 바탕으로 합리적인 대안을 제시하려 노력했다. 물론 여기서 제시한 대안들이 꼭 '정답'은 아닐지라도, 적어도 우리가 고민하고 성찰해야 할 부분이 무엇인지 짚어 보고 싶었다. 문제가 없는 척, 안 보이는 척 회피하기보다 직접적으로 다루고 먼저 논의하는 것이 낫다고 본다. 일명 '예방주사론'이다.

교사는 절대 무능하지 않다. 학생들을 위하는 마음이든, 우리나라 교육을 위해서든, 본인의 자아실현을 위해서든, 나름의 수업과 학급 운영을 위해 힘쓰며 성취감과 보람을 느끼는 교사가 다수이다. 그러나 열정만으로 제도와 정책을 바꿀 수 없다. 여론을 주도하고 설득하려면 논리가 뒷받침되어야 한다. 학생·학부모·국민들의 불만이 무엇인지 파악하고, 현실을 인정하고 대안을 제시해야 한다. 교사를 오해하고 불신하는 이들을 설득하려면 학습하고 연구해서 근본적 원인과 대안을 제시해야 한다. 안타깝게도 아직 그러한 문화가 부족하다.

요즘은 20대 저경력 교사들이 승진에 집착하는 모습을 심심치 않게 본다.[164] 갈수록 상황이 어려워지는 교실을 떠날 탈출구를 찾는 것이다.

그런데 안타깝게도 20대 교사가 승진할 무렵[165]에도 지금의 승진제도가 있을지 모르겠다. 그리고 학령인구 감소로 폐교하는 학교가 급격히 늘어 '승진'이 아닌 '생존'이 문제가 될 텐데 불확실한 미래의 승진을 최우선의 가치로 두고 현재를 아등바등 보내는 것이 무슨 의미가 있을까. 명예퇴직자가 늘고, 하루 빨리 승진해서 교실을 떠나려고만 하는 선배 교사들의 모습 또한 이제 막 임용된 신규 교사에게는 희망 없는 현실이 된다. 이들은 누굴 보고 배우며 성장하겠는가.

교직 사회에 이런 질문을 던져 보고 싶다.

첫째, 교직 사회에 교사의 역량을 성장시킬 수 있는 제도와 시스템이 있는가?

둘째, 문화적으로 사람을 키우는 환경이 마련되어 있는가?

셋째, 교직 사회에서 먼저 문제를 진단하고 대안을 제시하는 변화가 일어날 수는 없는가?

40만 명이나 되는 교원 중에서 누군가는 이러한 일을 해낼 수 있을 것이라 믿는다. 그러한 노력의 일환으로 객관적인 시각으로 교직을 들여다보고 반성할 것은 무엇인지, 먼저 바뀌어야 할 것은 무엇인지를 말하고 싶었다. '수업만 열심히 하면 되지.' 또는 '학교만 잘 경영하면 되지.'

---

164 20대부터 장학사 스터디 그룹을 만들거나, 승진가산점에 집착하는 이들이 있다.
165 교육 경력 20년부터 승진이 가능하다(초·중등교육법).

라는 생각도 교사를 우물 안 개구리로 만든다. 문제를 알면서도 회피하며 '누군가 나서 주겠지.'라고 생각하는 것은 결국 큰 화를 부르게 된다. 교사 한 명의 신뢰가 깨지면 한 학교의 신뢰가 무너지고, S여고 사태에서 보듯 교직 사회 전체를 불신하게 만드는 도화선이 된다.

제도적·정책적으로 자꾸만 교사를 배제하고 재량권을 없애는 것에는 '교사를 어떻게 믿지?'라는 근본적인 물음이 있다. 교육청에 있는 교사 출신 장학사·장학관조차도 비슷한 이야기를 한다. 하지만 성공은 이미 혁신학교에서 경험해 보았다. 교사를 믿고 권한을 준다면 많은 변화가 생길 것이다. 다만 그것을 위해 현재 문제가 되는 정책과 제도들을 하나씩 바꾸는 일이 함께 이루어져야 한다. 언제까지나 교육정책이 내 일이 아닌 것처럼 외면하고 현실에 안주하지 않았으면 좋겠다.

변화가 없다면 멀지 않은 미래 사회에 교사는 국민들의 불신 속에 승진이 아닌 생존을 걱정하게 될 것이다. 교직 사회 내부의 기득권은 개혁을 원하는 이들에 대한 무조건적인 비난을 거두어야 한다. 급격한 사회 변화와 팽배한 교사 불신으로 인한 위기감을 인지하고, 교육계 조직에 대한 발전적인 고민으로 승화시키기를 바란다. 앞으로 교육정책과 제도에 관심 있는 후배들에게 자신이 가지 못한 그 이면의 길을 열어 주었으면 한다. 교사 전문성 신장은 불만 표출이 먼저가 아니라 제도와 정책의 학습 그리고 대안 제시가 먼저이다.

교육정책 연구의 목적을 가지고 학교 현장을 떠났다는 명분을 내세우지만 지금도 현장에서 고군분투하고 있는 동료들에게 미안함이 있다.

내가 맡게 될 수백 명의 아이들도 소중하지만 300만 명의 학생(학령인구)들에게 도움이 되는 교육제도와 정책을 만들어 힘을 실어 주고 싶었다. 그래서 교육정책디자인연구소 분들을 비롯하여 존경하는 분들과 함께 지속적으로 연구하며 정책적으로 도움이 되고자 노력하고 있다.

이 책이 교육정책과 제도를 공부할 후배들에게 조금이나마 도움이 되기를 바란다. 교사 불신을 해소하고, 교직 사회가 교육정책과 제도에 관심을 갖게 하는 마중물 역할을 했으면 하는 기대감도 있다. 교원의 성장만이 교직 사회의 신뢰를 회복할 수 있는 길이다. 앞으로를 책임질 미래 세대를 생각하며, 교육계를 지탱하는 평범한 교사들이 열정과 희망의 끈을 놓지 않았으면 하는 바람으로 글을 마친다.

언제나 힘이 되어 주는 사랑하는 가족과 든든한 동료들, 학교 현장의 아픔에 공감하여 교육정책의 길을 제시해 주신 선배님들, 오늘도 교실에서 애쓰셨을 모든 선생님들께 감사의 말씀을 드린다.

봄을 기다리며 2019년 2월,

홍섭근

우리가 애써 외면했던 현상의 이면

교사 불신

초판 1쇄 발행   2019년 4월 8일

지 은 이 홍섭근

펴 낸 이 이형세

책임편집 윤정기

편   집 정지현

디 자 인 기민주

제   작 제이오엘앤피

펴 낸 곳 테크빌교육㈜

주   소 서울시 강남구 언주로 551, 프라자빌딩 5층, 8층

전   화 02 - 3442 - 7783(333)

팩   스 02 - 3442 - 7793

ISBN 979-11-6346-016-9 03370